PALAESTRA BAND 229

PALAESTRA

UNTERSUCHUNGEN AUS DER DEUTSCHEN UND
ENGLISCHEN PHILOLOGIE UND LITERATURGESCHICHTE

BEGRÜNDET VON ERICH SCHMIDT UND ALOIS BRANDL

Herausgegeben von
Wolfgang Kayser / Hans Neumann
Ulrich Pretzel / Ernst Theodor Sehrt

BAND 229

Walter Hinck

Die Dramaturgie des späten Brecht

GÖTTINGEN · VANDENHOECK & RUPRECHT · 1966

DIE DRAMATURGIE
DES SPÄTEN BRECHT

VON

WALTER HINCK

4., durchgesehene Auflage

GÖTTINGEN · VANDENHOECK & RUPRECHT · 1966

1966
© Vandenhoeck & Ruprecht, Göttingen 1959. — Ohne ausdrückliche Genehmigung des Verlages ist es nicht gestattet, das Buch oder Teile daraus auf foto- oder akustomechanischem Wege zu vervielfältigen.
Gesamtherstellung: fotokop, Darmstadt
7540

INHALT

Vorwort zur 3. Auflage	8
Vorwort. Zur Literatur über Brechts Dramatik und Theater	9
Einleitung: Das soziozentrische Motiv	16
a) Die gebundene Ästhetik	16
b) Die Technik der Entlarvung	18
c) Typisierende Personengestaltung	20
d) Der „soziologische" statt des „psychologischen Falls"	22
I. Teil: Die offene Dramaturgie	24
A. Methodische Voraussetzungen: Geschlossene und offene Dramaturgie	24
B. Analyse	29
Einführung: Nicht Erlösungs-, sondern Auslösungsfunktion des Dramas	29
1. Relativierung der Handlung (der Welt des Spiels)	32
a) Das „Modell"	32
b) Die Parabel	35
c) Der zweifache Horizont des Dramas	37
d) Unterschiede Brechtscher und naturalistischer Dramatik	39
Zusammenfassung	40
2. Unterbrechung der Handlung	41
Einführung: Die Songs nicht eingeschmolzene Bestandteile des Handlungsgefüges	41
a) Der fingierte Szenenpartner	42
b) Die Doppelrolle des „Sängers"	42
c) Der Zuschauer als Adressat	43
Zusammenfassung	47
3. Distanzierung der Handlung	47
Einführung: Der Erzähler im Drama	47
a) Das Problem der ästhetischen Realität	48
Der ideale Ort des Erzählers	48
Zerstörung der zeitlichen Kontinuität	49
Der Ansatz zur Simultanbühne	49
Rivalität zweier ästhetischer Sphären	51
b) Der Erzähler als Regisseur	54
c) Das epische Präsens	55
d) Konfrontation von Handlung und Zuschauer	58
Zusammenfassung	60
Exkurs: Die fragmentarisch entwickelte Belehrungstendenz	62

4. Entschlüsselung der Handlung (des Gleichnisses) 64
   a) Die handlungsfördernde Rede ans Publikum 64
   b) Die kommentierende Publikumsansprache 68
   c) Eindeutiger Wechsel der Perspektive und Appell ans Publikum 69
   Zusammenfassung 71
   Exkurs: Die Götter im „Guten Menschen von Sezuan" 72

Zwischenabschnitt: 73
   a) Die Gerichtsszene 73
   b) Entsprechungen der sprachlichen Satire zur offenen Dramaturgie 74
      Einfache Persiflage und Parodie 74
      Das Paradoxon 75
      Hohles „Pathos" mit anschließender Entlarvung durch einen Zweiten 76
      Phrase und folgende Selbstentlarvung 77

5. Fortsetzbarkeit der Handlung 79
   Voraussetzung: Das parataktische Aufbauprinzip 79
   a) Mutter Courage 80
   b) Puntila 82
   c) Negativer Befund im „Kaukasischen Kreidekreis" 84
   d) Der gute Mensch von Sezuan 85

C. Zusammenfassung 87
   Zur Personalität 88
   Raum-Zeit-Probleme 88
   Zur ästhetischen Realität 89
   Wirkungspoetische Bestimmung 89

II. Teil: Die publikumgerichtete Spielweise 91

A. Voraussetzungen
   a) Die Aufführung als Versinnlichung des Dramas 91
   b) Anthropologische Bedingungen der Schauspielkunst 92
   c) Die neuzeitliche Illusionsbühne 93

B. Analyse 95
   1. Der mit dem Zuschauer korrespondierende Schauspieler 95
      a) Des Schauspielers Doppelrolle 96
         Die „exzentrische Position" 96
         Der Verfremdungseffekt 98
         Grenzen einer allgemeinen Anwendung des Verfremdungseffekts 100
         Die anaturalistische Konzeption 101
      b) Das Artistische in der Darstellung 103
         Das „unterkühlte" Spiel 103
         Das Groteske und Züge der Commedia dell'arte 104
      c) Das Vorzeigen der Figur 107
         Das Exemplarische in der Darstellung 107
         Das Korrespondieren mit dem Publikum 107

2. Relative Selbständigkeit der Bühnenelemente 110
   a) Inkongruenz von Bühnenmusik und dramatischem Text 110
   b) Das skizzierende Bühnenbild 112
   c) Relativierung des szenischen Raums durch Projektionen 114

C. Die Einheit der Formgesetze von Drama und Bühne 115

Anhang: Versuch einer Typologie der schauspielerischen Verkörperung 116
   a) Repräsentation 117
   b) Figuration 118
   c) Präsentation 119

III. Teil: Auswertung und entwicklungsgeschichtliche Einordnung.... 122

1. Das Verhältnis der Realitätskreise Bühne und Publikum 122
   a) Abriß der Entwicklung bis zum 20. Jh. 122
      Einheit der Realitätskreise 122
      Trennung der Realitätskreise 124
   b) Der Zuschauer als „Mitspieler" 127
      Max Reinhardt 127
      Erwin Piscator 128
   c) Die Rolle des Zuschauers im Theater Brechts 131
      Die kontrollierbare Labilität im Verhältnis der Realitätssphären ... 131
      Der Zuschauer als „Gegenspieler" 133
      Die Verweisung ins Zukünftige 133
   Exkurs: Zur Gesellschaftsdramatik von Ibsen bis Brecht 135

2. Entsprechungen zu Formen des mittelalterlich-frühneuzeitlichen Theaters 137
   a) Dramaturgie 137
   b) Bühne und Spielweise 140
   Zusammenfassung und Abgrenzung 143

3. Zeitgenössische Analogien 144
   a) Thornton Wilder 145
   b) Paul Claudel 148

Schlußteil: Formantriebe des „epischen Theaters" 155

1. Das dialektische Verhältnis von Theater und Film 155
   a) Allgemeine Unterscheidungen 156
   b) Der Film als letzte Konsequenz, als Übersteigerung der naturalistischen Bühne 157
   c) Der Film als episch-dramatische Mischform 158
   d) Rückwirkung des Films auf das Theater 159

2. Soziologische Formmotive 161
   a) Typen-Struktur der industriellen Gesellschaft 162
   b) Die Demokratisierung der Gesellschaft 164
   c) Das verbindlich gewordene Verhältnis des Menschen zur Geschichte .. 165
   d) Der marxistisch-eschatologische Entwurf Brechts 166

Literaturverzeichnis 168

Nachwort zur 4. Auflage 176

VORWORT ZUR 3. AUFLAGE

Aus einer verstärkten wissenschaftlichen Beschäftigung mit Brecht in den Jahren seit dem ersten Erscheinen dieser Untersuchung (1959) ist, wie die Ergänzungen zum Literaturverzeichnis zeigen, eine Fülle von Aufsätzen, Essays und Büchern hervorgegangen. Um so mehr habe ich für das Interesse zu danken, das meiner Studie weiterhin entgegengebracht wird. Danken möchte ich zugleich für mancherlei Zustimmung, aber auch für die kritischen Hinweise in Rezensionen und neueren Untersuchungen. Auf die wünschenswerte Auseinandersetzung mit ihnen muß verzichtet werden, da wie bei der 2. so auch bei der 3. Auflage die Technik des Drucks keine Einschübe in den Text, sondern nur die nötigsten Zusätze erlaubt. Für Korrekturen im Grundsätzlichen besteht aber kein Anlaß. Im übrigen muß ich auf meine Behandlung von Brechts dramatischem Gesamtwerk innerhalb des Sammelwerks „Deutsche Literatur im 20. Jahrhundert" (4. Aufl., Bd. II) verweisen.

Einen Bericht über den augenblicklichen Stand der Forschung müssen hier knappe Hinweise auf die wichtigsten Veröffentlichungen der letzten Jahre ersetzen. Als Einführung bewährt sich weiterhin Marianne Kestings Monographie bei Rowohlt, als Einordnungsversuch wertvoll ist ihr Buch über das „Epische Theater" (genauere bibliographische Angaben jeweils in den Ergänzungen zum Literaturverzeichnis). Die Dramentechnik Brechts analysiert an ausgewählten Stücken H. E. Holthusen. Zugleich geistesgeschichtlich fundiert ist die Kölner Universitätsrede von P. Böckmann. Als nur einen der neueren Vertreter einer im übrigen alten dramatischen Technik, der „Dramaturgie der Kontraste", sieht F. H. Crumbach Brecht. H. Mayer, seit langem hervorragender Kenner des Brechtschen Werkes, bestimmt in einer Sammlung von Studien das Verhältnis des Dichters zu „unliterarischen" und literarischen Überlieferungen, zu ästhetischen Traditionen und zum marxistischen Dogma. Als Ergänzung hierzu sollte man die kundige Arbeit „Bertolt Brecht und die Weltliteratur" von R. Grimm heranziehen, der außerdem in Aufsätzen die Genese des Verfremdungsbegriffs, Übereinstimmungen zwischen Brecht und Ionesco und das Verhältnis von Tragik und Ideologie bei Brecht untersucht. Ausschließlicher der politischen Problematik gewidmet sind die englische, amerikanische und deutsche Fassung von Esslins Brecht-Buch und Aufsätze von R. Geißler und E. Franzen, zum Teil auch die Bücher des Italieners Chiarini (der im übrigen eine Abgrenzung des Frühwerks gegen den Expressionismus versucht) und des Engländers Willet — also vorwiegend ausländische Arbeiten. (Demgegenüber konzentrieren sich die Studien des Franzosen Dort und des Engländers Gray mehr auf den Überblick über die künstlerische Entwicklung Brechts und auf Strukturanalysen). In die Problematik des Geschichtsdramas bei Brecht führt E. Schumachers ausgezeichnete Untersuchung zum „Galilei". Eine erste zusammenfassende Darstellung und Kritik der ästhetischen Anschauungen Brechts liefert der Däne Hultberg. — Auf den Ergebnissen vor allem dieser Arbeiten (Aufsätze zu Einzelwerken konnten nicht berücksichtigt werden) dürfte künftige Forschung weiterbauen.

VORWORT

Zur Literatur über Brechts Dramatik und Theater

Angeregt durch die nachhaltige Wirkung in- und ausländischer Aufführungen in der Zeit nach dem zweiten Weltkrieg, hat sich die Forschung erst in den letzten Jahren auf breiterer Grundlage mit dem dramatischen Werk und der Theaterarbeit Brechts beschäftigt. Sie befindet sich hier noch in einem Stadium, wo zur rein fachwissenschaftlichen gelegentlich auch eine mehr essayistische Literatur berücksichtigt werden muß, will man nicht von vornherein auf wichtige Erkenntnisse verzichten.

Die einzige vor Brechts Emigration (1933) datierte literaturgeschichtliche Arbeit von Cäcilie Tolksdorf (John Gays „Beggar's Opera" und Bert Brechts „Dreigroschenoper", Diss. Bonn 1932, erschienen in Rheinberg/Rhld. 1934) beschränkt sich auf einen Vergleich. J. A. Hunt (Bert Brecht's „Dreigroschenoper" and Villon's „Testament" = Monatshefte, Madison, Wisconsin/USA, XLIX, 5, 1957, S. 273—278) hat kürzlich C. Tolksdorfs These, es handle sich bei Brechts „Dreigroschenoper" um bloße Bearbeitung und Auswahl, entschieden widerlegt. Eine erste Dissertation nach der Rückkehr Brechts aus der Emigration (1947/48) von E. Kopetzki (Das dramatische Werk Bertolt Brechts nach seiner Theorie vom epischen Theater, Diss. Masch. Wien 1949) unterscheidet die „steigende Kurve" des „Epischen Theaters" (von „Trommeln in der Nacht" zu „Hochzeit"), die „Gipfelpunkte" („Mann ist Mann" bis „Die Mutter") und schließlich die „sinkende Kurve" (als gleichzeitigen Aufstieg für die dichterischen Bestandteile des epischen Theaters). Die Arbeit bleibt im wesentlichen Inhaltsangabe der einzelnen Stücke.

1949 widmete die Zeitschrift „Sinn und Form" dem Dichter Brecht ein Sonderheft, das wohl vor allem die Aufgabe hatte, den Zurückgekehrten wieder vorzustellen. Zwei kleinere Aufsätze betreffen den Dramatiker Brecht: H. Ihering, Der Volksdramatiker (S. 5—10); und Hans Mayer, Die plebejische Tradition (S. 42—51). Bei Ihering blickt das Bemühen durch, Brechts dramatische Formen vor dem Vorwurf des „Formalismus" zu rechtfertigen. Mayer unterrichtet „über einige Motive im Werk des Bertolt Brecht". Auch noch als Einführung kann Hannah Arendts Aufsatz „Der Dichter Bertolt Brecht" gelten (Neue Rundschau, 61. Jg., 1950, S. 53—67). Die Deutung geht insbesondere von der Ballade Brechts und von der anti-psychologischen Konzeption des „epischen Theaters" aus. Von vier kürzeren Abhandlungen „zur Dichtung Bertolt Brechts" in den „Akzenten", Heft 2 des Jg.s 1954, interessieren in diesem Zusammenhang zwei. W. Benjamin (Was ist das epische Theater?, S. 163—170) erläutert in seinem

Nachlaßaufsatz, geschrieben 1938, aus enger Vertrautheit mit den Intentionen Brechts Gestalt und Wirkungsziel des „epischen Theaters". H. Olles (Von der Anstrengung der Satire, S. 154—163) kritisiert in einer Untersuchung der Sprache die „Grobschlächtigkeit" (S. 155) der Satire bei Brecht.

Die erste große Untersuchung über einen Teilabschnitt in Brechts dramatischem Schaffen lieferte E. Schumacher (Die dramatischen Versuche Bertolt Brechts 1918—1933, Berlin 1955 — zunächst als Dissertation bei H. Mayer und E. Bloch in Leipzig). Schumacher legt eine Fülle biographischen, literatur- und theatergeschichtlichen Materials vor. Die Arbeit verfolgt nicht nur die Entwicklung des Brechtschen Werkes in allen Einzelheiten — wobei Sch. Brechts allmähliche Hinwendung zum dialektischen Materialismus darlegt —, sondern wirkt überhaupt wie ein Kompendium zur Literatur und zum Theater der sog. „zwanziger Jahre". Allerdings ist die Darstellung durch schroffe Einseitigkeit gekennzeichnet; Schumacher urteilt aus marxistisch-leninistischer Sicht, vom (vage formulierten) Dogma eines „sozialistischen Realismus" her. Auf diese Weise verfällt Brechts gesamte Dramatik bis 1933 einer strengen Kritik, wobei Schumacher allerdings die Gültigkeit der späteren Stücke unangetastet läßt.

Eine das gesamte Werk (mit Ausnahme der „expressionistischen" Phase) einbeziehende Kritik vom entgegengesetzten, anti-marxistischen Standpunkt her verfaßte schon 1952 H. Lüthy im „Monat", der internationalen Zeitschrift für Politik und geistiges Leben (Vom armen Bert Brecht, Heft 44, 4. Jg., S. 115—144). Der mit essayistischer Brillianz geschriebene Aufsatz richtet sich vor allem gegen das Lehrtheater und die politische Haltung Brechts. Er enthält eine Reihe kluger Beobachtungen. Allerdings leidet die Bündigkeit der Aussagen häufig unter Lüthys polemischer Überspitzung.

Eine dritte größere kritische Auseinandersetzung mit Brechts Begriff des „epischen Theaters" versuchte Margret Dietrich im II. Teil ihres Aufsatzes „Episches Theater?" (Maske und Kothurn, Vierteljahrsschr. f. Theaterwissensch., 2. Jg., 1956, S. 97—124 u. 301—334). M. Dietrich möchte die übrige zeitgenössische epische Dramatik, für die sie einige gute formale Kriterien findet, gegen Brechts episches Theater ausspielen. Für eine theaterwissenschaftliche Untersuchung bleibt der II. Teil des Aufsatzes allzusehr auf der Stufe bloßen Theoretisierens; überhaupt nicht gesehen werden die theaterhaften und artistischen Bedingungen der Konzeption Brechts. Um seinen Begriff des „Epischen" zu widerlegen, beruft sich M. Dietrich — ohne geringste Erwähnung der Bestimmungen Goethes und Schillers — auf die Erzählkunst der Romantik, erklärt „Gemüt" als „das Wesen der Erzählkunst" (S. 331) und „Welt*gefühl*" als „Mutterboden des Handelns im Drama" (S. 333). Von einer Methode, die zur Hauptsache von rein subjektiven Empfindungen ausgeht, läßt sich aber eine wirkliche Auseinandersetzung mit dem Werk Brechts nicht erhoffen.

Gegenüber den bisherigen, mehr einführenden oder vorwiegend verurteilenden Arbeiten zeigen die folgenden ein deutliches Bemühen um Werkverständnis und Werkdeutung. Im ersten wichtigen Aufsatz nach Brechts Tod (1956) zeichnet W. Jens (Protokoll über Brecht. Ein Nekrolog = Merkur, Dt. Ztschr. f. europ. Denken, 10. Jg., 1956, Nr. 10, S. 943—965) die dichterischen Intentionen Brechts vom expressionistischen Anfang bis zu den letzten Stücken nach. Er sieht den anfänglichen Gegensatz von Ratio und Gefühl beim späten Brecht aufgelöst und betrachtet Brechts neue Dichtersprache als legitime Überwindung und Fortsetzung der expressionistischen Diktion. Für die Personengestaltung bezeichnend sei die Tatsache, daß Brecht außer in der Dramatisierung von Gorkis „Mutter" keine überzeugende (Haupt-)Figur eines klassenbewußten Arbeiters geschaffen, sondern nur Randfiguren dazu skizziert habe. Als eine Modellsituation in den späten Stücken erkennt Jens das Verhältnis von Mutter und Kind (Mutter Courage, Der gute Mensch von Sezuan, Der kaukasische Kreidekreis).

Eine philosophisch-ästhetische Deutung der Theorie Brechts unternahm G. Zwerenz (Aristotelische und Brechtsche Dramatik. Versuch einer ästhetischen Wertung = Schriftenreihe „Wir diskutieren", hrsg. v. F. Zschech, Heft 5, Rudolstadt 1956). Er versteht die „neue dialektische Dimension, die Brecht Verfremdung nennt", als „Paradoxon", findet aber im übrigen das Mittel der Verfremdung schon seit jeher in der Komödie, mehr noch in der Tragikomödie angewandt. Brechts Theaterstil wird als satirisch bestimmt. Eine Rechtfertigung der Theorie Brechts schließt für Zwerenz eine gleichzeitige Verteidigung aristotelischer Dramatik nicht aus. Aufbauend auf E. Blochs „Prinzip der Hoffnung", sucht er die Theorie des Aristoteles neu zu formulieren, indem er die Begriffe Furcht und Mitleid durch die Begriffe Trotz und Hoffnung ersetzt.

In einem zweiten „Sonderheft Bertolt Brecht" brachte die Zeitschrift „Sinn und Form" 1957 außer zahlreichen Nachrufen eine Reihe von Aufsätzen zum Werk Brechts. Vier davon verdienen besondere Beachtung: E. Bornemann, Ein Epitaph für Bertolt Brecht (S. 142—158); E. Bentley, Die Theaterkunst Brechts (S. 159—177, Teilübersetzung aus seinem Buch „In Search of Theater", New York 1955); P. Chiarini, Lessing und Brecht. Einiges über die Beziehungen von Epik und Dramatik (S. 188—203); A. Wirth, Über die stereometrische Struktur der Brechtschen Stücke (S. 346—387).

Im Gegensatz zu Margret Dietrich geht E. Bentley als Theaterhistoriker von Brechts Inszenierungen, von seiner Regiepraxis und erst in zweiter Linie von theoretischen Erwägungen aus. Er bezeichnet Brechts Bühnenstil als „erzählenden Realismus", als eine Inszenierungsmethode zwischen Naturalismus und Symbolismus, bei der die Bühne tatsächlich auch als Bühne gesehen wird. Die epische Regie verfolge eine „didaktische Strategie", doch sei „jede einzelne Inszenierung Gegenstand ästhetischer Kriterien" (S. 165). Entscheidendes sieht Bentley, wenn auch er Brechts Theorie des Theaters als „eine Theorie der Komödie"[1] bestimmt (S. 174) — obwohl dabei starke Einschränkungen notwendig werden, die Bentley vermissen läßt.

Die große Bedeutung der Parabel im dramatischen Schaffen Brechts erkennt E. Bornemann. Schon in der frühen Vorliebe Brechts für exotische Ausdrücke, in seiner Anknüpfung an Kipling, sieht Bornemann ein Bestreben, die Sprache zur Dienerin der Parabel werden zu lassen. Er wertet die Parabel überhaupt als Basis für Brechts Theorie des „epischen Theaters". Sicherlich trifft Bornemann

---

[1] Auf denselben Sachverhalt wies W. Grözinger hin in einer Besprechung zu Brechts „Kleinem Organon für das Theater" (Bert Brecht zwischen Ost und West = Hochland, XLIII, 1, Oktober 1950, S. 80—86); ebenso, wohl im Anschluß an Bentley, J. Gassner (The Theatre in our Times, New York 1955², im Abschnitt „Drama and detachment: a view of Brecht's style of theatre", S. 82—96).

auch ein wichtiges, paradoxes Wirkungsphänomen, indem er Brechts „verfremdenden" Kunstgriffen und der regelmäßigen Wiederkehr von Handlungsunterbrechungen eine poetische, ihren eigentlichen Zweck überspielende Kraft zuschreibt. Es bedeutet aber eine Verunklärung notwendiger Fachbegriffe und einen Verzicht auf theatergeschichtliche Unterscheidungen, wenn Bornemann die „Magie" des Theaters, eine Vergötterung der Bühne und eine häufige Verstärkung der „Einfühlung" bei Brecht (S. 158) vorzufinden glaubt.

P. Chiarini zieht Parallelen zwischen dem neueren Drama und dem neueren Roman. Wie der „Wille zum Lehren" ein Kennzeichen sämtlicher Stücke Brechts sei, so habe sich — Ch. zitiert E. Kahler — auch der Roman zur Parabel, zur Beispielgeschichte verwandelt (S. 191). Allzu großzügig verfährt Chiarini, wenn er zur Deutung des „epischen Theaters" die „Hamburgische Dramaturgie" bemüht und Lessings gleichfalls „sehr lockere Auffassung der dramatischen Struktur" betont (S. 200). Denn Lessings Verteidigung der euripideischen Prologe und einer Vermischung der Gattungen (im 49. und 48. Stück), diese Rechtfertigung epischer Momente gegenüber allem Regeldogmatismus, ist zunächst polemischen Charakters, zielt zum anderen gerade auf jene Steigerung des Mitleids im Zuschauer, die Brecht ausgeschaltet wissen will. Im übrigen spricht zu Lessings Auffassung vom Drama in der „Hamburgischen Dramaturgie" das Modellstück „Emilia Galotti" eine zu deutliche Sprache. Überhaupt ist Lessings Begriff des „Epischen" (wonach die „Epopee" Bewunderung erregt — vgl. Briefwechsel mit Mendelssohn und Nicolai über das Trauerspiel) nicht ohne weiteres für Brechts Theater heranzuziehen. Hier wären Abgrenzungen nötiger gewesen als der Nachweis von Übereinstimmungen.

Einen scharfen Angriff gegen den Dogmatismus in der marxistischen Literaturkritik, auch gegen Schumacher, führt der Pole A. Wirth im letzten bedeutenden Aufsatz des 2. Sonderhefts von „Sinn und Form". Er nimmt Brechts künstlerische Methode, den produktiven Zweifel zu wecken, gegen alle jene in Schutz, welche „die erkenntnistheoretische Aufgabe der Kunst auf die Illustration von Thesen marxistischer Klassiker reduziert" haben (S. 385). Die eigene Leistung Wirths besteht in einer tiefgreifenden Analyse der dramatischen Formen Brechts, die ihn zum Begriff der „stereometrischen Struktur" führt: „Die stereometrische Struktur entstand als Ergebnis des Suchens nach neuen Formen des Autorenkommentars im Theater" (S. 385), sie ergibt sich aus der „Errichtung der ‚poetischen' und der ‚philosophischen Ebene' über der ‚dramatischen Ebene'" (S. 355). Diesen drei Dimensionen entsprechen nach Wirth auch drei Kategorien der Zeit in den Stücken Brechts: die „dramatische Zeit" der szenischen Ereignisse (der Handlung), die „lyrische Zeit" der poetischen Erlebnisse (etwa im Song) und die „Zeit der Reflexionen", die am Rande der Handlung oder vollkommen unabhängig von ihr durchgeführt werden (S. 363 f.). Besonders in dieser Unbestimmtheit des Zeitbegriffs verrät sich eine Schwäche der Unterscheidungen Wirths. Die Grenzen zwischen der zweiten und dritten Ebene sind zu fließend und können von ihm auch nicht klar genug festgelegt werden. Außerdem sind die Kategorien der poetischen (oder lyrischen) Ebene und der philosophischen Ebene einander nicht ganz adäquat: die eine ist bei Wirth ein mehr formaler Begriff (die gebundene Form der Rede betreffend), die andere ein vorwiegend inhaltlicher Begriff. So reduziert Wirth selbst gelegentlich die drei auf zwei

Ebenen, wenn er beispielsweise die lyrische und reflexive Zeit zur „Zeit des Kommentars" zusammenzieht (S. 369). Der eindeutige Nachweis für das Vorhandensein dreier streng verschiedener Ebenen ist Wirth also nicht gelungen. Trotzdem fördert der Aufsatz eine Fülle wertvoller Beobachtungen zur Struktur Brechtscher Stücke zutage. Wirths Hinweis auf die Relativität des Zeitbegriffs bei Einstein und eine in etwa vergleichbare Relativierung der Zeit im Drama Brechts (S. 369) oder auf das bei Brecht und Picasso analoge Prinzip der „Vielsichtigkeit" (S. 372) sind vorsichtige Versuche, von reiner Werkdeutung zur Einordnung in geistige und kulturelle Epochenzusammenhänge zu gelangen.

Suchte Wirth die Dramatik Brechts von einem Hauptgesetz, vom „stereometrischen Grundsatz", her zu erfassen, so nähert sich ihr eine Untersuchung von V. Klotz (Bertolt Brecht. Versuch über das Werk, Darmstadt 1957)[2] auf verschiedenen Wegen. Die Darstellung bemüht sich, keine formalen und sprachlichen Indizien auszulassen und viele stoffliche und gehaltliche Züge auszubreiten; sie ist sehr schätzenswert durch die Vielzahl guter Einzelbeobachtungen. So weist Klotz auf die wiederholten Auseinandersetzungen Brechts „mit christlichen und allgemein religiösen Denk- und Formfiguren" hin (S. 45). „Die Bibel wird zum literarischen Reservoire, welches menschliche Grundsituationen in Fülle beherbergt, die fest in der Vorstellung des Publikums wurzeln" (S. 45 f.). Auch in seiner Untersuchung der Sprache Brechts trifft Klotz auf „sprachliche Figuren aus dem biblischen Umkreis" (S. 93). — Schon 1932 hatte sich, ausgehend von Brechts „Badener Lehrstück vom Einverständnis", K. Thieme (Des Teufels Gebetbuch? Eine Auseinandersetzung mit dem Werke Bertolt Brechts = Hochland, XXIX, 5, S. 397—413) mit christlichen Motiven bei Brecht beschäftigt und in ihm „den konkreten Gegner gefunden, ... der mit der christlichen Kirche wieder in ihrer eigenen Sprache zu streiten begonnen hat" (S. 413).

„Spuren christlicher Tradition überall im Werk Brechts" verfolgt auch P. Michelsen (Bertolt Brechts Atheismus = Eckart, Jan./März 1957, S. 48—56; Nachtrag April/Juni 1957, S. 188). A. Schöne (Bertolt Brecht. Theatertheorie und dramatische Dichtung = Euphorion, Bd. 52/1958, S. 272—296) ordnet die Mehrzahl der Entlehnungen einem „eng umschriebenen Ursprungsfeld" zu: dem Evangelienbericht über die Leidensgeschichte Christi. (S. 291) und beobachtet „Auswirkungen der sprachlichen Säkularisation" bei Brecht (S. 295). Vor allem durch seine Untersuchungen zur Sprache erweitert Schöne die Brecht-Forschung. Er geht dem Prinzip wechselseitiger Verfremdung in den Dramen und Szenen Brechts bis in den Aufbau des Satzes nach und entdeckt „Einschnitte, Unstimmigkeiten, Widersprüche, welche dem sprachlichen Gebilde die glatte, fugenlose Geschlossenheit nehmen" (S. 274). Zu diesem Stilprinzip der ‚harten Fügung' werden als weitere wesentliche Merkmale der Dramatik Brechts die deiktische Struktur und die dialektischen Figuren erkannt. Im ganzen sieht Schöne die Wirkungsfähigkeit der Stücke Brechts nicht gebunden an einen bestimmten Stand der gesellschaftlichen Entwicklung (S. 288).

---

[2] Eine ausführlichere Rezension zu dem Buch schrieb Hans Mayer in: Deutsche Literaturzeitung für Kritik der internationalen Wissenschaft, Jg. 79, Heft 5, Mai 1958, Spalte 410—413. Während Mayer beispielsweise eine Behandlung des „Galileo Galilei" bei Klotz vermißt, bleibt die Rezension von R. Geißler (Wirkendes Wort, 9. Jg. 1959, 1. Heft, S. 59 f.) im Rahmen allgemeiner Zustimmung.

Der Brecht-Aufsatz in der Deutschen Biographie „Die großen Deutschen" (hrsg. v. H. Heimpel, Th. Heuss, B. Reifenberg; Bd. V, 1957, S. 510—518) stammt von W. E. Süskind und hat den Charakter einer vorurteilslosen Würdigung des Werks. Nicht als einen Zertrümmerer, sondern als einen „Hersteller von Form und Ordnung" sieht Süskind Brecht (S. 518). Den „großen" Stücken, „die man vielleicht besser gesprochene Oratorien nennen sollte", spricht er „Gestaltenfülle und szenische Intensität" zu (S. 517). Im Gegensatz zu vielen Kritikern schätzt Süskind auch die Wirkung des Theoretikers Brecht hoch ein. Brechts Verfremdungseffekt ist ihm „von Hause aus eine Neuentdeckung wertfreier Art", eine „kopernikanische Wendung" (S. 518)[3].

Überblickt man die bisherige Literatur zum dramatischen und Bühnen-Werk Brechts, so wird man eine große Gesamtdarstellung noch vermissen. Diese Lücke kann auch durch die folgende Untersuchung nicht geschlossen werden, die sich beschränkt auf eine Auseinandersetzung mit der Dramaturgie und der Spielweise, wie sie von Brecht während und nach der Emigration entwickelt wurden. Dabei wird die Untersuchung in den beiden ersten Hauptteilen analytisch und systematisch vorgehen und dann eine Auswertung und historische Einordnung anschließen. Der eigene methodische Weg der Untersuchung ist bezeichnet durch die grundsätzliche Unterscheidung einer „offenen Dramaturgie" von einer „geschlossenen Dramaturgie". Dieser Weg wird zugleich über die Betrachtung des Brechtschen Theaters hinausführen und einige Kategorien auch für die zeitgenössische europäische und amerikanische Dramatik gewinnen. Bei den literatur-

---

[3] Einige — zum Teil mehr essayistische — Gesamtdarstellungen zur modernen Literatur, die dem Werk Brechts einen Abschnitt bzw. partielle Aufmerksamkeit widmen, seien hier lediglich genannt: S. Melchinger, Theater der Gegenwart, Frankfurt (M.)/Hamburg 1956 (Fischer-Bücherei, Bd. 118); W. Jens, Statt einer Literaturgeschichte, Pfullingen 1957 (Poesie und Doktrin. Bertolt Brecht, S. 159 ff.); J. Rühle, Das gefesselte Theater, Köln/Berlin 1957 (Brecht und die Dialektik des epischen Theaters, S. 195 ff.). P. Szondi, in „Theorie des modernen Dramas", Frankfurt (M.) 1956, hat in seine Darstellung des „epischen Theaters" (S. 98—103) die wichtigen späteren Stücke Brechts noch nicht einbezogen.

Erst während des Drucks der 1. Auflage erschien: O. Mann, „B. B. — Maß oder Mythos? Ein kritischer Beitrag über die Schaustücke Bertolt Brechts", Heidelberg 1958. Mann mißt Brechts Dramatik an der großen Tradition des Dramas von den Griechen bis G. Hauptmann, um so ihren geringen Wert zu beweisen. Der polemische Charakter des Buches wird besonders deutlich, wenn Brecht mit G. Kolbenheyer auf eine Stufe gestellt und wenn ein positives Gegenbild in der Dramatik C. Zuckmayers entworfen wird. Bezeichnend ist auch, daß Mann bei seiner Orientierung in der Geschichte des Dramas selten Grabbe und Büchner und überhaupt nicht Lenz heranzieht, einen bestimmten Formtypus also so gut wie unterschlägt. Die Maßstäbe für das Volksstück werden lediglich bei Anzengruber gesucht, niemals bei Raimund oder bei Nestroy (bei dem sich für die Bewertung Brechts bessere Anknüpfungspunkte geboten hätten). So kommt es oft zu ungemäßen Vergleichen durch ein Verfahren, das zu ausschließlich auf einige bestimmte Leitbilder eingeschworen ist. — Dagegen wählen die etwa gleichzeitig erschienenen Einzeluntersuchungen von F. N. Mennemeier zu „Mutter Courage und ihre Kinder" und von G. Rohrmoser zum „Leben des Galilei" den Weg der werkgerechten Interpretation (Das deutsche Drama vom Barock bis zur Gegenwart. Interpretationen, hrsg. von B. von Wiese, 2 Bde, Düsseldorf 1958. Bd. I S. 383—400 und S. 401—414). — In einer weiteren Untersuchung unternimmt es R. Grimm (Ber-

und theatersoziologischen Fragestellungen, die sich am Schluß ergeben, wird auf die vorwiegend übliche gehaltssoziologische Auslegung zugunsten eines formsoziologischen Deutungsversuchs verzichtet.

Diese Arbeit ist die teilweise gekürzte, zum Teil aber auch erweiterte Fassung einer Dissertation, die im Sommer 1956 von der Philosophischen Fakultät der Universität Göttingen angenommen wurde. Für wichtige Anregungen bin ich Herrn Prof. Klaus Ziegler und Herrn Prof. H. Plessner in tiefer Dankbarkeit verbunden. Ergänzungen wurden vor allem notwendig durch die inzwischen erschienene Literatur zum Werke Brechts. Außerdem boten sich einige Erweiterungen an durch mein Studium der Commedia dell'arte, auf die Herr Prof. W. Kayser meine besondere Aufmerksamkeit lenkte.

Den neuen Herausgebern der Palaestra-Reihe sei herzlich gedankt für Entgegenkommen und Hilfe beim Druck dieser Studie.

---

tolt Brecht. Die Struktur seines Werkes = Erlanger Beitr. zur Sprach- und Kunstwissensch., Bd. V, Nürnberg 1959), die gesamte Dichtung Brechts unter dem Gesichtspunkt der Verfremdung zu erfassen. Gegen alle Versuche, die theoretischen Äußerungen Brechts leichtfertig abzutun oder den Begriff der Verfremdung nur für die Regie- und Schauspieltechnik gelten zu lassen, stellt Grimm die „Einheit von schöpferischer Dichtung, denkerischer Durchdringung und inszenatorischer Deutung" (S. 11 f.). Das besondere Verdienst der Arbeit liegt in der gründlichen Untersuchung der sprachlichen Mittel Brechts und im Aufzeigen von Übereinstimmungen des „epischen" mit den geschichtlichen Formen des didaktischen Theaters.

Einleitung

DAS SOZIOZENTRISCHE MOTIV

a) Die gebundene Ästhetik

Nirgendwo in der bühnenbezogenen Literatur und im Theater des 20. Jahrhunderts hat ein Dramatiker oder Regisseur sein gesamtes künstlerisches Werk mit solcher Entschiedenheit in die Spannung zweier verschiedener Realitätsbereiche gestellt wie Bertolt Brecht. Keiner hat mit solcher Hartnäckigkeit im Theoretischen wie im Praktischen versucht, den Bereich Kunst (Drama und Bühne) für den Bereich Gesellschaft wirksam werden zu lassen. Aber auch keiner, der ähnliche Wege ging, hat mit solcher Schärfe wie er auf der Eigenständigkeit beider Bereiche bestanden.

Dieses widerspruchsvolle Verhältnis im Werke Brechts wird überhaupt nur möglich, weil die Erscheinung „Theater" selbst schon ein sinnfälliger Abdruck, eine Art Modellfall der Spannung zwischen Kunst und Gesellschaft ist. Allerdings nur ein Modellfall, weil hier das Kunstwerk in seiner Gesamtheit stets nur einem kleinen Teil der Gesellschaft (dem jeweils anderen Publikum der jeweiligen Aufführung) gegenübertritt. Immerhin repräsentiert das Theaterpublikum Gesellschaft in anderer Weise als eine Summe von Lesern oder Betrachtern. Und so benutzt und verstärkt Brecht durch die Verspannung beider Bereiche zunächst nur Vorgänge, die gerade für die besondere Gesetzlichkeit der Kunstform Theater verantwortlich, die ihr immanent sind. Nicht zuletzt auf diesem Hintergrunde wird eine Fülle von technisch-artistischen Mitteln, denen Brecht seine theatralischen Wirkungen verdankt, erst verständlich. Er macht jene Kräfte beweglich, wodurch die Kunstform Theater und das Drama für den Rahmen einer „Wirkungsästhetik" bzw. „Wirkungspoetik"[1] vorangelegt sind.

Brechts theoretische Grundlegungen seines „epischen Theaters" richten sich auf eine Wirkungsästhetik (-poetik) strengsten Sinnes. Über die Wahl aller dramatischen und bühnenmäßigen Mittel, über das Wie der Gestaltung entscheidet das Ziel. Seine Versuche zu einer „nicht-aristotelischen Poetik" bekommen ihr volles Gewicht dadurch, daß er sich hierin mit Aristoteles und seinem wichtigsten deutschen Interpreten Lessing trifft. Er bekämpft Aristoteles und uneingestanden auch Lessing — dessen Namen er nicht antastet, weil er sich dem Aufklärer in

---

[1] Zur Unterscheidung von Schöpfungs- (oder Schaffens-)poetik, Werkpoetik und Wirkungspoetik vgl. M. Wehrli, Allgemeine Literaturwissenschaft, Bern 1951, passim.

ihm zu sehr verbunden fühlt — auf ihrem eigensten Gebiet. Deshalb hat bisher niemand so radikal an der aristotelisch-lessingschen Poetik des Dramas gerüttelt wie Brecht.

Nun schließen Begriff und Wesen der Wirkungsästhetik eine erhöhte Empfänglichkeit für nur mittelbar ästhetische Bestimmungen mit ein. Die Frage nach der Wirkung stößt auf die weitere Frage nach der Funktion eines Kunstwerks. Für Brecht ist sehr früh ein Theater ohne eine bestimmte gesellschaftliche Funktion nicht denkbar. So verwirft er in seiner Abhandlung „Der Dreigroschenprozeß. Ein soziologisches Experiment" (1930/31) jegliche „Vorstellung von einem unverletzlichen Phänomen Kunst, das direkt aus dem Menschlichen gespeist wird, ... einem unabhängigen Phänomen gesellschaftlicher Art, ... das sich der gemeinen Nutzung entzieht und ohne Interesse geliebt wird"[2]. Die ausschließliche Beachtung der Funktion veranlaßt ihn zunächst sogar zu einer Verneinung des Ästhetischen überhaupt, zu dem Versuch, „aus dem Genußmittel den Lehrgegenstand zu entwickeln" und die Theater „aus Vergnügungsstätten in Publikationsorgane umzubauen"[3]. Im „Kleinen Organon für das Theater" (1948) dann widerruft er seine Absicht, „aus dem Reich des Wohlgefälligen zu emigrieren", und behandelt das Theater „als eine Stätte der Unterhaltung, wie es sich in einer Ästhetik gehört"[4].

Aber „die Vergnügungen der verschiedenen Zeiten waren natürlich verschieden" (Org. § 7). „Je nach der Unterhaltung, welche bei der jeweiligen Art des menschlichen Zusammenlebens möglich und nötig war, mußten die Figuren anders proportioniert, die Situationen in andere Perspektiven gebaut werden" (Org. § 8). Die Haltung, „welche wir Kinder eines wissenschaftlichen Zeitalters in unserem Theater vergnüglich einnehmen wollen, ... ist eine kritische" (Org. §§ 21 und 22). Und „gegenüber der Gesellschaft" besteht diese kritische Haltung „in der Umwälzung der Gesellschaft" (Org. § 22).

Wirkungsziel und Funktion führen Brecht zu bestimmten Folgerungen (werkpoetischer Art) für die Technik des epischen Theaters. Sie rechtfertigen ihm die „Methode der neuen Gesellschaftswissenschaft, die materialistische Dialektik"[5], von der es heißt: Sie „behandelt ... die gesellschaftlichen Zustände als Prozesse und verfolgt diese in ihrer Widersprüchlichkeit. Ihr existiert alles nur, indem es sich wandelt, also in Uneinigkeit mit sich selbst ist" (Org. § 45).

Durch diese Bindung der Ästhetik an die marxistische Dialektik ist über Marx, der als einer der ersten deutschen Soziologen zu gelten hat, eine enge Beziehung Brechts zur Gesellschaftswissenschaft vorgegeben. So handelt es sich bei dem Werk Brechts auch um den Versuch einer künstlerischen bzw. kunsttheoretischen

---

[2] Versuche, Heft 3, S. 300 f.
[3] Anmerkungen zur Oper „Aufstieg und Fall der Stadt Mahagonny", Stücke III, S. 259—276, Zit. S. 276.
[4] Kleines Organon für das Theater, Versuche, Heft 12, S. 107—140, Zit. Vorrede, S. 110. — Weitere Zitate unter Abkürz. Org.
[5] Brecht hat gegen Ende seines Lebens den Begriff „episches Theater" selbst in Frage gestellt (s. Vorwort zu den Gesprächen „Die Dialektik auf dem Theater", Versuche, Heft 15, S. 79). Er scheint sogar daran gedacht zu haben, ihn durch die Bezeichnung „dialektisches Theater" zu ersetzen. Vgl. die Aufzeichnung eines seiner Schüler (M. Wekwerth, Auffinden einer ästhetischen Kategorie = Sinn und Form, Zweites Sonderheft Bertolt Brecht, S. 260—268, s. S. 265).

Bewältigung soziologischer Fragestellungen. Diese Verbindung von ästhetischem und wissenschaftlichem Element begründet Brecht mit einer gewissen Affinität beider: „Es könnte ja heute sogar eine Ästhetik der exakten Wissenschaften geschrieben werden. Galilei schon spricht von der Eleganz bestimmter Formeln und dem Witz der Experimente, Einstein schreibt dem Schönheitssinn eine entdeckerische Funktion zu, und der Atomphysiker R. Oppenheimer preist die wissenschaftliche Haltung, die ‚ihre Schönheit hat und der Stellung des Menschen auf Erden wohl angemessen scheint'." (Org., Vorrede).

Freilich teilt das wissenschaftliche Element im epischen Theater jene Zweideutigkeit, die der Marxschen Gesellschaftswissenschaft zugrunde liegt (wie allerdings jeder Soziologie, sofern sie die Gesellschaft zu einem Bewußtsein ihrer selbst führen will): die Gleichzeitigkeit einer wissenschaftlich und einer politisch gemeinten Konzeption. Diese Zweideutigkeit hat man sich zu vergegenwärtigen, wenn Brecht vom epischen Theater als vom „Theater eines wissenschaftlichen Zeitalters" spricht. Die Ästhetik bleibt politischen Verbindlichkeiten unterworfen durch die Forderung, daß sich das Theater „den reißendsten Strömungen in der Gesellschaft ausliefert und sich denen gesellt, die am ungeduldigsten sein müssen, da große Veränderungen zu bewerkstelligen" (Org. § 23).

So hat Brecht die „Autonomie" der Kunst, die er als eine Vortäuschung der „bürgerlichen" Ästhetik verwarf, bis zum Schluß bestritten und sein „episches Theater" im Rahmen einer gebundenen, „heteronomen"[6] Ästhetik belassen.

b) Die Technik der Entlarvung

Das „Kleine Organon für das Theater" von 1948 kann als Zusammenfassung aller bis dahin erschienenen theoretischen Versuche Brechts zu einer „nicht-aristotelischen" Poetik betrachtet werden.

„Das Theater, wie wir es vorfinden", heißt es hier in § 33, „zeigt die Struktur der Gesellschaft (abgebildet auf der Bühne) nicht als beeinflußbar durch die Gesellschaft (im Zuschauerraum)." Immer enden die Zusammenstöße der tragischen Helden mit den Normen der Gesellschaft in einer Katastrophe, die nicht kritisierbar ist. Dabei sieht Brecht auch die göttlichen Gesetze der antiken Tragödie und die ethischen des neuzeitlichen Dramas als Prinzipien, die zugleich als gesellschaftliche Normen die sozialen Formen der Zeit stützen. Gegen sie verstößt, an ihnen scheitert der Mensch. Immer rüttelt er vergeblich an den Tabus der Gesellschaft, gleich ob sie mythisch, religiös oder sittlich verbrämt erscheinen. So gesehen, ist das großartige Pathos etwa des schuldlos-schuldigen Ödipus zugleich das Pathos des vergeblichen Versuchs, einer unmenschlichen gesellschaftlichen Konvention zu entkommen. Und so gesehen, zerbricht der seinen Charakter durchführende expansive Menschentyp des neuzeitlichen Dramas an der Unvereinbarkeit eines subjektiven Lebensstils einerseits und den Ansprüchen der Gesellschaft andererseits — d. h. (im Sinne Brechts) an der Unmenschlichkeit seiner individualistischen Forderung.

---

[6] Zu der Unterscheidung eines vorwiegend „autonomen" und eines vorwiegend „heteronomen" Dichtungstypus' vgl. die Thesen von Klaus Ziegler, in: Symphilosophein, München 1952 (Bericht über den Dritten Deutschen Kongreß für Philosophie, Bremen 1950), S. 130—137.

Unterscheiden wir recht! Brecht fragt hier nicht, ob im Einzelfall der Anspruch des Individuums oder der Anspruch der Gesellschaft gerechtfertigter ist. Er stellt nur fest, daß alle Versuche, der Gesellschaft neue Maßstäbe zu schaffen, als strafwürdig dargestellt werden, daß immer die Katastrophen der tragischen Figuren als unvermeidbar erscheinen.

Indem aber die Kunst als Spiegelung der Wirklichkeit verstanden wird, erscheinen mit den Katastrophen des Dramas auch die großen Verhängnisse der Menschheit als schicksalsgegeben. Auf dem Theater gutgeheißen, werden sie auch im realen Ablauf der Geschichte als gerechtfertigt hingenommen. Das bisherige Theater fördert also die blinde Schicksalsgläubigkeit der Menschen, und es sind „die poetischen und theatralischen Mittel, welche die Unstimmigkeiten der Geschichte verbergen" (Org. § 12). Aber „die ‚historischen Bedingungen' darf man sich ... nicht denken ... als dunkle Mächte (Hintergründe), sondern sie sind von Menschen geschaffen und aufrechterhalten (und werden geändert werden von ihnen)" (Org. § 38).

Wie sind deshalb diese Unstimmigkeiten im menschlichen Zusammenleben auf dem Theater sichtbar und kritisierbar zu machen? Brecht antwortet: indem wir „den gesellschaftlich beeinflußbaren Vorgängen den Stempel des Vertrauten wegnehmen, der sie heute vor dem Eingriff bewahrt" (Org. § 43). Das heißt: indem die Normen des gesellschaftlichen Zusammenlebens mit ihrem Sittenkodex und ihren ethischen Forderungen nicht mehr als tabu gelten, sondern durchleuchtet werden auf die ganz realen Interessen hin, denen sie als Vorwand dienen. Denn jedes reale Interesse (Erwerbs-, Besitzbetrieb oder was auch immer) sucht sich die Ideologie zu schaffen, die ihm nützt.

Immer zwingen, nach Brecht, die zur Herrschaft gekommenen Schichten den beherrschten ihre Ideologie auf, indem sie sie zu allgemeinen ethischen und damit gesellschaftlichen Normen ummünzen. Da aber die großen menschlichen Katastrophen „als Unternehmungen der Herrschenden" (Org. § 19) zu sichten sind, gilt es, diese Ideologien schonungslos zu entlarven.

Der Ideologiebegriff, wie er Brechts Denkweise zugrunde liegt, ist der Marxsche Ideologiebegriff. Er hat eine eindeutig politische und polemische Funktion im Rahmen des Klassenkampfes und ist deshalb nicht zu verwechseln mit den späteren Umprägungen des Begriffes durch die deutsche Soziologie bis zu K. Mannheim hin. Er bezeichnet jene falsche Bewußtseinslage, „welche sich 1. in bestimmten Hypostasierungen überweltlicher Art äußert und 2. mit solchen Hypostasierungen den Herrschaftsinteressen einer Klasse auf gewollte oder ungewollte Art Schutz zu gewähren sucht"[7].

Nun geht es Brecht darum, auch das „Mitläufertum" der anderen, beherrschten Schichten bloßzustellen. Er kennt sehr gut die robuste Ethik, die auch die unteren Schichten ihren Interessen schaffen. Und mit Recht erkennt Hans Mayer in Brechts „Mutter Courage" gerade die „Mischung des realen plebejischen Interesses mit dem Flitterwerk und Lametta der offiziellen heldischen Ideologie, die unwiderstehlich wirkt"[8].

---

[7] H. Plessner, Abwandlungen des Ideologiegedankens, in: Zwischen Philosophie und Gesellschaft, Bern 1953, S. 218—240, Zit. S. 218.
[8] H. Mayer, Die plebejische Tradition, in: Sinn und Form, Sonderheft Bertolt Brecht, Berlin/Potsdam 1949, S. 44.

Damit ist schon eine künstlerische Form angedeutet, mit der Brecht das ideologische Verhalten der Menschen entlarvt: die Parodie oder Persiflage. Und zwar — um die ganze Widersprüchlichkeit zwischen vorgeschobener Ethik und realem Interesse aufzudecken — Parodie mit dialektischer Brechung der Stilmittel. Denn einmal läßt er die Personen im hohen Ton moralisch-sittlicher Maximen reden (in der „Heiligen Johanna der Schlachthöfe" besprechen die Fleischfabrikanten und -händler ihre Geschäfte im Schillerschen Versstil), zum anderen aber sie ganz unverblümt die wahren Motive ihres Handelns preisgeben. Kaum zuvor auf der Bühne haben Menschen in so schockierender Weise verraten, was sie in Wirklichkeit denken, nie so schonungslos sich selbst demaskiert. So wird in der „Dreigroschenoper" die Geschäftsmoral Peachums oder Macheath' entlarvt in den ungeheuchelten Sentenzen der Songs, wie etwa in dem „Erst kommt das Fressen, dann kommt die Moral" oder „Was hilft da Freiheit? Es ist nicht bequem. Nur wer im Wohlstand lebt, lebt angenehm!"[9].

c) Typisierende Personengestaltung

Notgedrungen bleibt bei solcher Demaskierung des Menschen auf der Bühne kein Platz für den tragischen Helden im alten Sinne. Brechts Stücke sind keine psychologischen Charaktertragödien mehr. „Die tödlichen Amokläufe" der individualistischen Helden des neuzeitlichen Dramas gibt es auf dem epischen Theater nicht. Außer in „Dickicht der Städte"[10] und „Herr Puntila und sein Knecht Matti" hat der „Held" nicht einmal einen fester umrissenen Gegenspieler. Er steht lediglich einer Situation gegenüber.

Gegen die Wirklichkeit dieser Situation behauptet er nicht, was man im Sinne des bisherigen Dramas seinen „Charakter" nennt. Er macht seinen Kompromiß mit ihr. So sühnt in „Trommeln in der Nacht" Anna ihre Schuld nicht durch einen freiwilligen Tod, und auch Kragler, der betrogene Heimkehrer, stürzt sich keineswegs verzweifelt in die Straßenkämpfe des Spartakistenaufstandes[11]. Der Packer Galy Gay im Lustspiel „Mann ist Mann" läßt sich ohne ernsthaften Widerstand in die Uniform der englischen Kolonialtruppen stecken und in einen anderen Menschen „ummontieren". Ähnlich — wenn auch immer mit innerem Vorbehalt — reagiert Schweyk, der pfiffige und vorteilsbedachte Kompromißler, in „Schweyk im zweiten Weltkrieg". Galilei, ein Genußmensch, kapituliert vor der Androhung der Folter; er schwört offiziell seiner wissenschaftlichen Entdeckung und Lehre ab, kann so seine Arbeit im Geheimen fortsetzen und sein Werk doch noch retten. Da reine Güte bei der gegebenen Struktur der menschlichen Gesellschaft nicht nur unangebracht, sondern auch unmöglich ist, ver-

---

[9] Stücke, Band III, S. 99 u. 85.
[10] Selbst hier, in „Dickicht der Städte", handelt es sich doch nur um eine Negierung des Gegenspielers. „Der Kampf zweier Männer in der Riesenstadt Chikago" (Untertitel) wird nie zu einem wirklichen Kampf: „sie konnten auch als Feinde nicht zusammenkommen", schreibt Brecht (Bei Durchsicht meiner ersten Stücke, in: Stücke, Band I, Ausgabe Aufbauverlag, Berlin 1955, S. 11).
[11] Allerdings hat Brecht, gut drei Jahrzehnte später, die unrevolutionäre Haltung seines „Helden" verurteilt (vgl. Brecht, Bei Durchsicht meiner ersten Stücke, in: Stücke, Band I, Ausgabe Aufbauverlag, Berlin 1955, S. 5 f.).

wandelt sich im „Guten Menschen von Sezuan" Shen Te aus Notwehr zeitweise in ihren herzlosen Vetter. Und selbst Azdak, der Richter des Kreidekreisurteils, ist eine bestechliche, willfährige Kreatur und stiehlt sich schließlich davon, weil ihm der Richterrock „zu heiß geworden ist": „Ich mach keinem den Helden."[12] Man kann, wie Walter Benjamin, Brecht mit diesem gänzlich untragischen „Helden" in die Linie stellen, die sich „im Mittelalter über Hroswitha und die Mysterien; im Barock über Gryphius und Calderon" hinzieht[13]. Jedenfalls ist der Schwächung und Auflösung des Tragischen im Naturalismus nun die Ausklammerung des Tragischen gefolgt.

Oft zeigt Brecht die Widersprüche zwischen den Taten und dem sogenannten Charakter der Menschen. Denn „Es ist eine zu große Vereinfachung, wenn man die Taten auf den Charakter und den Charakter auf die Taten abpaßt" (Org. § 52). Brechts Weltdeutung ist soziozentrisch, der Mensch ist für ihn Schnittpunkt gesellschaftlicher Kräfte. Die Figuren werden — bei all ihrer Kreatürlichkeit — auf ihre gesellschaftliche (auch berufliche) Stellung und auf ihr soziales Verhältnis zueinander typisiert.

Diese Typisierung wird schon in der Kennzeichnung vieler Personen deutlich: sie sind einfach nach ihrem Stand oder Beruf benannt. Personen ohne Eigennamen begegnen vor allem in „Mutter Courage" und „Puntila". So der Werber, der Feldwebel, der Feldhauptmann, der Zeugmeister, der Feldprediger, der Koch, der junge Soldat, der Fähnrich in „Mutter Courage"; zu Typen (und zwar Komödientypen) verallgemeinert der Richter, der Advokat, der Propst, die Pröpstin und der Attaché in „Puntila".

Typisierung schließt eine starke Vitalität der Personen nicht aus, kann geradezu ihre Theaterwirksamkeit steigern. Und so wird für die Gestaltung typenhafter Figuren zugleich eine Tradition bedeutsam, die — vom Volkstheater abgesehen — im 19. Jahrhundert so gut wie verlorenging.

Schon im Lustspiel „Mann ist Mann" (1926) fällt die Fülle ausschließlich körperlicher komischer Aktionen auf. Der Prozeß der Verwandlung des Packers Galy Gay in den Soldaten Jeraiah Jip vollzieht sich durch einen großangelegten, über mehrere Stationen reichenden Theatercoup. Der gewaltsamen Umkleidung folgen Täuschungs- und Schreckmanöver, eine fiktive Erschießung, eine richtige Ohnmacht und ein fiktives Begräbnis. Ein derart freies Schalten mit den Bedingungen psychologischer Wahrscheinlichkeit, solch groteske Zuspitzung von Kunstgriffen und solch spielhafte Turbulenz kannte vor allem die vor- bzw. frühmolièresche Komödie und die Commedia dell'arte[14].

Die Ummontierung Galy Gays fächert den Vorgang des Hineinsteigens in eine andere Rolle auseinander. Natürlich hat das Lustspiel „Mann ist Mann" auch andere als komödienhafte Aspekte, aber das in der Commedia dell'arte vielfach abgewandelte und erweiterte Gestaltungsmotiv der Doppelrolle wird hier nicht nur in eine moderne Problematik gehüllt. Die Struktur der Verwandlung und ihr Umschlagscharakter selbst sind Gegenstand der Darstellung und werden voll

---

[12] Der Kaukasische Kreidekreis, Versuche, Heft 13, S. 94. — Zur Personengestaltung vgl. auch H. Lüthy, a.a.O., sowie Hannah Arendt, a.a.O.
[13] W. Benjamin, a.a.O., S. 166.
[14] W. E. Süskind, a.a.O., S. 515, weist bereits darauf hin, daß Brecht in „Mann ist Mann" „zum erstenmal einen Ton der Burleske, auch der Commedia dell'arte aufklingen läßt, der sich später regelmäßig wiederfindet".

überschaubar gemacht. Dabei mutet dieses Verfahren noch wie bloßes Experimentieren mit Möglichkeiten an, denkt man an die späteren Gestaltungen des Motivs.

So wird es in der Figur des Puntila zum ständigen Wechsel zwischen der Rolle des Betrunkenen und der Rolle des Nüchternen konzentriert, aber auch vertieft zum typischen Gegensatz eines guten und eines rohen Herrn. Im „Guten Menschen von Sezuan" erscheint es vollends zu seinsmäßigem Ernst getrieben in dem Doppelwesen Shen Te—Shui Ta. Aber dieses Stück bietet mit der Figur Shu Fus, der zunächst als Friseur und dann plötzlich als reicher Herr auftritt, ein komödiantisches Gegenstück, bei dem Satire und Komik gleichermaßen beteiligt sind. Trotz der satirischen Konzeption enthält auch die Figur des Feldpredigers in „Mutter Courage" rein Komisches, gerade durch seine Doppelrolle nach der unfreiwilligen Verkleidung: als Diener Gottes und Seelsorger einerseits und als Kalfaktor und glückloser Liebhaber der Courage andererseits.

d) Der „soziologische" statt des „psychologischen Falls"

Brechts typisierende Personengestaltung, unterstützt durch Mittel der Typenkomödie, bekundet den Vorrang des Zwischenmenschlichen vor dem Individuellen und Innermenschlichen. Die Figuren, vom „Persönlichen" gleichsam abstrahiert, sind nicht angelegt auf eine Durchsetzung des Individuellen. Das dramatische Geschehen stellt sie in Situationen, die ihre Entscheidung nicht in den Raum der Vereinzelung und Katastrophe drängen, sondern sie auf das Feld verschiedener Möglichkeiten zwischenmenschlichen Verhaltens (auf eine „Doppelrolle") verweisen. Brecht hat — in dem Sinne, wie bei Lessing der „mythische Fall" des aristotelischen Dramas durch den „psychologischen" ersetzt ist [15] — den „psychologischen" durch den „soziologischen Fall" abgelöst.

Die Unterwanderung der Tragödie durch die Komödie im Drama Brechts spiegelt den Wandel zum Bild eines Menschen, der vor der Forderung tragischer Selbstverwirklichung ausweicht — manchmal ironisch ausweicht — in den listigen Versuch der Selbsterhaltung. Aber die List bleibt eine fragwürdige Tugend, eine Tugend der Notwehr, und die Entscheidung zur bloßen Selbsterhaltung ein Übel, wenn auch das kleinere. Das Drama schreitet nicht fort zur Katastrophe der Tragödie, aber es gelangt auch nicht zum guten Ende der Komödie.

Im Spannungsfeld der gesellschaftlichen Kräfte gehen Brechts Menschen meistens den Weg des geringsten Widerstandes, und die Kapitulation kann gerechtfertigt und notwendig sein, wenn es gilt, das menschliche Leben zu retten — aber sie ist zugleich unwürdig, weil sie die Verwirklichung reiner Menschlichkeit verhindert. Dieser Widerspruch ist nur aufzuheben und — hierin zeigt sich das realhumanistische Ziel Brechts — der Mensch nur zu verwandeln und zu bessern, indem zunächst die Struktur der Gesellschaft verändert wird.

Was das epische Theater leisten will, ist: die gesellschaftlichen Widersprüche auf*zu*zeigen. Aufzuheben sind sie nur durch den Zuschauer selbst. Am Beispiel von „Mutter Courage" verdeutlicht Brecht seine Absicht so: Die Courage er-

---

[15] M. Kommerell, Lessing und Aristoteles, Frankfurt (M.) 1957², S. 233.

kennt das „merkantile Wesen des Kriegs" und nimmt als Nutznießerin des Krieges ihre Interessen kräftig wahr. Sie glaubt an den Krieg bis zuletzt, obwohl sie an ihn nach und nach alle ihre Kinder verliert. Sie wird auch am Ende nicht sehend. Denn „solang die Masse das Objekt der Politik ist, kann sie, was mit ihr geschieht, ... nur als ein Schicksal ansehen; sie lernt so wenig aus der Katastrophe wie das Versuchskarnickel über Biologie lernt. Dem Stückeschreiber ... kommt es darauf an, daß der Zuschauer sieht." [16]

Für die Widersprüche, die sich aus der Struktur der bürgerlichen Gesellschaft zwischen dem So-sein-müssen und dem Anders-sein-sollen des Menschen ergeben, bietet das Theater (von Brechts sog. Lehrstücken abgesehen) keine fertigen Lösungen, allerdings gelegentlich Hinweise, wie in „Puntila" oder im „Kaukasischen Kreidekreis". Immer aber werden sowohl die aufgezeigten Widersprüche als solche wie auch Lösungshinweise dem Zuschauer unmittelbar überantwortet.

[16] Nachbemerkung zu „Mutter Courage", Versuche, Heft 9, S. 83.

Erster Teil

DIE OFFENE DRAMATURGIE

A. Methodische Voraussetzungen

Geschlossene und offene Dramaturgie

Die dramaturgische Analyse Brechtscher Dramen wird weitgehend eigene Wege suchen müssen. Wir schließen uns grundsätzlich hierbei der Auffassung K. Zieglers an, daß „Entstehen und Vergehen der dramatischen Sonderformen eine Funktion des Entstehens und Vergehens ihrer jeweiligen geistes- und realgeschichtlichen Grundlagen" ist[1]. Der I. Teil der Untersuchung wird sich aber darauf beschränken, besondere dramaturgische Gesetzmäßigkeiten des Brechtschen Dramas aufzuzeigen. Eine entwicklungsgeschichtliche Einordnung soll im III. Teil, ein Hinweis auf real- und geistesgeschichtliche Bezüge im Schlußkapitel folgen.

Wenn K. Ziegler im Hinblick auf das Drama unserer Epoche — vor und nach dem zweiten Weltkrieg — auf eine wahrscheinliche Ablösung des spezifischen „Formtypus des neuzeitlichen Kunstdramas"[2] und auf Analogien zur früh- und vorneuzeitlichen Dramatik[3] verweist, so bietet sich damit für unsere dramaturgische Analyse ein fruchtbarer Ansatzpunkt (wobei wir mit Ziegler den Typus des neuzeitlichen Kunstdramas im Sinne des Max Weberschen „Idealtypus" sehen[4]). Die Untersuchung wird also ihr Hauptgewicht auf jene Formtendenzen Brechtscher Dramatik legen, die mit den ausgesprochen neuzeitlichen Traditionen brechen. Außerdem wird sie neben dem Drama als Text immer auch das Drama als Aufführung berücksichtigen.

Dabei findet die Untersuchung in der bisherigen dramaturgisch orientierten Forschung nur bedingt Anleitung und Hilfsmittel. Die namhafte Dramaturgie der Literaturwissenschaft, „Wesen und Formen des Dramas" von R. Petsch (Halle 1945), rekurriert im wesentlichen auf einen Idealbegriff vom Drama, auf das europäisch-neuzeitliche Kunstdrama in seiner ästhetischen Vollendung. Petschs Betrachtung ist unhistorisch, er nimmt vor allem das Drama der deutschen Klassik zum Maßstab. Begriffe wie „innere Form" und „Organismus"[5] — Merk-

---

[1] K. Ziegler, Das deutsche Drama der Neuzeit, in: Deutsche Philologie im Aufriß, hrsg. von W. Stammler, 13.—15. Liefer., S. 951.
[2] Daselbst, S. 1294.   [3] Daselbst, S. 1295.   [4] Vgl. daselbst, S. 952.
[5] R. Petsch, a.a.O., S. 44.

male, die der neuzeitlichen Ästhetik „als Kriterien des ästhetisch Gültigen überhaupt"[6] dienen — lassen sich aber auf den Hauptteil der dramatischen Werke Brechts nicht mehr anwenden.

W. Kayser, im „Sprachlichen Kunstwerk", führt über Petsch hinaus, wenn er die Warnung ausspricht, „nicht die typische Aufbauform eines bestimmten Dramas, etwa des ‚klassischen', als allgemeinen Maßstab zum Werten und Urteilen zu benutzen oder sie als Vorurteil an jedes Drama heranzutragen"[7]. „Ein anderer Stilwille wird mit Notwendigkeit zu einer anderen Technik führen."[8] Allerdings wird von dem Lyrischen, Epischen und Dramatischen das Didaktische als eine besondere Gattung abgegrenzt, „die als zweckbestimmte und also nicht mehr autonome Literatur außerhalb der eigentlichen Dichtung liegt"[9]. Da Brechts Dramatik didaktische Elemente enthält, aber nicht aus der Dichtung in ein didaktisches System zu verweisen ist, wird die Untersuchung dieser grundsätzlichen Trennung nicht folgen, sondern Didaktisches als einen Bestandteil der Wirkungspoetik Brechts behandeln.

A. Perger, in „Grundlagen der Dramaturgie", zeigt drei Probleme auf, die von der Theaterwissenschaft zu behandeln seien: sie betreffen „das Werk als künstlerischen Ausdruck des Schaffenden, die Einstellung der Aufnehmenden, die Mittlerschaft des Theaters"[10] — Probleme, deren besonderer Beschaffenheit beim epischen Theater Brechts wir ohnehin nachgehen. Mit seiner formalen Dramaturgie: seiner Unterscheidung zwischen zwei dramatischen Hauptgruppen, dem „Einortsdrama" und dem „Bewegungsdrama" (oder „Vielortsdrama"), gibt aber Perger für das Drama Brechts keine entscheidenden Gesichtspunkte.

Zu berücksichtigen sein wird P. Böckmann, „Formgeschichte der deutschen Dichtung I" (Hamburg 1949). Auf einige seiner Formkategorien für das spätmittelalterliche und Reformations-Drama werden wir im entwicklungsgeschichtlichen Teil zurückkommen.

Wir bezeichnen das Gesetz, dem die Dramatik Brechts folgt, als „offene Dramaturgie" (im Gegensatz zu einer „geschlossenen Dramaturgie"). Dieser Begriff ist trotz beträchtlicher Berührungspunkte nicht identisch mit dem in der Literaturwissenschaft verwendeten Begriff der „offenen Form", der in seiner Bedeutung zunächst jetzt abgegrenzt werden muß.

Die Gegensatzpaare geschlossene und offene Form bzw. tektonisches und atektonisches Aufbauprinzip gehen auf O. Walzel zurück. In „Gehalt und Gestalt"[11] knüpft Walzel an fünf kunstgeschichtliche Begriffspaare Wölfflins an, die den Unterschied der Kunst der Renaissance des 16. Jh.s zu der des Barock darlegen. Walzel zitiert zum dritten: „Von geschlossener geht es zu offener Form. Die Regel lockert sich, die tektonische Strenge wird entspannt."[12] Er führt dazu aus: „Zum tektonischen Stil zählt, was wie Begrenzung und Sättigung wirkt. Atektonischer Stil öffnet die geschlossene Form, führt die gesättigte Proportion in eine weniger gesättigte über, ersetzt die fertige Gestalt durch die scheinbar unfertige,

---

[6] K. Ziegler, a.a.O., S. 1058.
[7] W. Kayser, Das sprachliche Kunstwerk, 2. Aufl. Bern 1951, S. 173.
[8] Daselbst, S. 198.   [9] Daselbst, S. 335.
[10] A. Perger, Grundlagen der Dramaturgie, Graz/Köln 1952, S. 7.
[11] O. Walzel, Gehalt und Gestalt im Kunstwerk des Dichters, Berlin 1923.
[12] Daselbst, S. 301.

die begrenzte durch die unbegrenzte, bewirkt an Stelle des Eindrucks der Beruhigung den Eindruck der Spannung und Bewegung."[13]

In dieser Formulierung wäre die Definition für unsere Begriffe einer geschlossenen und offenen Dramaturgie zu übernehmen. Der grundlegende Unterschied aber tritt hervor, wenn Walzel präzisiert: „Der Gegensatz geschlossener und offener Form verzichtet nicht auf die Forderung, daß ein Kunstwerk in sich begrenzt und daher ein geschlossenes Ganzes sei" (a.a.O., S. 301). Damit wird deutlich, daß auch Walzel das Drama als ein Kunstwerk versteht, das sich eine geschlossene dramatische Welt erschafft, wobei geschlossene und offene Form nur Umschreibungen für das tektonische oder atektonische Baugesetz dieses organischen Ganzen sind[14].

Die Begriffe geschlossene und offene Dramaturgie dagegen suchen gerade den Unterschied zwischen organischer und nicht-organischer Erscheinung freizulegen. Sie tragen hier keinerlei Wertakzent. Die Beurteilung eines dramatischen Kunstwerks ausschließlich nach den Maßstäben einer Analogie zum Organismus kann unserer Zeit nicht mehr als so selbstverständlich gelten[14a].

Das nach dem Vorbild des Organismus gefügte Drama zielt auf den Anschein natürlichen Wachstums. Für den Zusammenhang seiner Teile sind also strenge Auseinander- und zeitliche Aufeinanderfolge der Ereignisse unabdingbare Voraussetzung. Die Schöpfer — Dichter wie Regisseur — sind im Bild dieser Welt nicht mehr vertreten und die Schauspieler nur durch ihre Rollen anwesend (sollten es zumindest sein). Die Aufnehmenden gelten als nicht vorhanden. Alles Geschehende ist geordnet nach einer einzigen — nicht unbedingt an der faktischen Wirklichkeit gewonnenen — Ablaufregel und deshalb überschaubar aus einer Perspektive. Das einheitliche Baugesetz einer solchen organischen, in sich geschlossenen dramatischen Welt, die ihren Charakter als Welt eines Spiels (als einer von Darstellern zu spielenden Welt) zu verleugnen trachtet, nennen wir geschlossene Dramaturgie.

Das nach dem Gesetz der offenen Dramaturgie gebaute Drama verzichtet auf den Anschein eines gleichsam pflanzenhaften Wachstums. Es kann sogar die Künstlichkeit seiner Fügung, gelegentlich auch seinen Mitteilungscharakter ausdrücklich eingestehen oder betonen. Dichter oder Regisseur und Aufnehmende (das Publikum) können ins Bild der dramatischen Welt mit aufgenommen werden, können ihre Stellung und Aufgabe zur Geltung bringen und durch repräsentativen Vollzug den Bewegungsablauf dieser Welt mitbestimmen. Für die Reihung der Teile des Dramas gilt nicht das strenge Gesetz von Ursache und Folge im Sinne eines Vorher und Nachher: der Platz des Teils im Gefüge muß nicht identisch sein mit seiner Stelle im „natürlichen" Kausalzusammenhang des

---

[13] Daselbst, S. 316.
[14] Daß die dramatischen Versuche Brechts etwas „Nichtgeschlossenes, Nichtorganisches" sind, deutet für die „Dreigroschenoper" Cäcilie Tolksdorf schon an (a.a.O., S. 41).
[14a] Die Bewertung zeitgenössischer Dramen sieht sich teilweise wieder Problemen gegenüber, wie sie bei Dramen vor 1750 und vor der „Geniezeit" begegnen — vor jener Zeit also, in der (um mit W. Kayser zu sprechen) „Originalität und Einmaligkeit als Wesenszüge des künstlerischen Gebildes und damit als Wertmaßstäbe verkündet wurden" (W. Kayser, Formtypen des deutschen Dramas um 1800, in: Die Vortragsreise. Studien zur Literatur, Bern 1958, S. 195—213, Zit. S. 198).

Geschehens. Die Darstellung folgt nicht einer einzigen, durchgehenden Wahrscheinlichkeitsordnung und erschließt sich nur aus zwei- oder mehrfacher Perspektive. Die dramatische Welt selbst ist nur ein Teil des dramatischen Kunstwerks; sichtbar bleiben die Angeln, in denen sie hängt. Das Drama enthüllt die Bedingungen seiner Existenz und berechnet die Möglichkeiten seiner Wirkung; es öffnet sich Wirklichkeitsbereichen, über die es als künstlerisches Gebilde nicht mehr verfügt.

Die Unterscheidung von geschlossener und offener Dramaturgie bedeutet keinen Verzicht auf die klare Trennung von Wirklichkeit des Kunstwerks und faktischer Realität. Wohl aber trifft sie Unterschiede in der Ausbildung eines „Selbstverständnisses" und „Wirkungsbewußtseins" innerhalb der Kunstwirklichkeit, Unterschiede also auch in der Spannung zwischen Kunstwirklichkeit und Realität. Die Begriffe bezeichnen zwei verschiedene Weisen der Akzentsetzung, zwei „Idealtypen" der Gestaltung und verengen sich nicht auf einen Fall reiner Verwirklichung. Sie erfassen auch immer nur bestimmte Teilkräfte beim Aufbau des jeweiligen dramatischen Kunstwerks. Als solche aber deuten sie auf zwei verschiedene Grundmöglichkeiten des Dramas und Theaters überhaupt. Sie sind also systematische Begriffe — und doch auch historisch „angereicherte", einer zugleich historischen Sicht erst zugängliche Begriffe. Denn obgleich die Literaturgeschichte genügend Beispiele für ein Nebeneinander beider Tendenzen liefert, lassen sich — mit dem Blick auf ihre bedeutenden Zeugnisse — einige wenige Phasen einer durchgängigen Schwerpunktbildung erkennen. So liegt dem Formtyp des neuzeitlichen Kunstdramas im wesentlichen die geschlossene Dramaturgie zugrunde (an ihm konnte dieser Begriff überhaupt erst entwickelt werden). Dagegen stechen in der Dramatik der letzten Jahrzehnte die Merkmale der offenen Dramaturgie hervor, der auch — obwohl hier natürlich scharfe Differenzierungen nötig werden — das mittelalterliche und zum Teil noch das barocke Drama verpflichtet sind.

Unsere Unterscheidung kann noch einmal an Anschaulichkeit gewinnen, wenn neben den Voraussetzungen im Bau des Dramas auch die verschiedenen Weisen der Verwirklichung auf der Bühne stärker beachtet werden. Bei der geschlossenen Dramaturgie stellt der kontinuierliche Ablauf der dramatischen Handlung, der Bühnenvorgänge ein abgerundetes, in sich geschlossenes Gefüge dar. Eine Spannung, ein Problem entfaltet und entwickelt sich und löst sich am Schluß. Die Bewegung treibt zu einem fest umrissenen Ende, von diesem Ende her erhalten alle Teile des Dramas ihre Funktion. Die handelnden Personen haben keine anderen Beziehungen als die zu den übrigen Personen des Dramas, sie fallen weder im Handeln noch in der Rede aus dem Charakter ihrer Rolle. Ihre Aktion ist begrenzt durch die Vorstellung einer autonomen Welt, die auf der Bühne ersteht, wobei die Öffnung zum Publikum als abschließende — wenn auch fiktive — „vierte" Wand der Bühne gilt. Das Drama erreicht seine — ästhetische — Wirkung gerade dadurch, daß es seiner Struktur nach ohne Beziehung zur Alltagsrealität und zum Zuschauer bleibt. Die der geschlossenen Dramaturgie entsprechende Bühne ist die Illusionsbühne [15].

[15] Wenn wir hier den Idealtyp „neuzeitliches Kunstdrama" zugrunde legen, so soll dabei nicht vergessen werden, daß besonders die komische Bühne solchen idealtypischen Bedingungen durchaus nicht immer entsprochen und einen Teil ihrer komischen Wirkung weiterhin daraus bezogen hat, Personen plötzlich „aus der Illusion fallen" zu

Dagegen ist die offene Dramaturgie gerade dadurch gekennzeichnet, daß die Vorstellung einer abschließenden (wenn auch transparenten) „vierten" Wand fallen gelassen und die Bühne durch dramaturgische Formen epischen Charakters auch tatsächlich als zum Zuschauer hin offene Bühne markiert wird. Die auf der Bühne gezeigte Welt entfaltet sich nicht nur aus Antrieben, die in ihr selbst entstehen, und kann fragmentarisch bleiben. Die Bewegung kann von einer fremden Instanz ausgelöst, angehalten, umgeleitet und sogar endgültig abgebrochen werden, ohne daß ein Problem, ein „Fall" zum festen Abschluß geführt würde. Demgemäß sind auch die agierenden Personen in ihrer Eigengesetzlichkeit beschränkt. Andererseits bleiben sie nicht nur auf den Dialog mit ihren Szenenpartnern und auf das Selbstgespräch angewiesen, sondern haben die Fähigkeit, sich zu „teilen", die Perspektive zu wechseln und über Sachverhalte und zu Personen zu sprechen, die ihrer eigentlichen Welt nicht zugehören. So wird die dramatische Welt als eine fiktive, als eine Welt des Scheins gezeigt und nimmt sich selbst als eine Welt des Spiels. Wie dem Drama und Bühnenwerk bei der geschlossenen Dramaturgie der Anspruch innewohnt, eine höhere oder die Wirklichkeit schlechthin zu sein, so hier die Kundgabe, nur beispiel- oder gleichnishaftes Abbild, dafür aber auch Spiel mit seinen Möglichkeiten und Freiheiten zu sein.

Solche Akzentsetzung bewirkt, daß die offene Dramaturgie zwei gegensätzliche Tendenzen begünstigt: das Didaktische und das Artistische. Beide sind Folgerungen einer exemplarischen und einer spielhaften Grundanlage. Mit der Beteiligung des Didaktischen oder (bzw. und) des Artistischen wird also bei der offenen Dramaturgie immer zu rechnen sein. Ob dabei die verschiedenartigen Elemente zusammengehalten werden, hängt nicht ab von der Kunst ihrer Verschmelzung. Nicht nur das homogene, sondern auch das heterogene Gebilde kann hohen poetischen Rang erreichen. Der „Stilbruch" kann zu einem Strukturgesetz selbst werden. Das mehrgesetzliche Gebilde ist künstlerisch gelungen, wenn die *Verspannung*[16] der verschiedenen Gesetzlichkeiten gelingt.

Die Begriffe geschlossene und offene Dramaturgie richten sich nicht auf eine Unterscheidung von tragischer und komischer Bühne. Dennoch enthält die geschlossene Dramaturgie eher Züge einer Entsprechung zur Tragödie als zur Komödie (die Tragödie braucht für den Vollzug eines mit Notwendigkeit ablaufenden Geschehens auch eine verhältnismäßig geschlossene dramatische Welt). Und so kommt die offene Dramaturgie bestimmten Gesetzen der Komödie ent-

---

lassen. Auch war aus der schauspielerischen Praxis die Wendung zum Publikum nie ganz zu verdrängen. So stellt z. B. — selbst zur Zeit einer ausgeprägten Illusionsbühne — A. Strindberg resigniert fest, daß er keine Hoffnung habe, „den Schauspieler dahin zu bringen, für das Publikum und nicht mit ihm zu spielen". Abhandlung zu „Fräulein Julie", in: Elf Einakter, deutsch von E. Schering, München und Leipzig 1917, S. 321.

[16] Wir vermeiden hier bewußt das Wort „Integration", weil es uns in den vorliegenden Sachverhalt eine Sinnverschiebung zu tragen scheint. Integration sollte als Begriff für den organischen Zusammenschluß der Teile und Elemente vorbehalten bleiben. Im offenen Gebilde werden die heterogenen, ihre „Selbständigkeit" bewahrenden Elemente oder Ebenen nur durch kunstvolle Verspannung in ein ästhetisch verbindliches Verhältnis gebracht.

gegen. Ein anthropologischer Aspekt drängt sich auf: In Zeiten klaren Überwiegens führt die offene Dramaturgie zurück auf eine letztlich untragische menschliche Grundhaltung bzw. ein untragisches Weltbild innerhalb der Epoche.

Es wird im folgenden immer wieder vom „Drama" Brechts gesprochen werden. Brecht selbst hat nur sein Stück „Trommeln in der Nacht" als Drama bezeichnet[17], sonst kommt dieser Begriff nicht vor. Wenn er trotzdem allgemein für Brechts Stücke angewendet wird, so ist damit lediglich die für die Theateraufführung bestimmte dichterische Gattung „Drama" gemeint. Unter „Handlung" verstehen wir das dramatisch-szenische Gefüge, das auch als reine „Welt des Spiels" gekennzeichnet werden kann.

Da wir das Drama auch im Hinblick auf seine bühnenmäßige Verwirklichung betrachten, seien folgende trennenden Begriffe eingeführt:
1. das Drama als Dichtung (als Text),
2. das Drama als Handlung. Das Vorkommen eigentlich „undramatischer", publikumgerichteter dramaturgischer Formen zwingt dazu, diese von den dramatisch-szenischen Teilen, eben dem „Drama als Handlung", zu unterscheiden,
3. Das Drama als Aufführung.

B. Analyse

Einführung: Nicht Erlösungs-, sondern Auslösungsfunktion des Dramas

Ziel der folgenden Analyse ist es, die besonderen Formen einer offenen Dramaturgie bei Brecht zu erkennen. Vier Stücke liegen der Untersuchung zugrunde: „Mutter Courage und ihre Kinder", eine Chronik aus dem Dreißigjährigen Krieg, geschrieben vor Ausbruch des zweiten Weltkrieges (zitiert nach Versuche, Heft 9), „Herr Puntila und sein Knecht Matti", ein Volksstück, geschrieben 1940 (zitiert nach Versuche, Heft 10), „Der gute Mensch von Sezuan", ein Parabelstück, geschrieben 1938/1940 (zitiert nach Versuche, Heft 12), „Der kaukasische Kreidekreis", geschrieben 1944/45 (zitiert nach Versuche, Heft 13).

Für eine Beschränkung auf diese vier Werke sprechen verschiedene Gründe. Die Untersuchung ist bemüht, Grundzüge der Dramaturgie des späten Brecht aufzufinden; sie geht nicht auf eingehende Einzelinterpretationen aus. Während sich die spezifisch Brechtschen Formtendenzen in den frühen Stücken noch in statu nascendi oder vorwiegend auf der Stufe des Experiments befinden, sind sie in den ausgewählten späteren Stücken deutlich ausgeprägt und ablesbar. Schon heute wird ein strengeres Urteil diese Stücke, die sämtlich während der Emigration Brechts entstanden, als seine bedeutendsten überhaupt bestimmen —

---

[17] In der Ausgabe „Erste Stücke", I, 1953, ist die Bezeichnung auch hier verschwunden; das Stück wird als Komödie geführt.

auch wenn der Kreis noch um einige wenige Werke zu erweitern wäre [18]. Das in diese Reihe gehörende Schauspiel „Leben des Galilei" ist in die Analyse nicht einbezogen, weil es durch seine verhältnismäßig konventionelle Form (worauf schon die für Brecht ungewöhnliche Bezeichnung Schauspiel deutet) nicht in demselben Umfang ergiebig ist wie die anderen Stücke. Selbstverständlich schließt die Beschränkung auf die genannten Stücke nicht aus, daß wir manchmal mit Hinweisen und Ausblicken auf andere Werke Brechts unsere Ergebnisse im einzelnen verdeutlichen und belegen.

Da Brecht nicht nur Bühnendichter, sondern zugleich auch Regisseur war (zuletzt des „Berliner Ensembles" am Schiffbauerdamm-Theater, Berlin), stand er gelegentlich vor der Aufgabe, Dramen früherer Epochen den besonderen Bedingungen eines „epischen Theaters" anzunähern, sie für seine Bühne einzurichten. So bietet sich zu einer ersten Beobachtung ein kurzer Vergleich zwischen der Lenzschen Sturm- und Drang-Komödie „Der Hofmeister" [19] und seiner Bearbeitung durch Brecht [20] an.

Die für unsere Zusammenhänge entscheidende Änderung der Bearbeitung gegenüber dem Original zeigt sich gleich zu Anfang des Dramas. Der Eingangsmonolog Läuffers, des Hofmeisters, fehlt in der Bearbeitung, vielmehr: ist hier dem Drama vorangestellt in der Form eines *Prologs*.

Bei Lenz ist der Monolog die 1. Szene, ist schon funktioneller Teil der dramatischen Handlung. Der Hofmeister spricht unverwechselbar als die Figur, die im gesamten Verlauf der Handlung sein wird. Zwar liegt im Grundgestus des Monologs schon eine zumindest halbe Wendung zum Publikum: Läuffer *stellt sich vor*, berichtet über seinen Bildungsstand, über seine berufliche und wirtschaftliche Lage. Gleichzeitig aber macht er mit einer Reihe von Personen bekannt, die im Laufe des Dramas noch auftreten werden, erklärt sein augenblickliches Verhältnis zu ihnen und setzt auf diese Weise schon mit der Exposition ein. Damit ist der Monolog für die Entwicklung der Handlung selbst unentbehrlich: sie nimmt schon hier ihren Anfang.

Bei Brecht ist der Prolog, in dem sich der Hofmeister ebenfalls *vorstellt*, nicht unmittelbar mit der Handlung verknüpft — nur eben durch die Person des Hofmeisters. Aber abgesehen davon, daß Läuffer hier, im Gegensatz zur Prosa des Dramas als Handlung, in Knittelversen spricht — keineswegs hat die Aussage des Hofmeisters im Prolog denselben Epochen- und Zeithorizont wie das Drama von seiner 1. Szene ab. Der in der Handlung besondere Hofmeister Läuffer ist im Prolog zum Typ des Hofmeisters seiner Epoche schlechthin erhoben. Außerdem überblickt er die 150 Jahre seit der Entstehung des Stücks, redet über sich selbst (nämlich in der Ich-Form) mit dem kritischen Abstand dieser 150 Jahre und des bearbeitenden Autors und charakterisiert Aufgabe und Rolle seines Standes im gesellschaftlichen Aufbau seiner Zeit. Sein einziges

---

[18] Nach Auskunft L. Feuchtwangers (Bertolt Brecht, in: Sinn und Form, 2. Sonderh. B. Brecht, S. 103—108) waren Brecht selbst die folgenden Werke die liebsten: Die heilige Johanna der Schlachthöfe, Der gute Mensch von Sezuan, Der kaukasische Kreidekreis (S. 103).
[19] J. M. R. Lenz, Gesammelte Schriften, IV Bände, hrsg. von E. Lewy, Berlin 1909, I. Band.
[20] In: Versuche, Heft 11.

Gegenüber ist das Publikum, das er ausdrücklich anspricht und dem er in den letzten beiden Zeilen zur Beurteilung der folgenden dramatischen Handlung eine Anweisung mit auf den Weg gibt:

> „Wills euch verraten, was ich lehre:
> Das ABC der Teutschen Misere!" (S. 7)

Der Hofmeister des Prologs gibt keine Exposition. Er ist mit dem der dramatischen Handlung nur teilweise identisch, er ist hier lediglich Sprecher: Sprachrohr einer im dramatischen Gefüge explizite nicht hervortretenden belehrenden oder aufklärenden Absicht. Zwischen Prolog und Handlungsbeginn erfährt der Hofmeister einen Wandel seiner ästhetischen Personalität.

Die Belehrung des Publikums wird zum Schluß noch einmal aufgenommen im Epilog, den die Bearbeitung dem Drama hinzugefügt hat. Dabei ist festzuhalten, daß die Brechtsche Form des Epilogs wie des Prologs nicht mit Formen übereinstimmt, die gelegentlich auch im neuzeitlichen Kunstdrama unter der gleichen Bezeichnung auftreten. So ist zum Beispiel der „Prolog im Himmel" in Goethes „Faust" bereits Exposition: er führt in die augenblickliche Situation Fausts ein und bringt die Faust-Mephisto-Handlung schon in Bewegung. Er ist funktioneller Teil des Dramas — was allerdings für Epiloge, wie sie sich in Skakespeareschen Lustspielen finden, nicht in demselben Sinne zutrifft. Die Epilogsprecher treten hier aus dem Illusionskreis und damit dem geschlossenen Gefüge des Spiels heraus — aber wiederum doch nur, um mit der Bitte um Gunst zugleich die ästhetisch-befreiende Funktion des ganzen Spiels noch einmal zu pointieren (Entsprechendes gilt auch vom Prolog Schillers zu „Wallensteins Lager"). Die Epiloge fallen also auch unter jenen neuzeitlichen Begriff des Ästhetischen, demzufolge — nach K. Ziegler — „die Vollkommenheit der schönen Form ... den Menschen von allen Nöten und Lasten, Gebrochenheiten und Fragwürdigkeiten des Wirklichen erlösen soll"[21].

Eine ganz andere Aufgabe unterlegt dem Lenzschen Drama der vom Darsteller des Hofmeisters gesprochene Epilog. Da heißt es zu Anfang:

> „Und das war nun der Komödie Schluß:
> Wir hoffen, ihr saht ihn *nicht ohne Verdruß*[22]
> Denn ihr saht die Misere im deutschen Land
> Und wie sich ein jeder damit abfand
> Vor hundert Jahr und vor zehn Jahr
> Und vielerorts ists auch heut noch wahr ..." (S. 55)

Nachdenklichen Verdruß erwartet also der Epilog beim Publikum, das schließlich aufgefordert wird, die Folgerung aus diesem (des Hofmeisters) „Gleichnis überlebensgroß" zu ziehen:

> „Betrachtet seine Knechtseligkeit
> Damit ihr euch davon befreit!" (S. 55).

So wird auch hier, und zwar ausdrücklich und konkret, eine Befreiung aus den „Fragwürdigkeiten des Wirklichen" angesprochen. Aber sie wird nicht als Wirkung verstanden, die in der „Vollkommenheit der schönen Form" selbst schon

---

[21] K. Ziegler, a.a.O., S. 1292.
[22] Auszeichnung vom Verfasser.

angelegt ist. Sondern sie ist gemeint als Anregung, als Appell zu einer Tat, die das Kunstwerk dem Publikum nicht erlassen will und kann.

Auch hier also wird vom Drama eine Erlösung erwartet, aber doch nur im unfertigen, unabgeschlossenen Sinne einer *Auslösung*. Mit dieser Beschränkung auf die Auslösungsfunktion aber gibt sich das Drama selbst nur als den einen Teil eines Vorgangs, der vom Zuschauer zu übernehmen und handelnd weiterzuführen ist.

*

Die Untersuchung ist nun in die genannten vier Stücke selbst zu verlegen. Dabei soll die offene Dramaturgie, wie sie uns bei Brecht entgegentritt, nach 5 Kategorien erläutert werden: 1. Relativierung der Handlung, 2. Unterbrechung d. H., 3. Distanzierung d. H., 4. Entschlüsselung d. H., 5. Fortsetzbarkeit d. H.

Damit ist nicht gesagt, daß alle fünf Merkmale in jedem Stücke Brechts gleich ausgeprägt vorhanden sind. Andererseits beschränkt sich aber auch die Gültigkeit der Kategorien nicht nur auf jene dramaturgischen Formen, an denen sie jeweils erklärt werden.

1. RELATIVIERUNG DER HANDLUNG
(DER WELT DES SPIELS)

(Prolog—Epilog, Vorspiel und Kommentar)

a) Das „Modell"

Der informatorische, belehrende Grundzug des Prologs zum „Hofmeister" erscheint aufgelockert, poetisiert im Prolog zu „Herr Puntila und sein Knecht Matti", der nicht zufällig vom Kuhmädchen, der in ihrer derben Einfachheit liebreizendsten Figur des Stückes, vorgetragen wird. Sie verspricht einen Spaß, der „nicht mit der Apothekerwaage" ausgewogen sein wird. Sie beschwört auch vor den Augen des Publikums die Schönheit der finnischen Landschaft, die Kulisse des Spiels. Aber diese freundliche, für die Komik und Poesie des Spiels gewinnende Einweisung verschweigt nicht, daß in der „würdigen und schönen Gegend" erhebliche Inkongruenzen auftauchen und dargelegt werden und vom Publikum nicht übersehen werden sollen. Darum:

„... zum Teil
Hantieren wir ein wenig mit dem Beil." (S. 7)

Nachdrücklich hingewiesen wird auf einen Gutsbesitzer, mehr noch: auf *den* Gutsbesitzer schlechthin. Wieder ist der im folgenden Stück mit eigenen Zügen ausgestattete „Herr auf Puntila" hier angekündigt als Repräsentant einer gesellschaftlichen Schicht, als Inkarnation ihres Wesens überhaupt.

Die in gebundener Rede gesprochenen Schlußworte des Chauffeurs Matti: der Epilog (in der „Theaterarbeit", S. 12, ausdrücklich als solcher bezeichnet[23]) —

---

[23] Theaterarbeit. 6 Aufführungen des Berliner Ensembles — Redaktion: R. Berlau, B. Brecht, C. Hubalek, P. Palitzsch, K. Rülicke — Herausgeber: Berliner Ensemble. H. Weigel, Dresden (1952).

diese Schlußworte weisen Puntila zunächst wieder als einen besonderen Gutsbesitzer aus: „Der Schlimmste bist du nicht, den ich getroffen" (S. 88). Doch dann wird diese wohlwollend eingestandene Besonderheit Puntilas wieder in Beziehung gesetzt zum Gutsbesitzer des Prologs, zum Klassentyp. Matti bricht entschlossen den „Freundschaftsbund" mit Puntila und trennt sich von ihm:

> „Weil sich das Wasser mit dem Öl nicht mischt
> Es hilft nichts und's ist schade um die Zähren:
> 's wird Zeit, daß deine Knechte dir den Rücken kehren.
> Den guten Herrn, den finden sie geschwind
> Wenn sie erst ihre eignen Herren sind." (S. 88)

Das Stück ist, wie der Titel „Herr Puntila und sein Knecht Matti" schon andeutet, in allen seinen Bildern oder Szenen Demonstration eines sozialen Grundverhältnisses: nämlich von Über- und Unterordnung, von Herr und Knecht, kurz der Klassentrennung, die nach marxistischer Auffassung für die vorsozialistische Gesellschaftsordnung kennzeichnend ist und die als Denkmuster bei Brecht immer wiederkehrt. Diese Klassentrennung wird in „Puntila" nicht nur an dem Gutsbesitzer und seinem Chauffeur exemplifiziert, sondern auch durch Beziehungen anderer Personen variiert: etwa zu Anfang der 1. Szene am Verhältnis Puntila-Kellner, in der 3. und 7. Szene am Verhältnis Puntilas zu seinen vier „Bräuten" aus Kurgela, in mehreren Szenen an seiner Haltung gegenüber dem Gesinde sowie an dem Verhältnis der Gutsbesitzerstochter Eva zum Chauffeur Matti.

Solche Typisierung differenzierter zwischenmenschlicher Beziehungen auf ein Grundverhältnis bedeutet eine Heraussonderung bestimmter Verhaltensweisen und geeigneter, für dieses soziale Grundverhältnis beispielhafter Vorgänge. Sie verlangt den Verzicht auf breite, getreue Wiedergabe von Lebenswirklichkeit („Zum Teil hantieren wir ein wenig mit dem Beil!"). Damit hat das Drama das Ziel aufgegeben, „Spiegel" der Wirklichkeit zu sein in dem Sinne, wie es der „realistische" Typ des neuzeitlichen Dramas anstrebte. Zum anderen aber machen Prolog und „Epilog" deutlich, daß die Beispiele eines Klassengegensatzes nicht nur zum Spaß vorgeführt werden, daß mit dem Beil aus einer genaueren Absicht hantiert wird, nämlich: die Notwendigkeit eines Wechsels im Herr-Diener-Verhältnis aufzuzeigen. Die typisierten Beziehungen erweisen sich also als ein Zuschnitt von Wirklichkeit, dem eine „pädagogische" Aufgabe zukommt. Das didaktisch-satirische Element gibt sich zu erkennen.

Durch die Konzentration der Darstellung auf bestimmte menschliche Verhaltensweisen und auf eine didaktische Funktion allein würden die Lebens- und Sinnvorgänge alle Mannigfaltigkeit und Vielgestaltigkeit einbüßen. Aber Puntila (wie auch die übrigen Personen) wirkt in hohem Grade als ein Mensch „von Fleisch und Blut". Er ist eine kraftgespannte, vitale Figur (eine „dankbare" männliche Bühnenrolle).

Wie ist der Gegensatz zweier scheinbar sich ausschließender Forderungen gelöst? Wie kann Puntila funktionalisiertes und doch leibhaftiges, theatergerechtes menschliches Wesen sein? Die Antwort läßt die dichterische und zugleich theatralische Kraft der Gestaltung spüren. Brecht legt den Widerspruch in die Figur selbst hinein. Er handhabt das beliebte Motiv der Commedia dell'arte, die Doppelrolle einer Figur, nicht äußerlich, sondern überträgt es auf das Wesen des Puntila. Der Gutsbesitzer ist sowohl ein Mensch mit Herz wie ein brutaler Herr: das eine im Zustand der Betrunkenheit, das andere im Zustand der Nüchternheit. Die gesellschaftliche Dialektik bekundet sich schon in ihm selbst, so daß „seine beiden Wesenshälften grell aufeinander hinweisen, sich selbst gegenseitiger Kritik unterziehen und sich mit jener schonungslosen Ironie widerlegen, die Brechts Stil eigentümlich ist"[24]. Zweckhafte Zuspitzung von Wirklichkeit und lebensvolle Darstellung werden also gleichzeitig möglich dadurch, daß das pädagogische und ein äußerst komödiantisches Element sich unmittelbar in einer Figur begegnen.

Entscheidend ist, daß beide Elemente sich wohl begegnen, nicht aber miteinander verschmelzen. Das Szenische dient der Demonstration eines allgemeinen sozialen Grundverhältnisses. W. Emrich schreibt zu Brechts Dramenform: „Alle Darstellung darf nur Zeichen, Hinweis, Funktion sein, darf nie durch sich selbst und um ihrer selbst willen faszinieren ... Die Phänomene werden zu bloßen funktionalen Zeichen. Sie enthalten nicht mehr in sich selbst bereits das Allgemeine, wie es die klassische Ästhetik forderte, sondern verweisen, ‚zeigen' nur auf das Allgemeine."[25] Emrichs Bemerkung ist richtig insofern, als sie auf das „Drama als Handlung" zutrifft. Als treffend und verbindlich übernehmen wir auch den Begriff des „Modells", wenn Emrich sagt, daß „das Zeichensystem ... zum Modell" der gesellschaftlichen Wirklichkeit wird[26]. Wir halten also fest, daß im Drama als Handlung bestimmte menschliche Verhaltensweisen und gesellschaftliche Situationen zu einem Modell der Wirklichkeit zugerüstet sind.

Aber es ist nicht zu übersehen, daß eben jenes „Allgemeine", d.h. hier: jenes soziale Grundverhältnis von Herr und Knecht, in Prolog und Epilog unmittelbar bezeichnet ist. Die Wirklichkeit, von der Handlung nur modellhaft aufgezeigt, wird im Prolog erklärt, wie sie vom Dichter gesehen wird, und zwar durch einen Klassen-Typ, durch

> „... ein gewisses vorzeitliches Tier
> Estatium possessor, auf deutsch Gutsbesitzer genannt
> Welches Tier, als sehr verfressen und ganz unnützlich bekannt
> Wo es noch existiert und sich hartnäckig hält
> Eine arge Landplage darstellt." (S. 7)

Sie wird zum Teil auch in den Szenenepilogen, in den Strophen des Puntilaliedes, die jeweils nach den entsprechenden Szenen vor dem Vorhang gesungen werden, umschrieben oder unverhüllt bezeichnet, etwa so:

> „Hat je ein Schaf einen Wollrock gekriegt
> Seit je man Schafe geschorn?" (S. 90)

oder:

> „Und wer auch sein Vertrauen setzt
> Auf der reichen Herren Huld
> Soll froh sein, wenn's den Schuh nur kost
> Denn da ist er selber schuld" (S. 90)

---

[24] F. Martini, Soziale Thematik und Formwandlungen des Dramas, in: Der Deutschunterricht, Stuttgart, Heft 5/1953, S. 73—100, Zit. S. 95.
[25] W. Emrich, Zur Ästhetik der modernen Dichtung, in: Akzente, Heft 4, 1954, S. 383.
[26] Daselbst.

Und diese gesellschaftliche Wirklichkeit, gesehen als Zwei-Klassen-Ordnung, wird im Schlußepilog dem Publikum schließlich als veränderungsbedürftig vorgestellt.

b) Die Parabel

Es ist jetzt auf eine dem Prolog verwandte Form einzugehen, auf das Vorspiel. Nicht gemeint ist eine Art von Vorspiel, wie es am Anfang des „Guten Menschen von Sezuan" steht. Hier setzt (ähnlich wie im „Prolog im Himmel" des „Faust") schon die Spielhandlung selbst ein, das Vorspiel ist schon Exposition: die drei Götter kommen in Sezuan an, erhalten von Shen Te ein Nachtlager und belohnen sie.

Verselbständigt gegenüber der dramatischen Handlung aber ist das Vorspiel zum „Kaukasischen Kreidekreis". Zwischen den Trümmern eines zerschossenen kaukasischen Dorfes haben sich Mitglieder zweier Kolchosdörfer versammelt und streiten um ein Tal, das schließlich jenen überlassen wird, die es im Kriege verteidigt haben und die dem Boden die größeren Erträge abgewinnen können (obwohl die anderen aus einer früheren Zeit ihr Heimatrecht geltend machen konnten). Nachdem der Streit beigelegt worden ist, tritt ein Sänger mit Musikern auf, unter dessen Leitung ein Stück einstudiert worden ist, das mit der Streitfrage „zu tun hat". Dieses folgende Stück ist der eigentliche „Kaukasische Kreidekreis", die Geschichte des Streites zweier Mütter um ein Kind sowie des richterlichen Urteils, welches das Muttertum sozial anstatt biologisch bestimmt.

Auch wenn vom Stück im Vorspiel nicht ausdrücklich gesagt würde, daß es mit dem Streit um das Tal in Verbindung zu bringen sei, wäre der gleichnishafte Zusammenhang zwischen Vorspiel und Handlung ersichtlich[27], zumal am Ausgang des Stücks die epilophaften Schlußworte des Sängers wieder an die „Frage" des Vorspiels anknüpfen:

„... Die Kinder den Mütterlichen, damit sie gedeihen
Die Wagen den guten Fahrern, damit gut gefahren wird
Und das Tal den Bewässerern, damit es Frucht bringt" (S. 95)

W. Kayser definiert „Gleichnis" und „Parabel" so: „Man spricht von Gleichnissen, wenn es sich um straff durchgeführte Analogien zwischen zwei Vorgänglichkeiten handelt. Die straffe Analogie entsteht durch die belehrende Absicht: die klare Einsicht in das Vergleichende belehrt über das Wesen des Verglichenen" und „Unter Parabel im engeren Sinne versteht man eine literarische Form, die als Ganzes ein Gleichnis enthält."[28]

---

[27] Deutlich bezeichnet wird dieser Zusammenhang im Vorspiel zu der dramatischen Parabel „Die Rundköpfe und die Spitzköpfe" (Stücke, Bd. VI). Die Spieler des Stücks treten hier auf, um vom Direktor des Theaters ihre Rollen zu übernehmen. Dieser Theaterdirektor legt die politische Verwirrung der Zeit dar und kündigt das folgende Spiel als ihr „Gleichnis" und ihre „Parabel" an. Im Epilog zum „Hofmeister" wird die Geschichte Läuffers — wie wir sahen — zum „Gleichnis überlebensgroß" erklärt. Ebenso ist der „Gute Mensch von Sezuan" als Parabelstück bezeichnet. Weitere Stücke vom Parabel-Typus: Mann ist Mann, Der aufhaltsame Aufstieg des Arturo Ui.
[28] W. Kayser, a.a.O., S. 124.

An dieser Definition wird sichtbar, worin die besondere Eignung der Parabel für eine offene Dramaturgie besteht. Indem *die Parabel* auf ein Verglichenes tendiert, weist sie ihrer Absicht und ihrem Wesen nach immer über sich selbst hinaus: sie *bleibt als Vergleichendes auf das ihr vorgeordnete Verglichene bezogen und in ihrem Eigenwert beschränkt.*

Allerdings zeigt das Beispiel des „Kaukasischen Kreidekreises" und seines Vorspiels einen Fall von Brüchigkeit des Brechtschen Prinzips der Relativierung: eine Unstimmigkeit in der Analogie zwischen Vergleichendem und Verglichenem.

An den Beispielen des „Hofmeisters" und des „Puntila" hatte sich ergeben, daß durch Prolog und Epilog eine besondere Erscheinung auf eine typische, eine Modellsituation auf eine aktuelle oder allgemeine Wirklichkeit, ein zwar Gewichtiges auf ein Bedeutenderes hin ausgelegt wird. Es muß als Voraussetzung gelten, daß das relativierende und damit gesetzgebende vor dem relativierten und gesetzempfangenden Bedeutungsgefüge den wertmäßigen Vorrang hat. Das Gleichnis des „Kaukasischen Kreidekreises" müßte also seinen Wert recht eigentlich erst aus dem Vorgang des Vorspiels beziehen.

Und hieran tritt nun das Mißverhältnis von Vergleichendem und Verglichenem bei unserem Drama zutage. Die zitierten epiloghaften drei Schlußzeilen zeigen, im ganzen gesehen, eine abfallende Bedeutungskurve, wo es eine ansteigende sein müßte. Das Resümee des Gleichnisses, „Die Kinder den Mütterlichen, damit sie gedeihen", ist schwerwiegender als das Resümee des Vorspiels, „das Tal den Bewässerern, damit es Frucht bringt". Auch die mittlere Zeile, „Die Wagen den guten Fahrern, damit gut gefahren wird", die den Sinn der letzten Zeile noch zu verallgemeinern sucht, ändert nichts an der Unstimmigkeit der Relation. Das Vergleichende erdrückt das Verglichene.

Konkret erläutert: Einmal handelt es sich um den Tausch eines Stück Landes, das andere Mal um den Tausch eines Kindes. Das Problem der Produktionsmittel (im Dienst des Menschen) wird also dem Problem des Menschen in seiner sozialen Bestimmung vorgeordnet.

Deshalb ist es sicherlich kein Zufall, daß der „Kaukasische Kreidekreis" von Brecht selbst nicht als Parabel bezeichnet wird, was er der dramaturgischen Klammer von Vorspiel und epiloghaftem Schluß nach wäre. Wenn er aber das nicht ist — und wir haben gesehen, daß er als Gleichnis zu erdrückend ist —, dann verliert der im Vorspiel entwickelte Vorgang und damit das Vorspiel selbst seine eigentliche Funktion. Es ist lediglich ein Akzidens, durch das hier das Brechtsche Prinzip der Relativierung brüchig wird [29].

---

[29] Wie H.-J. Bunge berichtet (Der Streit um das Tal. Studie zu Bertolt Brechts Stück „Der kaukasische Kreidekreis" = Theater der Zeit, XI. Jg., 1956, Beilage zu Heft 11, Nr. 2, S. 18—29), änderte Brecht kurz vor seinem Tode die Bezeichnung „Vorspiel" in den Titel „Der Streit um das Tal", um damit den Streitfall der Kolchosen einzubeziehen in das gesamte Stück. Man wird aber nicht behaupten können, daß damit das Mißverhältnis aus der Welt geschafft sei. Bunges Versuch, die Kreidekreis-Geschichte als eine bloße Verfremdung des Streits der Kolchosen zu deuten, ist zu wenig überzeugend: er entwertet den Sinngehalt der Vorgänge. Bunges Vermutung, der Inhalt des Vorspiels sei „das Hauptanliegen des Autors" (S. 28), bleibt fruchtlos ohne den Beweis, daß dieser Inhalt tatsächlich — wenn auch gleichnishaft — als Hauptanliegen gestaltet ist.

Daß im Parabelstück „Der gute Mensch von Sezuan" die Relation und Analogie der Bedeutungsgefüge stimmt, sei hier vorläufig nur vermerkt. Das Stück wird in anderen Zusammenhängen Gegenstand unserer Untersuchung sein.

c) Der zweifache Horizont des Dramas

Nachdem am (wenn auch negativen) Fall eines Vorspiels die strukturelle Eignung der Parabel für das Gestaltungsprinzip der offenen Dramaturgie nachgewiesen wurde, haben wir uns einer anderen Gruppe von dramaturgischen Formen zuzuwenden, die deutlich von der Handlung abgesetzt erscheinen. Es sind Formen, die man allgemein als differenzierten Prolog ansprechen könnte.

In der dramatischen Chronik aus dem Dreißigjährigen Krieg, „Mutter Courage und ihre Kinder", finden sich vor den einzelnen Szenen Erläuterungen zur Szenenhandlung, die teils den Charakter von Inhaltsangaben (kurzer Abriß der Fabel), aber teils, darüber hinausgehend, den Charakter von *Kommentaren* haben. Sie werden vor den einzelnen Szenen auf eine Leinengardine projiziert, die während der Umbaupausen den Platz des sonst üblichen Vorhangs einnimmt und die Bühne dem Einblick des Zuschauers so gut wie offen läßt.

Betrachten wir den ersten der Kommentare genauer. Er lautet:

„Frühjahr 1624. Der Feldhauptmann Oxenstjerna wirbt in Dalarne Truppen für den Feldzug in Polen. Der Marketenderin Anna Fierling, bekannt unter dem Namen Mutter Courage, kommt ein Sohn abhanden." (S. 7)

Es fällt auf, daß diese Einführung in die Szene einerseits den Hinweis auf einen Vorgang enthält, auf den die Szenenhandlung schließlich hinausläuft, andererseits aber auf Zusammenhänge deutet, die in der Szene selbst gar nicht sichtbar werden. Denn auf welche Weise die Marketenderin Courage ihren Sohn an zwei Werber verliert, erfahren wir. Doch daß der Feldhauptmann Oxenstjerna 1624 in Dalarne Truppen für den polnischen Feldzug wirbt, ist eine geschichtliche Voraussetzung, von der die Szene nur ganz entfernt etwas ahnen läßt: aus sich heraus gibt sie darüber keinen Aufschluß.

So bringt die 1. Szene zwar für den Lebensgang der Mutter Courage einen ernsten Einschnitt, stellt aber in sich genommen vor allem das Modell einer Soldatenwerbung dar, das erst unter der Bedingung jener Massenwerbung durch den schwedischen Heerführer geschichtliches und gesellschaftliches Gewicht bekommt.

Nehmen wir den Kommentar zur 5. Szene:

„... Der Krieg überzieht immer weitere Gebiete. Auf rastlosen Fahrten durchquert der kleine Wagen der Courage Polen, Mähren, Bayern, Italien und wieder Bayern. 1631. Tillys Sieg bei Magdeburg kostet Mutter Courage vier Offiziershemden." (S. 46)

Der erste Teil deutet wieder klar auf die Modellhaftigkeit der Courage-Handlung, deren Schauplatz sich in gleichem Maße ausdehnt wie der Schauplatz der gesamten Kampfhandlungen. Doch in der ironischen Schlußformulierung des Kommentars ist unüberhörbar, daß es sich hier nicht mehr um so einfache Entsprechungen handelt. Mutter Courage befindet sich inzwischen im katholischen Lager, im Gefolge Tillys. Aber trotz des katholischen Siegs und der Plünderung

Magdeburgs erleidet sie einen materiellen Verlust. Das Kriegsglück ihrer Truppen ist nicht ihr eigenes. Die einfache Relation ist in sich widersprüchlich geworden — oder aber sie ist gewissermaßen über sich selbst hinausgewachsen, umfassender geworden.

Nun erst bekommt der erste Teil des Kommentars seinen besonderen Akzent. Es hieß nicht etwa: Die Truppen Tillys durchziehen ..., sondern *„Der Krieg überzieht immer weitere Gebiete"*. Zum erstenmal in einem Kommentar ist hier der Krieg: als Summe von Kampf und Gegenkampf, von Freund und Feind, von Sieg und Niederlage, also der Krieg als alle und alles umgreifende Situation Relationspartner der Courage-Handlung. Mit anderen Worten: Die Relativierung ist unversehens in eine weitere Dimension gelangt.

Damit erweist sich der erläuternde Szenentitel als ein Kunstmittel, die dramaturgische Form des Prologs zu differenzieren. Was der Prolog geradeheraus und nachdrücklich mit dem Modus der Lehrhaftigkeit sagen muß, das rücken die Kommentare sukzessive und umschrieben an den Zuschauer heran.

Aber bleiben wir noch in unserem Beispiel! Die Erweiterung der Dimension, die sich im 5. Szenentitel klar abzeichnet, ist auch durch die Courage-Handlung selbst vorbereitet worden: durch den (wenn auch unfreiwilligen) Übertritt der Marketenderin aus dem protestantischen in das katholische Lager. Und sie findet auch in der folgenden, der 6. Szene ihren Niederschlag: durch die „Gespräche über Kriegshelden und die Dauer des Krieges" (S. 48). So korrespondiert also das Fortrücken der Courage-Handlung durchaus noch mit der Ausdehnung, die der Vorgang in den Kommentaren erfährt.

Dennoch wird der Relationspartner: der Krieg in seinem ganzen, schrecklichen Ausmaß, in der Courage-Handlung quantitativ und qualitativ immer nur als Teilgröße erfahren, nämlich an einzelnen, ausschnitthaften Punkten des Gesamtgeschehens — während ihn der Kommentar als ungeteilte Größe bewußt macht. Das heißt, der Geschehens- und Bewußtseinshorizont des Kommentars ist ein anderer als der der Handlung und ihrer Personen.

Nun wurde nicht ohne tiefere Berechtigung der „Krieg" Relations*partner* der Courage-Handlung genannt. Wie er uns aus den Kommentaren entgegentritt, rückt der Krieg tatsächlich in ein eigenartig widersprüchliches Partner-Verhältnis zur Courage, und zwar im Sinne einer negativen Partnerschaft. Der Krieg enthüllt sich als der übermächtige, überlebensgroße „Gegenspieler" der Courage.

Sie selbst ahnt durchaus etwas von der feindlichen Rolle des Kriegs, vor allem in der 6. Szene (etwa in der Mitte des Stücks): „Sie müssen einander den Henker machen und sich gegenseitig abschlachten", sagt sie von den armen Leuten (S. 52). „Schuld sind die, wo Krieg anstiften, sie kehren das Unterste zuoberst in die Menschen", hört sie den Feldprediger sagen (S. 54). Und nach der Schändung ihrer Tochter, am Schluß der 6. Szene, erhebt sie ihre härteste, aber auch letzte Anklage: „Der Krieg soll verflucht sein" (S. 55).

Von da ab macht sie ihren Kompromiß mit ihrem „Gegenspieler". Gleich zu Anfang der 7. Szene, „auf der Höhe ihrer geschäftlichen Laufbahn" (S. 56), singt sie ihr zynisches Loblied auf den Krieg. Von nun ab gelten ihr nur noch die geschäftlichen Möglichkeiten, die ihr der Krieg verschafft: sie bilden die Grenze ihres Horizonts. Sie verliert die Fähigkeit und den Willen, ihren „Gegenspieler" in seiner ganzen feindlichen Größe wahrzunehmen.

Durch die Kommentare und für den Zuschauer aber wächst die Diskrepanz zwischen relativiertem und relativierendem Horizont. Vor der 9. Szene heißt es: „Schon sechzehn Jahre dauert nun der große Glaubenskrieg. Über die Hälfte seiner Bewohner hat Deutschland eingebüßt. Gewaltige Seuchen töten, was die Metzeleien übriggelassen haben. In den ehemals blühenden Landstrichen wütet der Hunger. Wölfe durchstreifen die niedergebrannten Städte ..." (S. 66)

Und im letzten Kommentar gipfelt die Enthüllung des maßlosen Elends in der (die Tat der Kattrin umschreibenden) Metapher: „Der Stein beginnt zu reden" (S. 73).

Die Courage-Handlung läuft aus. Die Marketenderin verliert mit ihrer Tochter auch ihr letztes Kind. Sie zieht allein mit ihrem Wagen weiter, sie will „wieder in'n Handel kommen" (S. 79). Nichts deutet auf eine Änderung, Horizonterweiterung ihres Bewußtseins: insofern hat die gesamte Handlung keinerlei Entwicklung gebracht, das Ende ist wie der Anfang. Nur Courages unpersönlicher Gegenspieler ist gewachsen und greift schließlich, laut letztem Kommentar und epiloghaftem Schlußgesang, in unabsehbare Dimensionen: „Der Krieg ist noch lange nicht zu Ende" (S. 73). „Der Krieg, er dauert hundert Jahre / Der g'meine Mann hat kein'n Gewinn. / Ein Dreck sein Fraß, sein Rock ein Plunder!" (S. 79 f.). Der Widerspruch zwischen der geschichtlichen Situation und dem Bewußtsein von ihr im Rahmen der Handlung — dieser Widerspruch bleibt ungelöst.

Er wird jedoch sinnfällig für den Zuschauer, denn die Kommentare öffnen ihm jene Grenzen, die dem Horizont der Handlung (der Hauptfigur) gesetzt sind. Dem Zuschauer wird ein Abstand zum Verhalten der dramatischen Person verschafft, ihm ist die Rolle eines kritischen Beurteilers zugedacht [30].

d) Unterschiede Brechtscher und naturalistischer Dramatik

Der zweifache Horizont, wie er in „Mutter Courage" anzutreffen ist, gibt Anlaß, auf einen Unterschied Brechtscher und naturalistischer Dramatik einzugehen. G. Lukacs sagt über das Grundprinzip des Naturalismus: „Die Unmittelbarkeit des Naturalismus stellt die Welt dar, wie sie in den Erlebnissen der Figuren selbst direkt erscheint. Um eine vollendete Echtheit zu erlangen, geht der naturalistische Schriftsteller weder inhaltlich noch formell über den Horizont seiner Gestalten hinaus; ihr Horizont ist zugleich der des Werks." Weiter-

---

[30] Allerdings stellt sich hier die Frage, ob Wirkungsabsicht und Wirkungsfaktum zur Deckung kommen. Bedenkt man die ungleich fesselndere Kraft der szenischen Darstellung, so wird man den (während der Pausen projizierten) Kommentaren kaum eine entscheidende Wirkung einräumen können. Auch Beobachtungen bei Aufführungen bestätigen, daß das Publikum die Aufgabe der Kommentare selten oder überhaupt nicht erfaßt. Dennoch sind rasche Urteile nicht am Platze. Die Art des Verfahrens bringt es mit sich, daß unsere Untersuchung immer nur Teilaspekte einer Intention, immer nur eines ihrer Mittel aufzeigen kann. Man müßte aber das Zusammenwirken aller Mittel berücksichtigen, um diese Frage zu beantworten. Zum anderen kann die Wirkungsabsicht eines Dramas immer nur ein Wirkungsideal sein. Solange kein Bruch in der Gestaltung der Intention vorliegt, wird man also auch mit dem „idealen" Zuschauer rechnen müssen.

hin: „Der Naturalist lehnt ein ... Abheben der Gestaltungsprinzipien der objektiven Wirklichkeit von den Denk- und Empfindungsgrenzen seiner Helden ab. Selbst bei Hauptmann wird der Bauernkrieg für uns nur so weit sichtbar, als sein Florian Geyer imstande ist, ihn zu erleben."[31]

Offensichtlich sind die Kommentare in „Mutter Courage" ein Mittel, die „Denk- und Empfindungsgrenzen" der Figuren zu durchbrechen, zu öffnen und dem Zuschauer den Horizont der „objektiven Wirklichkeit" zu erschließen. Das Drama soll eben nicht — wie noch Petschs allgemeine Bestimmung fürs Drama besagt — „zum Personenaustausch zwischen den Zuschauern und den Figuren"[32] herausfordern. Damit vereinigt Brecht zwei sich eigentlich ausschließende Möglichkeiten: einerseits unmittelbare Echtheit der Figuren und Handlungssituationen und andererseits Sichtbarkeit der objektiven, gesellschaftlich-geschichtlichen Lebensmächte.

Und dennoch wäre wohl Lukacs' streng anaturalistische Forderung, daß „der objektive Horizont des Werkes ... den subjektiven Horizont der einzelnen Gestalten überwölbt, widerlegt, an seine Stelle rückt und dadurch verständlich macht" (a.a.O.), schwerlich allein durch die behandelten und noch zu behandelnden dramaturgischen Formen Brechts erfüllt.

In dieser Frage erweist sich eine bloß vom Text ausgehende dramaturgische Untersuchung als unzulänglich. Denn um den Gegensatz des epischen Theaters zum naturalistischen Theater aufzuzeigen, bedarf es jener Analyse der Spielweise und Bühne Brechts, die erst im II. Teil der Untersuchung zu leisten ist.

Zusammenfassung

Folgende Gesichtspunkte für das Prinzip einer Relativierung der dramatischen Handlung ergeben sich:

1. Die Handlung kann Modell einer gesellschaftlichen Wirklichkeit sein und als solches durch publikumgerichtete dramaturgische Formen auf eine politisch betonte soziologische Wirklichkeitsdeutung relativiert werden.

2. Die Handlung kann als Gleichnis fungieren. Dabei kommt die literarische Form der Parabel den Gesetzen einer offenen Dramaturgie besonders entgegen, weil sie als Vergleichendes immer auf ein Verglichenes bezogen bleibt und so über sich selbst hinausweist.

3. Handlungsfremde, nicht-szenische Formen können dem Zuschauer geschichtliche Zusammenhänge erschließen, die in der Handlung nicht unmittelbar sichtbar werden. Das Drama zeigt also zwei verschiedene Horizonte auf: den begrenzten der dramatischen Figuren und einen erweiterten, der nur dem Publikum zugänglich ist.

4. Durch diese Art der Polarisierung wird die Geschlossenheit des Dramas durchbrochen; die Spannung zweier verschiedener, unverbundener Horizonte öffnet das Drama der kritischen, der Beurteiler-Rolle des Zuschauers.

---

[31] G. Lukacs, Deutsche Literatur im Zeitalter des Imperialismus, in: Skizze einer Geschichte der neueren deutschen Literatur, Berlin 1953, S. 109.
[32] R. Petsch, a.a.O., S. 4.

5. Die publikumgerichteten, die Handlung relativierenden dramaturgischen Formen können sowohl auf Lösungen menschlich-gesellschaftlicher Widersprüche hinweisen (z. B. in „Puntila" und im „Kaukasischen Kreidekreis"), wie auch diese Lösungen dem kritisch-entdeckerischen Sinn des Publikums anheimgeben (z. B. in „Mutter Courage" und — darauf sei schon vorweggewiesen — im „Guten Menschen von Sezuan").

2. UNTERBRECHUNG DER HANDLUNG

(Lieder oder Songs) [33]

Einführung: Die Songs nicht eingeschmolzene Bestandteile des Handlungsgefüges

Die bisher angeführten dramaturgischen Formen waren von der Spielhandlung immer klar abgegrenzt und abgesetzt. Ihre bühnenmäßige Verwirklichung erfolgte entweder durch den Vortrag vor dem Vorhang oder an der Rampe, durch die Abwicklung eines kleinen, mit der eigentlichen Handlung nur entfernt und mittelbar zusammenhängenden Spiels oder durch die Projektion eines Textes auf eine Leinengardine. Niemals deckte sich die ästhetische Personalität der Sprecher oder Vorspiel-Figuren mit der Personalität der Handlungsfiguren: die Abweichung ist dem Zuschauer immer klar einsichtig.

Nicht ohne weiteres deutlich ist diese Abweichung bei den „Sängern" der Lieder oder Songs, einer ganz eigenen dramaturgischen Form Brechts [34]. Diese Lieder, von handelnden Personen vorgetragen, finden sich eingestreut in die Szenen selbst. Sie sind aber nicht eingeschmolzene Bestandteile der Handlung, sondern — sich meist schon durch ihre Titel so ausweisend — „Fremdkörper" im Szenenaufbau. Sie hemmen den Fortgang der Handlung: sie unterbrechen sie [35]. W. Benjamin hat die „Unterbrechung von Abläufen" zum Zwecke der „Entdeckung ... von Zuständen" [36] als wesentlich für die Dramaturgie Brechts erkannt. Er denkt dabei nicht nur an die Songs, sondern an ein Grundphänomen des epischen Theaters (einschließlich der Spielweise) überhaupt. Wir verstehen hier die Unterbrechung zunächst in ihrem einfachen, vordergründigen Sinne als ein Anhalten des Handlungsganges [37].

[33] Die Lieder oder Songs stellen nicht die einzige Form der Unterbrechung dar, wohl aber die ausgedehnteste.
[34] In etwa können die Couplets des Wiener Volkstheaters, Raimunds oder Nestroys, mit den Brechtschen Songs verglichen werden, weil auch sie offensichtlich publikumgerichtet sind. (Zu inneren Beziehungen Brechts zum Volkstheater vgl. H. Ihering, Der Volksdramatiker, in: Sinn und Form, Sonderheft Bertolt Brecht, Berlin/Potsdam 1949, S. 5—10.)
[35] Von „der Auflösung der geschlossenen dramatischen Handlung" und „der starken Betonung des epischen und lyrischen Elements" bei Brecht spricht auch Lore Kaim: Bert Brecht. Entwicklung und Bedeutung eines revolutionären Dichters = Deutschunterricht (Ost)/Ztschr. f. Erziehungs- u. Bildungsaufgaben des Deutschunterrichts, 2. Jg., 6. Heft 1949, S. 5—20; Zit. S. 19.
[36] W. Benjamin, a.a.O., S. 167.
[37] Auch bei Brecht finden sich jedoch Lieder handlungsgebundener Struktur, vor allem im „Kaukasischen Kreidekreis" (etwa die Lieder Gruschas).

a) Der fingierte Szenenpartner

Es scheint zunächst nichts darauf hinzuweisen, daß die dramatischen Figuren ihre ästhetische Personalität wechseln, indem sie zu „Sängern" der Songs werden. Sie scheinen auch als solche im Gefüge der Handlung zu bleiben: ihre Lieder sind dem voraufgehenden Text nach fast immer an Partner der Szene gerichtet.

So schicken in „Mutter Courage" die „Sänger" ihren Liedern fast immer lehrhafte Andeutungen voraus (die gelegentlich von anderen Figuren noch unterstrichen werden). „Kattrin, hüt dich vor den Mageren", sagt beispielsweise Yvette, bevor sie das „Lied vom Fraternisieren" singt, und Mutter Courage folgert am Schluß: „Laß dirs also zur Lehre dienen, Kattrin" (S. 24 und 25). Zwischen die Strophen des „Liedes von den Anfechtungen großer Geister" schaltet der Koch immer wieder seinen Hinweis auf die gänzliche Nutzlosigkeit der Tugenden.

Dabei fällt aber auf, daß die Warnung nicht einer akuten Alternative wegen ausgesprochen wird. Courages „Lied von der Großen Kapitulation" bildet hier eine Ausnahme: es stimmt den ungestümen jungen Soldaten tatsächlich um, daß er von seinem Vorhaben zurücktritt. Sonst aber wirkt die Lehre des Liedes nicht in die Handlung selbst hinein. So singt Eilif sein Lied ausgerechnet nach seinem Bericht über die zwielichtige Heldentat, die nur beweist, wie sehr er die Warnung des Liedes in den Wind geschlagen hat. Und so stellt der Koch den abträglichen Tugenden Salomons, Cäsars, Sokrates' und des heiligen Martin das „kreuzbrave" und „gottesfürchtige" Verhalten der Bettelnden zu einem Zeitpunkt an die Seite, wo es sie kaum noch in tieferes Elend bringen kann.

Die Songs greifen ins *Exemplarische*[38], wenden sich aber nicht eigentlich an die dramatischen Figuren, sind auch nicht etwa unerläßliche Glieder der dramatischen Entwicklung (von Ausnahmen abgesehen). Der ins Drama gerichtete lehrhafte Gestus ist nur fingiert, in Wahrheit weist er heraus: kein anderer als der Zuschauer kann der Adressat der Belehrung oder Warnung sein.

b) Die Doppelrolle des „Sängers"

Im „Guten Menschen von Sezuan" fehlt die Fiktion, daß durch das Lied eine der dramatischen Figuren belehrt werden solle (nur im Refrain des „Lieds vom Rauch" klingt sie an). Das Drama ist als Parabelstück bezeichnet, und das *Parabolische* im engeren Sinne ist auch der Grundzug der Lieder. So wird inmitten der immer wachsenden Menge einer verarmten und verkommenen Verwandtschaft, die sich in Shen Tes Tabakladen eine Bleibe sucht, das „Lied vom Rauch" gesungen, ein Lied von der Hoffnungslosigkeit der Armen und ihrem ausweglosen Dasein. An der leeren Tafel einer Hochzeit, die im letzten Augenblick auseinandergegangen ist, trägt der Flieger Sun das „Lied vom Sankt Nimmerleinstag" vor, ein Lied vom niemals kommenden Tag, wo der Arme auf einen goldenen Thron gelangt, wo die Güte belohnt, die Schlechtigkeit bestraft und die Erde zum Paradies wird. Und in die Befehle des Antreibers, der noch vor

---

[38] Dieser exemplarische Zug der Songs ist nicht gleichzusetzen mit dem generalisierenden Charakter der Reflexionen und Sentenzen vor allem im „klassischen" Typus des neuzeitlichen Dramas. Denn in den Songs wird jeweils eine ganz bestimmte neue Situation, ein anderer „Fall" angesprochen.

kurzem selbst Arbeiter war, fällt das „Lied vom achten Elefanten", der als gezähmter Elefant die wilden bewacht und mißhandelt.

Auch hier ist die Frage nach dem Adressaten der Songs zu stellen. Eindeutig fällt die Antwort beim „Lied von der Wehrlosigkeit der Götter und Guten" aus: Shen Tes einziges Gegenüber ist das Publikum. Als „Zwischenspiel vor dem Vorhang" ist aber dieser Song auch nicht als Unterbrechung einer Szene anzusehen, von der wir ausgingen und die bei anderen Songs des Stückes gegeben ist.

Ausdrücklich eingestanden ist die bloße Fiktion, daß Mitfiguren die Zuhörer seien, bei Suns „Lied vom Sankt Nimmerleinstag". Sun kündigt es den schon abgegangenen Gästen an: „Nach den leeren Sitzen hin, als seien die Gäste noch da" (Regiebemerkung, S. 68). Das „Lied vom Rauch", als Unterhaltung für die Gastgeberin ausgegeben, ist für Shen Te seinem Inhalt nach alles andere als dies. Es wird auch von den Gästen, die es singen, gar nicht so aufgefaßt: unmittelbar darauf beschimpft, streitet und rauft man sich. Ebensowenig wie hier die „Gastgeberin" eine wirkliche Gastgeberin ist und die „Gäste" wirklich Gäste sind, ist die „Unterhaltene" eine Unterhaltene. Niemand reagiert auf das Lied, es ist also in Wahrheit auch an keine Figur gerichtet. Damit bleibt der Angesprochene im zweiten Falle ebenso imaginär wie — geradezu demonstrativ — im ersten. Auch hier kommt als eigentlicher Adressat nur der Zuschauer in Frage — was um so näher liegt in einem Drama, das ausdrücklich immer wieder direkte Ansprachen ans Publikum vorschreibt (worüber später zu sprechen sein wird).

Die im wesentlichen als authentisch zu bezeichnende Inszenierung des „Guten Menschen von Sezuan" durch Franz Reichert in Wuppertal 1955 (mit Sigrid Marquardt in der Hauptrolle) brachte klar zum Ausdruck, daß dieses „Lied vom Rauch" weder an Shen Te gerichtet ist noch lediglich Unterhaltungsfunktion hat. Es wurde nur eine Strophe (durch den Großvater) gesungen, und während des Gesangs trat Shen Te an die Rampe, lenkte den Blick des Publikums auf sich und zeigte dann mit ausgestrecktem Arm auf die regungslos im Laden herumsitzende Familie. Damit unterstrich die Inszenierung den publikumgerichteten Grundgestus des Songs.

Der „Sänger" des Songs ist also gekennzeichnet durch eine Doppelwertigkeit seiner Personalität: einmal bleibt er Figur im ästhetisch-szenischen Raum, zum anderen wird er Partner des Publikums.

Hierzu schreibt Brecht selbst:

> „Trennt die Gesänge vom übrigen!
> ... Die Schauspieler
> verwandeln sich in Sänger. In anderer Haltung
> wenden sie sich an das Publikum, immer noch
> die Figuren des Stücks, aber nun auch offen
> die Mitwisser des Stückeschreibers." [39]

c) Der Zuschauer als Adressat

„Mutter Courage"

Es bleibt die eigentliche dramaturgische Aufgabe der Songs zu bestimmen. Für das „Lied von den Anfechtungen großer Geister" in „Mutter Courage" hat dies schon Hans Mayer [40] versucht. Seine Deutung besagt, kurz zusammengefaßt:

---

[39] Brecht, Die Gesänge (Ausschnitt), aus: Der Messingkauf, in: Theaterarbeit, S. 133.
[40] Vgl. Anmerkung zu einer Szene, in: Theaterarbeit, S. 249—253.

Die ausdrückliche Lehre des Songs ist höchst verdächtig. Ihre Hinterhältigkeit muß vom Zuschauer erst durchschaut, die eigentliche Lehre von ihm erst gefunden werden. Dabei rücken aber gesellschaftliche Zusammenhänge von ganz anderem Umfang, als sie die Handlung zeigt, in den Gesichtskreis des Zuschauers. — Erweitern wir die Untersuchung auf die anderen Songs in „Mutter Courage".

Das „Lied vom Weib und dem Soldaten" findet sich in der Szene, wo der Sohn der Courage in ihrem Beisein vom Feldhauptmann für seine zweifelhafte Heldentat belobigt und ausgezeichnet wird. Eilif hat bei der Zwangseintreibung von Vieh „Klugheit" und „Mut" bewiesen. Sein Song handelt von einem Soldaten, der — entgegen dem Rat eines weisen Weibes — der Kriegstrommel folgt, aber Kühnheit und Mut mit dem Leben bezahlt. Die Lehre des Songs wäre demnach: Hütet euch davor, kühn und mutig zu sein! „Es geht übel aus!" (S. 21). Die Courage tut auch zum Schluß der Szene noch das ihrige, diese Lehre zu bekräftigen. Sie gibt ihrem Sohn eine Ohrfeige, „weil du dich nicht ergeben hast, wie die vier auf dich losgegangen sind und haben aus dir Hackfleisch machen wollen!" (S. 22). Mit anderen Worten: sie hätte ihren Sohn lieber feige gesehen.

Nun waren es aber gerade in dieser gefährlichen Lage die List und der Mut, die Eilif das Leben retteten. Die ausdrückliche Lehre des Songs ist also durch den szenisch berichteten Einzelfall sogar widerlegt. Auch die Behauptung der Courage: „wenn es wo so große Tugenden gibt, das beweist, daß da etwas faul ist" oder„ In einem guten Land brauchts keine Tugenden, alle können ganz gewöhnlich sein, mittelgescheit und meinetwegen Feiglinge" (S. 20) — hat den Zuschauer keineswegs überzeugen können (und sollen), im Gegenteil: hat schon sein Mißtrauen hervorgerufen.

Alles ist fragwürdig. Die Empfehlungen der Courage sind nicht vertrauenswürdig. Aber auch die Lehre des Songs ist nicht absolut zu nehmen. Der Zuschauer sieht sich Widersprüchen gegenüber, für deren Lösung ihm der Song allenfalls einen Anhaltspunkt gibt. „Ihr vergeht wie der Rauch! Und die Wärme geht auch / Denn uns wärmen nicht eure Taten!" sagt das Weib zu den Soldaten (S. 21). An dieser Sinnlosigkeit des Krieges werden die soldatischen Tugenden selbst zu einem Problem, das ausschließlich dem Nachdenken des Zuschauers überantwortet ist.

Das exemplarische Fazit des Lieds „von der Großen Kapitulation" ist: Man muß sich vor dem Mächtigen ducken, „muß sich nach der Decke strecken" (S. 45), Rückgrat haben und beweisen trägt nichts ein. Der Zuschauer ist aber vom Recht des aufrührerischen jungen Soldaten überzeugt. Und obwohl der Soldat schließlich dem Rat der Courage folgt und „kapituliert" (was in der gegebenen Lage zweifellos auch das klügste ist), bleibt die Lehre des Songs in ihrem generellen Wertanspruch doch höchst zweifelhaft. Der Song drängt zu der Frage nach dem Warum dieser Widersprüche — zu der Frage, welche Bedingungen denn eigentlich zu den „Verhältnissen" führen, von denen die Courage in ihrer deftigen Art singt:

„Und bevor das Jahr war abgefahren
Lernte ich zu schlucken meine Medizin ...
Als sie einmal mit mir fix und fertig waren
Hatten sie mich auf dem Arsch und auf den Knien" (S. 44)

Nicht umsonst läßt es der Song mit diesem bloßen „sie" offen, von wem eigentlich die Courage „fix und fertig" gemacht wurde: es bleibt dem Zuschauer vorbehalten, dieses anonyme „sie" zu konkretisieren.

Schließlich ist noch von einem vierten Song in „Mutter Courage" zu sprechen. Die bei den übrigen Songs bestätigte Funktion erscheint beim „Lied vom Fraternisieren" weniger prägnant. Aber auch hier ist das traurige Exempel der betrogenen Yvette, das die Courage gern für eine Warnung vor der Liebe überhaupt ausbeuten möchte, nicht einfach auf eine moralische Verurteilung des Soldatenliebchens hin auszulegen. Der Zuschauer soll nicht einfach jenen Standpunkt teilen, von dem es im Song der Yvette heißt:

> „Meine Leut habens nicht begriffen
> Daß ich ihn lieb und nicht veracht." (S. 25)

Denn nicht zuletzt dieses Verhalten der Angehörigen hat Yvette ins Unglück und „abwärts" getrieben: „Ich hätt zu Haus bleiben sollen, wie mein Erster mich verraten hat. Stolz ist nix für unsereinen" (S. 24). Es ist also gar nicht so sehr die Frage der persönlichen Schuld Yvettes, die der Song aufwirft; es ist vielmehr die Frage nach den gesellschaftlichen Ursachen ihres Unglücks. Und die sind schließlich auch nicht bei ihren Angehörigen zu suchen, sondern in den Bedingungen eines heillosen Krieges.

Immerhin bleibt zu betonen, daß das „Lied vom Fraternisieren" durch die Selbstironie des Soldatenliebchens einen Zug ins sympathisch Amüsante bekommt, das den Zuschauer eher gewinnt als mißtrauisch macht: ein Beispiel dafür, wie die dramaturgische Regel vor der Erstarrung bewahrt wird und daß die Untersuchung sich hüten muß, allzu schematisch zu verfahren.

Suchen wir trotzdem diese Regel in ihren Grundlinien festzuhalten! Den Songs ist der Grundgestus des Warnens unterlegt, wobei der Zuschauer der eigentliche Adressat ist. Die exemplarische Belehrung steht aber in einem unübersehbaren Widerspruch zum gezeigten und gebilligten Verhalten handelnder Personen oder zur gerechten Überzeugung des Zuschauers, so daß ihr Gültigkeitsanspruch fragwürdig wird. Der dem Song auch sonst eigene geheime Modus des Fragens soll den bereits beunruhigten Zuschauer reizen, die Ursache gegebener Widersprüche nicht bei diesem oder jenem Einzelnen, sondern in der Gesellschaft selbst zu entdecken.

„Der gute Mensch von Sezuan"

Erhärten wir nun das Ergebnis noch einmal an Hand von zwei Liedern im „Guten Menschen". Die Songs treten hier nicht in warnender Absicht hervor, brauchen deshalb auch auf die Fragwürdigkeit ihrer Warnung hin nicht durchschaut zu werden. Dafür wohnt aber den Songs ein anderer Gestus inne, der den Zuschauer aufmerken, stutzig werden läßt.

Die Lieder „vom Rauch" und „vom Sankt Nimmerleinstag" sind beide von einer totalen Resignation durchwaltet. Die Haltung der „Sänger" ist (beim ersten Lied) verzweifelnde bzw. (beim zweiten) sarkastische Resignation, fast schon Nihilismus. Im ersten Song heißt es dreimal (mit nur geringer Abwandlung):

> „Und so sag ich: laß es!   Der in immer kältre Kälten geht: so
> Sieh den grauen Rauch   Gehst du auch." (S. 22)

Im anderen Song wird der Glaube an die mögliche Erfüllung billiger Lebensansprüche immer wieder verneint.

Nun sind aber fast ausschließlich Eigenschaften oder Lebenserwartungen der Entsagung anheimgegeben, die von sich aus ein Recht auf Auswertung oder Erfüllung hätten. Es sind beim „Lied vom Rauch" tugendhafte Eigenschaften wie Klugheit, Redlichkeit und Fleiß und beim „Lied vom Sankt Nimmerleinstag" so bescheidene Forderungen wie diese: daß das Verdienen dem Verdienst entspricht, daß ein Flieger auch Flieger sein darf, daß ein „Mann mit zuviel Zeit... endlich Arbeit" und ein „armes Weib... Ruh" bekommt (S. 69).

Der Gegensatz von Menschlichkeit der Ansprüche und Unmöglichkeit ihrer Verwirklichung, der zwangsläufige Zustand der totalen Resignation wird als sozialer Mißstand durchsichtig.

Es ist aber noch zu fragen, in welchem Verhältnis die Resignation der „Sänger" zu ihrem Verhalten als handelnde Personen steht. Wir haben schon die parabolische Struktur der Songs und die Entsprechungen von Szenen- und Liedsituation genannt. Trotzdem fällt auf, daß die Figuren der Szenen keinesfalls in jener totalen Resignation verharren, welche die Songs beherrscht. Sie sind durchaus geschäftig, ihren Vorteil zu suchen und Shen Te, den „guten Menschen", rücksichtslos auszunutzen. Der Zuschauer hat ihre Schlechtigkeit kennengelernt.

Aber ist nun diese Schlechtigkeit der Figuren wirklich bei den „Sängern" als Resignation nur getarnt? Oder ist die Schlechtigkeit gar Folge der Verzweiflung: eben jenes im Song objektivierten Zustandes der Resignation? Shen Te selbst, die Ausgenutzte und Betrogene, deutet in der ersten Szene die Antwort an in einer Wendung zum Publikum, die als nachträglicher Kommentar sowohl zur Szene wie zum Song wirkt. Sie sagt:

„Mein schöner Laden! ... Kaum eröffnet, ist er schon kein Laden mehr! (Zum Publikum)
> Der Rettung kleiner Nachen
> Wird sofort in die Tiefe gezogen:
> Zu viele Versinkende
> Greifen gierig nach ihm." (S. 23)

Dadurch treten Resignation der „Sänger" und Schlechtigkeit der handelnden Figuren tatsächlich in eine widersprüchliche Wechselbeziehung zueinander: Die Schlechtigkeit kann keine wahre Schlechtigkeit sein, weil sie aus einer notgedrungen verzweiflungsvollen Resignation herrührt — und die Resignation darf keine bloße Resignation bleiben, weil sie notgedrungen zur Schlechtigkeit führt.

So ist einerseits die Verdorbenheit jener Szenenfiguren als Folge gesellschaftlicher Mißstände erklärt, andererseits die totale Resignation als Möglichkeit sozialen Verhaltens zumindest fragwürdig geworden. Nun erst steht der Zuschauer dem niedrigen Handeln der heruntergekommenen Figuren mit der nötigen Urteilsgelassenheit gegenüber, um der resignierenden Haltung der „Sänger" ganz widersprechen zu können. Die Resignation soll ihm nicht nur als äußerste Notsituation, sondern auch als schicksalsergebene Haltung unverantwortlich erscheinen: ein entsagend-passives Verhalten wird doppelt in Frage gestellt.

Zusammenfassung

Folgende Merkmale einer Unterbrechung der Handlung, aufgezeigt an Liedern oder Songs in „Mutter Courage" und „Der gute Mensch von Sezuan", wurden erkannt:

1. Die Unterbrechung der Handlung ergibt sich durch ein Einschalten von dramaturgischen Formen, die als „Fremdkörper" im dramatisch-szenischen Gefüge zu betrachten sind.

2. Die eine Unterbrechung herbeiführenden dramatischen Figuren sind nur teilweise noch „mit sich" identisch, sie haben nur fiktive szenische Partner; eigentlicher Adressat ihrer Rede (ihres Gesangs) wird der Zuschauer.

3. Die Unterbrechung dient nicht einer Überhöhung der Handlung, nicht einer Generalisierung von Sinngehalten der szenischen Situation. Die unterbrechende Rede kann eine gesellschaftliche Pseudolehre oder Widersprüche zu den menschlichen Verhaltensweisen handlungsmäßiger Vorgänge aufzeigen.

4. Durch diese unaufgelösten Widersprüche beunruhigt, ist der Zuschauer angehalten, handlungsbedingte Einzel- oder Gruppenschicksale nicht auf sich beruhen zu lassen, sondern nach ihren Bedingungen zu fragen.

5. Die Unterbrechung der Handlung dient dem Versuch, bloße Reaktionen des Publikums umzulenken zu sozialkritischen „Aktionen"[41].

3. DISTANZIERUNG DER HANDLUNG[42]

Einführung: Der Erzähler im Drama

Nicht umsonst wurde im voraufgegangenen Kapitel der Sänger der Songs immer wieder mit Einschränkung nur als „Sänger" bezeichnet; um nämlich Verwechslungen mit einer eigens so genannten Gestalt auszuschließen, die wir in Brechts „Kaukasischem Kreidekreis" antreffen.

Im „Vorspiel" wird der Sänger als Mitwirkender und als Spielleiter des Stückes eingeführt (S. 11) — und beides ist er im Stück und ist es wiederum auch nicht. Als Spielleiter (Regisseur) müßte er — im theatertechnischen Sinne — während des Spiels selbst unsichtbar bleiben, seiner Aufgabe schon ledig sein: und durchweg ist er es auch. Trotzdem werden wir ihm ein paarmal bei regieähnlichen Anweisungen begegnen. Als Mitwirkender sollte er im Stück als handelnde Figur auftreten, am dramatischen Geschehen teilnehmen. Aber er ist nur

---

[41] Wieder muß dahingestellt bleiben, ob Brechts differenzierte Formen der Anregung den Zuschauer nicht manchmal überfordern. Jedenfalls wird die Kraft der sprachlichen Bilder und der Objektivierung menschlicher Grundsituationen in den Liedern oft den Vollzug der erwarteten dialektischen Denktätigkeit verhindern.

[42] Dieser Begriff wird schon von H. Ihering (Berliner Dramaturgie, Berlin 1948, S. 83) für Brechts Werk der zwanziger Jahre verwendet: Brecht „wollte die Handlung distanzieren und das Publikum durch eine Säuberung des Gefühls von allen unklaren und trüben Ekstasen fernhalten."

„Rahmen", außenstehender epischer Berichterstatter, der die szenischen Vorgänge erzählend verknüpft oder erläutert. Und doch greift er gelegentlich „wirkend", eine „Rolle" übernehmend, ins Spiel ein.

Man erkennt leicht, daß der Sänger dem Erzähler im Roman entspricht[43]. Man darf aber bei solcher Parallelisierung den tiefgreifenden Unterschied nicht übersehen. Erzähler und Erzählgegenstand im Roman bleiben weitgehend verbunden, indem der Erzählgegenstand nur vergegenwärtigt wird durch das Medium der Sprache. Auf der Bühne dagegen nimmt der „Erzählgegenstand", sofern er nicht völlig im Bericht des Erzählers eingeschlossen bleibt, zugleich körper- und dinghafte, optisch und akustisch wahrnehmbare Realität an.

Im „Kaukasischen Kreidekreis" wird die Trennung von Erzähler und „Erzählgegenstand" auch durch die Sprache deutlich betont. Während die szenische Entfaltung des Erzählgegenstandes überwiegend von der Prosa beherrscht wird, spricht der Sänger bzw. die assistierende Musikergruppe stets in gehobener und gebundener Rede, zum Teil sogar in gereimten Versen.

a) Das Problem der ästhetischen Realität

Der ideale Ort des Erzählers

Suchen wir zunächst das vorwiegende Verhältnis des Sängers zum Drama als Bühnenhandlung zu bestimmen. Dabei ist vorauszuschicken, daß die Aufgaben der Musiker, die dem Sänger assistieren, nur von ihm sozusagen delegiert werden: grundsätzlich sind es dieselben. In der Brechtschen Inszenierung des „Kaukasischen Kreidekreises" im Schiffbauerdamm-Theater Berlin, 1954/55, teilte der Sänger Platz und Text zeitweise sogar mit einem zusätzlichen zweiten Sänger. Wir werden Sänger und Musiker immer in einem Zusammenhang nennen können.

Zu Anfang des Stückes wird dem Sänger sein Platz angewiesen: „vor seinen Musikern auf dem Boden sitzend" (S. 13). Nach der Textvorlage befände sich die Gruppe also auf der Bühne. Brechts Inszenierung, die wir hier als mehr authentisch nehmen dürfen, setzt aber die Gruppe vor bzw. in eine Seitenloge, also zwischen Bühne und Parkett, genauer: neben die in den Zuschauerraum vorspringende Rampe. Auf diese Weise könnte die Gruppe ebensosehr dem Publikum wie der Bühne zugehören[44]. Dies ist — zumal Autor und Regisseur identisch sind — anzumerken als ein Beispiel dafür, wie bestimmte Funktionen von Formen des Dramas oft erst bei der bühnenmäßigen Verwirklichung erkannt und offenbar werden. Daß *der „ideale" Ort der Sänger-Gruppe* tatsächlich *im Schnittpunkt von Bühne und Zuschauerraum* liegt, wird im folgenden einsichtig werden.

Der Sänger — so wird in der Anweisung gesagt — „blättert in einem abgegriffenen Textbüchlein mit Zetteln" (S. 13). Durch dieses ständig benutzte

---

[43] P. Szondi (a.a.O., S. 119) umschreibt die ähnliche Rolle des Spielleiters in Th. Wilders „Our town" als das „epische Ich" und sieht die dramatische Handlung abgelöst durch die „szenische Erzählung".

[44] Trotzdem bleibt natürlich die Sängergruppe Bestandteil des Kunstwerks. Ihre Mittelstellung hat symbolischen Wert.

Requisit bleibt der Vergangenheitscharakter des Berichteten und der dramatischen Handlung immer betont. Gleichzeitig wird aber dadurch deutlich, daß der Sänger von vornherein über die Zusammenhänge der ganzen Geschichte verfügt, während die Spielhandlung selbst nur schrittweise in sie hineinwächst. Der Sänger verfügt über Vergangenes und Zukünftiges (auf der Bühne noch zu Geschehendes) zugleich. Er befindet sich in einem Zustand „ruhiger Freiheit" gegenüber allem, was auf der Bühne immer vorgehen mag, aber auch der Überlegenheit gegenüber dem Publikum, dessen jeweilige Kenntnis der Zusammenhänge zwar größer ist als die der handelnden Figuren, aber doch bruchstückhaft bleibt. Die unbeschränkte Verfügbarkeit des Geschehens, im Stofflichen wie im Zeitlichen, trennt den Sänger sowohl von der dramatischen Figur wie vom Zuschauer.

Zerstörung der zeitlichen Kontinuität

Die absolute Stellung des Sängers gegenüber dem dramatischen Vorgang wirkt tief in die Gesamtstruktur des Dramas hinein. Der Sänger macht von seiner stofflich-zeitlichen Verfügungsgewalt sozusagen kräftig Gebrauch und zerlegt den Geschehenskomplex in zwei Teile, die erst am Schluß aufeinander bezogen werden. Er verfolgt zwei zeitlich ineinandergewirkte Handlungsstränge getrennt für sich. Im ersten Teil, in den ersten drei „Akten"[45] des Stückes (Das Hohe Kind, Die Flucht in die nördlichen Gebirge, In den nördlichen Gebirgen) wird die Geschichte Gruschas und des Kindes bis zu ihrer gewaltsamen Trennung geschildert, im zweiten Teil im 4. „Akt" die „Geschichte des Richters" Azdak und im 5. das beiden Geschichten gemeinsame Ende: „Der Kreidekreis". Dabei setzt der Sänger den Beginn des zweiten Teiles zeitlich da wieder an, wo auch der erste Teil (und das Stück überhaupt) anfing: „An jenem Ostersonntag des großen Aufstands, als der Großfürst gestürzt wurde / Und sein Gouverneur Abaschwili, Vater unseres Kindes, den Kopf einbüßte" (S. 62).

Die fortschreitende Bewegung und die Geradlinigkeit des Handlungskomplexes ist also zerstört, ihre zeitliche Kontinuität durchbrochen und aufgehoben. Die ersten Szenen des zweiten Teiles könnten zwischen Szenen des ersten Teiles eingeschoben werden, ohne daß der Sinnzusammenhang des Dramas gestört würde. *Einzelne Szenen des Dramas werden vertauschbar.*

Der Ansatz zur Simultanbühne

Verfolgen wir in einem anderen Stück nun zunächst das Raum-Zeit-Problem an einem Beispiel, wo die dramaturgische Funktion des Sängers einer Gestalt übergeben ist, die in der Regel als dramatische Figur agiert.

Im „Guten Menschen von Sezuan" ist das 8. Bild (Shui Tas Tabakfabrik) eigentlich eine Folge von Inszenierungen kleinerer Szenen. Dabei rückt Frau Yang für die Dauer des Bildes in die Stellung eines Erzählers. Sie verknüpft

---

[45] Die Bezeichnung Akt fehlt — mit Ausnahme von „Trommeln in der Nacht" — in den Stücken Brechts ebenso wie die Bezeichnung Szene. Die Gliederung ist lediglich durch fortlaufende Bezifferung der Teilstücke bzw. durch Beschreibung der Schauplätze gekennzeichnet. Wenn wir trotzdem immer wieder von Szenen sprechen, so ist damit die raum-zeitliche, bühnenmäßige Einheit eines Teilablaufs der Handlung gemeint.

kommentierend die Begebenheiten, die sich aus ihrem Bericht heraus — gleichsam auf ihren Wink — emanzipieren und zu Szenen werden. Zunächst „(tritt Frau Yang auf, gefolgt von ihrem Sohn Sun). Frau Yang (zum Publikum): Ich muß Ihnen berichten, wie mein Sohn Sun durch die Weisheit und Strenge des allgemein geachteten Herrn Shui Ta aus einem verkommenen Menschen in einen nützlichen verwandelt wurde..." usw. (S. 82).

Es folgt eine Szene zwischen Frau Yang, Sun und Shui Ta, in der Sun schließlich als Arbeiter in die Fabrik aufgenommen wird. Danach kehrt Frau Yang an die Rampe zurück (S. 83).

Als Berichterstatter steht sie also an jenem Teil der Bühne, der — in den Zuschauerraum vorspringend — immer aus dem Illusionskreis der Bühne zumindest herausstrebt. Und in dem Augenblick, wo Frau Yang zum szenischen Geschehen in dirigierendem und nicht partizipierendem Verhältnis steht, wird die Rampe tatsächlich zu einem „anderen" Ort. Gleichwohl bleibt sie lediglich Plattform und, durch die gleiche real-räumliche Ebene gebunden, Teil der Bühne.

Frau Yang erzählt nun kurz von Suns ersten Arbeitswochen, um dann einen kleinen „Vorfall" in der „dritten Woche" szenisch abrollen zu lassen und einmal zwischendurch zu kommentieren. Sie nimmt nicht mehr handelnd an der Szene teil, auch an den folgenden nicht. Sie verläßt ihren Platz an der Rampe nicht mehr und schließt mit der ans Publikum gerichteten Zusammenfassung: „Heute ist Sun ein ganz anderer Mensch als vor drei Monaten. Das werden Sie wohl zugeben" usw. (S. 87).

Fragen wir jetzt genauer nach der *Orts*beschaffenheit der Bühne. Das Bild zeigt die Baracken der Tabakfabrik und den Platz davor. Wir haben aber den Anfangsbericht der Frau Yang nicht vollständig zitiert, und erst bei der Ergänzung zeigt sich, daß ihr Standort zunächst gar nicht der Platz vor der Fabrik ist. Es heißt da nämlich weiter:

„Wie das ganze Viertel erfuhr, eröffnete Herr Shui Ta in der Nähe des Viehhofs eine kleine, aber schnell aufblühende Tabakfabrik. Vor drei Monaten sah ich mich veranlaßt, ihn mit meinem Sohn dort aufzusuchen. Er empfing mich nach kurzer Wartezeit. (Aus der Fabrik tritt Shui Ta auf Frau Yang zu.)" (S. 82)

Die Art und Weise, in der Frau Yang die Lage der Tabakfabrik beschreibt, deutet schon auf eine augenblicklich größere Entfernung zu ihr. Unzweifelhaft aber wird diese Entfernung durch die örtliche Bestimmung „dort" im nächsten Satz. Befände sie sich wirklich schon vor der Fabrik, hätte sinngemäß stattdessen ein „hier" zu stehen. Es wäre allenfalls die Frage, ob in dem Satz „Er empfing mich nach kurzer Wartezeit" schon der Vorplatz der Fabrik als augenblicklicher Standort impliziert ist. Unbestreitbar gegeben ist er erst durch die Szenenanmerkung. Bis dahin spricht Frau Yang aus der Perspektive eines anderen, fremden Ortes, der nicht näher festgelegt ist und den wir deshalb als *neutralen Ort* bezeichnen.

Damit aber sind auf der Bühne zwei Orte zugleich da. Einmal die Fabrik mit ihrem Vorplatz, der sichtbar und da, obwohl zunächst noch ohne Funktion ist. Zum anderen ein neutraler Raum an der Rampe: der ferne Standort der Sprecherin.

In der 1. Szene, an der Frau Yang wirkend teilnimmt, ist dieser neutrale Standort zwar vorübergehend aufgehoben, weil ohne Kennzeichen und ohne

Aufgabe. Sobald aber danach Frau Yang an die Rampe zurückkehrt, um nunmehr von hier jedes szenische Geschehen zu erläutern bzw. einzuleiten, gewinnt er seine Bedeutung zurück.

So haben also ab Ende der 1. Szene *zwei verschiedene Orte (nicht „Schauplätze") auf der Bühne* durchgehend und nebeneinander Funktion. Die Bühne zeigt Ansätze zur Simultanbühne[46].

*

Untersuchen wir nun auch die *Zeit*struktur der Vorgänglichkeiten des 8. Bildes. Frau Yang verspricht anfangs, die allmähliche Verwandlung ihres Sohnes zu schildern, und setzt den Anlaß und Beginn seiner Besserung auf einen Zeitpunkt vor drei Monaten an. Das heißt, genau wo sich Ende des Berichts und Anfang der 1. Szene treffen, springt die Zeit um drei Monate zurück. Dieser dreimonatige Rückstand wird nun in kontinuierlicher Folge wieder ausgeglichen, aufgeholt. Die 2. Szene spielt in der dritten Woche, die folgende „am nächsten Samstag bei der Lohnauszahlung" (S. 84). Die 4. Szene wird von Frau Yang zeitlich nicht näher bestimmt; aber Sun hat sich für den Beweis, den er hier antritt, am Ausgang der 3. Szene „eine Probezeit von einer Woche" (S. 85) erbeten. Zum Schluß erklärt Frau Yang mit ihrem „Heute ist Sun ein ganz anderer Mensch als vor drei Monaten" den Rückstand für getilgt. Das szenische Geschehen ist erst am Ende des 8. Bildes zeitlich wieder an dem Punkt, an dem es zu Anfang des Bildes einsetzte.

Nun bezeichnet aber diese szenenweise und sprunghaft aufgeholte Zeitstrecke nicht die einzige Zeitdimension auf der Bühne. Mit dem Auftritt der Frau Yang ist zunächst schon der Zeitraum erreicht, den das 8. Bild als Ganzes im Ablauf des Stückes einnimmt. Während der 1. Szene ist dieser Zeitraum zwar gleichsam ein Vakuum, weil ihn niemand auf der Bühne mit seiner Gegenwärtigkeit füllt: Frau Yang ist als Szenenpartner drei Monate „jünger" geworden. In dem Augenblick aber, wo sie sich vom Szenenpartner in den Erzähler zurückverwandelt, hat sie wieder ihr „normales" Alter erlangt: der Zeitraum des Bildganzen ist wieder „körperhaft". Er bleibt es von nun an durch alle Szenen hindurch, kraft der bloßen Anwesenheit der „normalaltrigen" Frau Yang und ihrer Zwischenbemerkungen, die teilweise in die Szenen selbst einfallen, und zwar aus der Perspektive des zu Anfang und Ende des Bildes gegebenen „Heute".

Es bestehen somit auf der Bühne zugleich zwei Zeitdimensionen: die des Szenischen und die des Berichterstatters. *Die Bühne bekommt der temporalen Struktur nach Simultanbühnencharakter.*

Rivalität zweier ästhetischer Sphären

So hat sich am 8. Bild des „Guten Menschen von Sezuan" gezeigt, daß jedem der beiden Bühnenorte eine bestimmte Zeitdimension zugeordnet ist: dem neu-

---

[46] Die Reichertsche Inszenierung in Wuppertal brachte von Anfang des Bildes an die in der Fabrik arbeitenden Männer, Frauen und Kinder auf die Bühne und ließ die einzelnen Szenen davor abrollen (wobei die beteiligten Personen aus der sitzenden Gruppe der Arbeiter jeweils heraustraten). Sie stellte die Berichterstatterin Frau Yang an einen seitlichen Pfeiler an der Rampe, ließ sie aber für die Dauer ihres Berichtes zur Mitte der Rampe vortreten.

tralen Ort die des epischen Erzählers, dem durch die Bühnendekoration gegebenen Schauplatz die dramatisch-szenische. Es stehen sich also auf der Bühne zwei Realitätssphären gegenüber. Wir haben deshalb jetzt in eine grundsätzliche Erörterung des Realitätsproblems einzutreten.

Dagobert Frey (Zuschauer und Bühne, eine Untersuchung über das Realitätsproblem des Schauspiels [47]) nennt die „Realität des Schauspiels, die im vollen Miterleben für den Spieler wie für den Zuschauer echten Wirklichkeitscharakter besitzt oder zumindest besitzen kann", die „ästhetische Realität"[48]. Er bezeichnet „die Zeit des Spielablaufes" als „zwar gegenwärtig, aber nicht identisch mit der Zeit des eigenen Lebensablaufes von Spielern und Zuschauern, aus dem sie vielmehr herausgehoben erscheint, indem sie einen vergangenen Zeitabschnitt bedeutet, der durch die schauspielerische Darstellung in die Gegenwart gehoben wird"[49]. Frey erkennt „ein polares Spannungsverhältnis zwischen der Lebensrealität des Zuschauers und der ästhetischen Realität des Schauspiels" und dieses Verhältnis „als das Grundproblem des Theaters schlechthin sowohl im literarischen als bildkünstlerischen Sinne"[50].

Wir werden auf dieses „Spanungsverhältnis, das für die Entwicklungsmöglichkeiten des Dramas von entscheidender Bedeutung ist"[51], näher eingehen in unserem entwicklungsgeschichtlichen Teil. Uns interessiert hier zunächst das Problem der „ästhetischen Realität" des Dramas. Und da erweist sich nun dieser Begriff Freys als differenzierungsbedürftig.

Wir hatten am Beispiel des 8. Bildes im „Guten Menschen" gesehen, daß auf der Bühne (im Drama) zwei Realitätssphären nebeneinander bestehen: die dramatisch-szenische und die des epischen Erzählers. Frey spricht wohl davon, „daß das Schauspiel neben der lyrischen Wurzel auch eine epische hat" und daß „die epische Darstellung ... das Geschehen rein objektiv als etwas zeitlich und räumlich Distanziertes"[52] gibt. Wir müssen aber in unserem Fall die Sonderung von dramatischen und epischen Elementen, nämlich ein Spannungsverhältnis innerhalb der „ästhetischen Realität" selbst, stärker beachten. Von einer Einheitlichkeit der ästhetischen Realität kann bei Brecht ohne weiteres nicht gesprochen werden.

Zwar wird ebenso wie durch das szenische Spiel auch durch den epischen Bericht ein vergangener Zeitabschnitt durch den Schauspieler „in die Gegenwart gehoben", jedoch beim epischen Bericht nur durch die Rede, beim szenischen Vorgang aber zugleich durch schauspielerische Verkörperungen, durch Mimik und Bewegungen sowie durch abbildhafte Bühnendekoration[53]. Einmal ist das

---

[47] In: Kunstwissenschaftliche Grundfragen, Wien 1946, S. 151—223.
[48] Daselbst, S. 166. [49] Daselbst.
[50] Daselbst, S. 167. [51] Daselbst.
[52] Daselbst, S. 164.
[53] Käte Hamburgers Aufsatz „Zum Strukturproblem der epischen und dramatischen Dichtung" (DVj., Jg. 25, 1951, S. 1—26) berücksichtigt nicht das Auftreten eines Erzählers im Drama und den dadurch entstehenden komplizierteren Sachverhalt. Auch ihre These, „daß das Präteritum der epischen oder erzählenden Dichtung keine Vergangenheitsaussage bedeutet" (Das epische Präteritum, DVj., Jg. 27, 1953, S. 329—357, Zit. S. 329), ist hier nicht anwendbar. Des Sängers Blättern im „abgegriffenen Textbüchlein" (Kauk. Kreidekr.) markiert unzweideutig den Vergangenheitscharakter der vergegenwärtigten Vorgänge. — K. Hamburger wiederholt und er-

Geschehen der Vergangenheit durch die Vorstellungskraft des Zuschauers gleichsam lebendig, wirklich zu machen, während es das anderemal bereits anschaulich, körper- und dinghaft realisiert erscheint. Der Vergegenwärtigungsprozeß auf der Basis des epischen Berichts gibt also von sich aus Realität nur in der Sprache und kann nur vom nachvollziehenden Zuschauer mit weiterer, „sinnlicher" Realität aufgefüllt werden.

So ist — um den Gegensatz zu pointieren — die dramatisch-ästhetische Sphäre des Dramas gekennzeichnet durch relative Realitätsfülle und die episch-ästhetische Sphäre durch relative Realitätsarmut. Die erste erscheint als das Vorgängliche selbst und befriedigt ein visuell-sinnliches Bedürfnis des Zuschauers — die zweite deutet nur auf Vorgängliches und beansprucht seine Vorstellungskraft. Die eine steht unter dem Gesetz der Darstellung, die andere unter dem Gesetz der Mitteilung.

Bezieht sich dieser Gegensatz der Realitätssphären auf die räumlich-sinnliche Aktualität des Vergegenwärtigten, so ergibt sich ein anderer Gegensatz in der zeitlichen Aktualität. Der „vergangene Zeitabschnitt" wird, wie wir sahen, im Szenischen *unter anderem* durch die Rede (der dramatischen Figuren), im epischen Bericht *ausschließlich* durch die Rede (des Berichterstatters) aktuell. Nun hat aber die Rede selbst in beiden Fällen eine unterschiedliche Intensität der Vergegenwärtigung. Dort ist ihre Zeitform durchweg das Präsens (ein gesprochener Dialog hat eo ipso Präsenscharakter), hier meistens das Imperfekt. Durch das Tempus der dramatischen Rede erscheint also die Vergangenheit auf den Zeitstand des Zuschauers gleichsam nivelliert, während sie durch das Tempus der epischen Rede auf ihrer Zeitstufe belassen wird. Auch im Zeitlichen muß der Zuschauer den Prozeß der Vergegenwärtigung intensivieren, realisieren.

Da nun die beiden Realitätssphären einander des öfteren ablösen, entsteht ein das Publikum miterfassendes Spannungsverhältnis zwischen beiden — ein Spannungsverhältnis zwischen dem „Modus der Wahrnehmung" und dem „Modus der Vorstellung"[54], wobei abwechselnd der eine das Feld der Spannung gegenüber dem anderen beherrscht. Im „Kaukasischen Kreidekreis" ist dieses Rivalisieren der beiden Realitätssphären durchgängig zu beobachten. Hier aber zeigt sich auch am deutlichsten, daß es sich letztlich nicht um gleichgewichtige Spannungspole handelt.

Denn dadurch, daß sich der Sänger vor der Bühne befindet (wie Frau Yang an der Rampe), dadurch, daß er dem Zuschauer näher steht und ihn als unmittelbaren Partner anspricht und verpflichtet, dadurch schließlich, daß er das szenische Geschehen dirigiert und kommentiert, erscheint er dem Zuschauer als über dem Szenischen stehend und als der eigentlich authentische, objektive der beiden Pole. Das bedeutet grundsätzlich Hegemonie der realitätsarmen über die realitätsgefüllte Sphäre: das dramatische Gefüge wird auf die epische Instanz hingeordnet, das epische Gesetz bricht das dramatische.

Ein so paradoxes Verhältnis (Realitätsarmut ist der Realitätsfülle überlegen, „distanziert" sie) schließt nun aber notwendig eine Entzauberung der Realitätsfülle ein: die dramatische Sphäre wird ihres „echten Wirklichkeitscharakters"

---

weitert ihre wichtigsten Thesen in ihrem Buch „Die Logik der Dichtung", Stuttgart (1957).
[54] Zwei Begriffe Käte Hamburgers. Vgl. „Logik der Dichtung", S. 119.

entkleidet. Der Prozeß der Vergegenwärtigung und damit die ästhetische Realität wird in sich widersprüchlich. Diese Widersprüchlichkeit im Räumlich-Sinnlichen wird noch dadurch akzentuiert, daß die vorwiegende Zeitform der episch-ästhetischen Sphäre das Imperfekt ist, daß sich die Vergegenwärtigung zeitlich selbst aufhebt.

So ist also hier die ästhetische Realität gekennzeichnet durch die Rivalität zweier Sphären, wobei Vergegenwärtigtes immer wieder in die Vergangenheit entfernt bzw. Realität als künstlerische Fiktion durchsichtig gemacht wird. Das Szenische, die Handlung wird distanziert.

b) Der Erzähler als Regisseur

Bleiben wir mit unserer Untersuchung nun im „Kaukasischen Kreidekreis"! Schon in der Einführung zu diesem Kapitel wurde darauf hingewiesen, daß der Sänger nicht nur als reiner Berichterstatter erscheint.

Als die Magd Grusche das bedrohte Kind des gestürzten Gouverneurs gerettet hat und mit ihm ins Gebirge geflohen ist, zwingen sie unterwegs Not und Mangel, das Kind heimlich einer Bauernfamilie unterzuschieben, obwohl sie es inzwischen liebgewonnen hat. In der Nähe der Bauernhütte stößt sie jedoch auf zwei Panzerreiter, die sie und den Sohn des Gouverneurs verfolgen. Während sie nun von den Panzerreitern über „ein gewisses Kind in dieser Gegend" vernommen wird, schaltet sich unvermittelt der Sänger ein:

„Lauf, Freundliche, die Töter kommen!
Hilf dem Hilflosen, Hilflose! Und so läuft sie.
(Sie wendet sich plötzlich und läuft in panischem Entsetzen weg, zurück.)" (S. 38)

Der Text des Sängers ist in zwei Teile gegliedert, die durch eine jeweils andere Haltung des Sängers gekennzeichnet sind. Der erste Teil drückt eine Wendung zu Grusche, also zur Bühne aus, der zweite („Und so läuft sie") ist als reiner Bericht zum Publikum gesprochen. Unsere Aufmerksamkeit gilt zunächst dem ersten Teil.

Die Aufforderung an Grusche, davonzulaufen und dem Kind zu helfen, scheint eine erregte Anteilnahme des Sängers an der Gefahr, in der sowohl das Kind wie Grusche schweben, und den Impuls zu einer freundschaftlichen Warnung zu verraten. Der Sänger wäre also in die Stelle eines Partners, und zwar eines „Bundesgenossen" der Grusche gerückt.

Aber das Imperativische der Warnung läßt auch noch eine andere Deutung zu. Zumeist bleibt ja der Sänger in bloß kommentierender bzw. berichtender Haltung, „blättert in einem abgegriffenen Textbüchlein". *Er* ist es, der die Geschichte und Ereignisse aus der Vergangenheit hervorholt, der dem Publikum das Schauspiel bereitet. Nach seinem Willen treten die Spieler auf und ab. Er ist also Führer durch die Handlung, er inszeniert das Geschehen „alter Zeit, ... blutiger Zeit" noch einmal vor den Augen des Publikums.

Nun wird für unser Textbeispiel der Nachsatz „Und so läuft sie" besonders wichtig. Die Tatsache, daß er sichtbar nicht vom zweiten Imperativsatz getrennt ist, nicht einmal durch einen Zeilenabstand, deutet darauf hin, daß die Unterschiede in der Haltung des Sängers nicht zu sehr betont werden dürfen. Dem Berichterstatter im Nachsatz darf also nicht ein erregter, von der Gefahr-

Situation hingerissener „Szenenpartner" in den Imperativsätzen entgegengesetzt werden. Der ruhige, sachliche Charakter des Nachsatzes spricht dafür, daß auch den Imperativsätzen eine mehr distanzierte und überlegene Haltung des Sängers zugrunde liegt. Mit anderen Worten: der Sänger gäbe sich hier ausdrücklich in seiner beherrschenden, das Bühnengeschehen dirigierenden Stellung zu erkennen — als Regisseur.

Noch ausgeprägter erscheint diese Funktion des Sängers gegenüber einem pantomimischen Vorgang, bei dem der gestürzte Gouverneur Abaschwili aus seinem Palast geführt wird:

„(gefesselt, mit grauem Gesicht, zwischen zwei Soldaten, die bis an die Zähne bewaffnet sind.)"

Der Sänger:
„Auf immer, großer Herr! Geruhe, aufrecht zu gehen!
Aus deinem Palast folgen dir die Augen vieler Feinde!
Du brauchst keine Baumeister mehr, es genügt ein Schreiner.
Du ziehst in keinen neuen Palast mehr, sondern in ein kleines Erdloch.
Sieh dich noch einmal um, Blinder!
(Der Verhaftete blickt sich um.)" (S. 19)

Auch hier könnte man, den Text nur als Schmähung begreifend, aus den Worten des Sängers auf einen Handlungspartner, und zwar einen höhnischen Widersacher des Gouverneurs schließen. Denn aus den beiden Befehlssätzen „Geruhe, aufrecht zu gehen!" und „Sieh dich noch einmal um, Blinder!" spricht ein gewisser Sarkasmus. Aber es wird weiter unten noch deutlich werden, wie der Sänger durchaus Partei ergreifen kann, ohne deshalb grundsätzlich seinen Abstand einzubüßen und seinen „idealen" mittleren Ort aufzugeben. Vor allem aber ist nicht zu übersehen, daß der Verhaftete dem Befehl, sich noch einmal umzublicken, gehorsam nachkommt, was er im Falle einer bloßen Schmähung schwerlich tun würde. In der Berliner Aufführung folgte der Gouverneur der Aufforderung fast marionettenhaft. Brechts Inszenierung unterstreicht damit, daß der Imperativ des Sängers als eine Art Regieanweisung zu verstehen ist. Regieanweisung und Regisseur treten also hier als Verdinglichung einer Funktion auf, die von der fertigen Aufführung an sich längst absorbiert ist, sie repräsentieren den Gestaltungsprozeß (die Probenarbeit). Das Drama als Aufführung stellt sich so als „Organismus" selbst in Frage und betont den Spiel-Charakter alles Szenischen.

c) Das epische Präsens

Unbeachtet blieb soeben die Tatsache, daß die Rede des Sängers aus dem Imperfekt ins Präsens fiel. Ein solcher Wechsel der Zeitform kann ein Heraustreten aus einer lediglich berichtenden Haltung bedeuten und ist im „Kaukasischen Kreidekreis" in mehrfacher Hinsicht zu unterscheiden.

Während der „Flucht in die nördlichen Gebirge" wird eine Szene wie folgt eingeleitet und erläutert:

„*Der Sänger:*
Als Grusche Vachnadze an den Fluß Sirra kam
Wurde die Flucht ihr zuviel, der Hilflose ihr zu schwer.

Die Musiker:

In den Maisfeldern die rosige Frühe
Ist dem Übernächtigen nichts als kalt. Der Milchgeschirre
Fröhliches Klirren im Bauerngehöft, von dem Rauch aufsteigt
Klingt dem Flüchtling drohend. Die das Kind schleppt
Fühlt die Bürde und wenig mehr." (S. 36)

Der Vorgang der folgenden Szene ist: Kindesaussetzung. Grusche, die das verlassene Kind des Gouverneurs aus höchster Gefahr gerettet hat, ist auf der Flucht der Erschöpfung nahe. Sie hat weder Windeln noch Nahrung und legt deshalb das Kind einer Bauersfrau, die „freundlich" aussieht und bei der „es nach Milch riecht", heimlich vor die Tür. Da sie das Kind noch nicht als ihr eigenes ansieht, ist ihr Handeln immerhin verständlich. Trotzdem liegt der zwielichtige Tatbestand einer Kindesaussetzung vor. Auf das Faktum der Szene deutet nüchtern der im Imperfekt gehaltene Bericht des Sängers. Dann aber bricht die Erläuterung bei den Musikern ins Präsens um. Der Kommentar rückt dem szenischen Vorgang nahe, sucht das Verhalten der scheinbar unmenschlichen Grusche aus der gegebenen Situation zu erklären und zwingt so den Zuschauer, sein Urteil über die Tat wohl abzuwägen.

Grusches Flucht leitet die Sängergruppe erzählend so ein:

„*Der Sänger:*

Als Grusche Vachnadze aus der Stadt ging
Auf der grusinischen Heerstraße
Auf dem Weg in die nördlichen Gebirge
Sang sie ein Lied, kaufte Milch.

Die Musiker:

Wie will die Menschliche entkommen
Den Bluthunden, den Fallenstellern?
In die menschenleeren Gebirge wanderte sie
Auf der grusinischen Heerstraße wanderte sie
Sang sie ein Lied, kaufte Milch." (S. 28)

Hier ist das Präsens in einem einzigen Satz (der Musiker) besonders auffällig. Der Zuschauer hat in der vorhergehenden Szene die unmittelbare Bedrohung des Kindes erfahren. Der Umbruch ins Präsens bedeutet deshalb zunächst, daß die Musiker eine natürliche Frage des Publikums aufnehmen, daß sie sich den Standpunkt des erwartungsvollen Zuschauers zu eigen gemacht und also im Publikum „Platz genommen" haben.

Nicht darf der Umbruch ins Präsens als ein Kunstgriff verstanden werden, das angeregte Interesse des Zuschauers wachzuhalten. Eine nähere Betrachtung der Frage zeigt, daß es sich hierbei schwerlich um ein Spannungsmittel handelt. Das antithetische Moment der beiden Satzglieder ist nicht zu übersehen. Die „Menschliche" in der ersten Zeile steht den „Bluthunden" in der zweiten gegenüber (Menschliches dem bösartig Tierischen) — sie steht aber auch den „Fallenstellern" gegenüber, wodurch die Antithese noch eine weitere Dimension bekommt. Nunmehr ist — so wäre der Satz zu ergänzen — das menschliche Wild den Tieren in Menschengestalt gegenübergestellt.

Doch bleibt festzuhalten, daß der Satz der Musiker durchaus eine selbstverständliche Frage des Publikums übernimmt, nämlich die: Wie wird Grusche mit dem Kind, wie wird die Fliehende den Panzerreitern entkommen? Indem aber nun Verfolgte und Verfolger näher charakterisiert werden, geben die Musiker der Frage des Zuschauers einen wertenden Akzent.

Sahen wir den Sänger (bzw. die Musiker) beim ersten Beispiel dem Bühnengeschehen sich nähern und beim zweiten dem Zuschauer sich anpassen, so werden wir ihn jetzt wieder an seinem Platz zwischen Bühne und Publikum finden. Nachdem der Anschlag des Fürsten Kazbeki ausgeführt ist, hört man den Sänger:

„O Blindheit der Großen! Sie wandeln wie Ewige
Groß auf gebeugten Nacken, sicher
Der gemieteten Fäuste, vertrauend
Der Gewalt, die so lang schon gedauert hat.
Aber lang ist nicht ewig.
O Wechsel der Zeiten! Du Hoffnung des Volks!" (S. 19)

Hiermit ist eine pantomimische Handlung (der Gouverneur wird gefesselt aus seinem Palast geführt) in ihrer gleichnishaften Bedeutung festgelegt. Der Sänger deutet das markante, aber im Handlungsganzen allenfalls expositionshafte Geschehen als einen gesellschaftlich-politischen Vorgang von exemplarischer Sinnfälligkeit. Er ergreift Partei gegen die „Großen". Er will durch nichts die Gegenwärtigkeit des Szenischen in Frage stellen, im Gegenteil: er wird sie noch zu erhärten suchen durch die folgende unmittelbare Anrede an den Gouverneur („Auf immer, großer Herr! Geruhe aufrecht zu gehen!" usw.). Ein vergangener Vorgang, der den Beifall des Sängers hat, wird wegen seiner beispielhaften Einprägsamkeit also bewußt aktualisiert.

Aber trotz allem bewahrt der Sänger doch den epischen Abstand: er läßt sich von dem Vorgang nicht hinreißen. Als der gefesselte Gouverneur abgeführt worden ist, kommentiert er die Folgen des Aufstands:

„Wenn das Haus eines Großen zusammenbricht
Werden viele Kleine erschlagen.
Die das Glück der Mächtigen nicht teilten
Teilen oft ihr Unglück..." (S. 19)

Der hier erläuterte Sachverhalt hat durchaus die Billigung des Sängers eingebüßt. Und doch zwingt ihn seine Deutung im Falle des gefesselten Gouverneurs, nunmehr — will er dem Vorgang sein exemplarisches Gewicht belassen und die „historische" Wirklichkeit in ihrer ganzen Widersprüchlichkeit aufdecken — die Aktualisierung auch dem negativen Sachverhalt zukommen zu lassen. Denn der Vorgang wird erst in seiner komplexen Gestalt exemplarisch und überzeugend.

Selbst im Falle der Parteinahme wird also der Kommentar des Sängers nicht „plakativ".

Trotz der dreifachen Unterscheidung läßt sich, zusammengefaßt, der Wechsel der Zeitform bei der Sängergruppe so auslegen: Immer bedeutet der Umbruch ins Präsens eine gewisse Aktualisierung der szenischen Vorgänge. Sie ist die

Ausnahme der Regel: nämlich einer Rückführung der (als gegenwärtig erscheinenden) Handlung ins Imperfekt. Sie findet statt an Stellen des Dramas, wo der Zuschauer für bestimmte Figuren, für ihr Verhalten oder für beispielhafte Vorgänge gewonnen werden soll in der Weise, daß er auf den sozialen Kern und die Widersprüchlichkeit der Situation aufmerksam gemacht und zu *kritischem, nicht spontanem Urteil angeregt* wird.

d) Konfrontation von Handlung und Zuschauer

War bisher allenfalls von einer Annäherung der Sängergruppe an das Handlungsgeschehen zu sprechen, so werden wir nun Beispiele einer Art Mitwirkung kennenlernen.

Als sich am Ende des dritten „Akts" Grusche und der zurückgekehrte Simon gegenüberstehen, als Grusche verzweifelt zu erklären sucht, weshalb sie verheiratet ist, und als Simon enttäuscht und noch unschlüssig dasteht, fällt der Sänger ein:

„Soviel Worte werden gesagt, soviel Worte werden verschwiegen
Der Soldat ist gekommen. Woher er gekommen ist, sagt er nicht.
Hört, was er dachte, nicht sagte: ..." (S. 60)

Es folgt des Sängers Schilderung der Schlacht und der entsetzlichen Erlebnisse Simons, während Simon selbst vor sich hinstarrt und an einem Holzstück schnitzt.

Nach einem sich anschließenden Dialog zwischen Simon und Grusche, der die Rede auch auf das Kind bringt und Simons Mißtrauen noch verschärft, sagt der Sänger ins Schweigen hinein:

„Sehnsucht hat es gegeben, gewartet worden ist nicht.
Der Eid ist gebrochen. Warum, wird nicht mitgeteilt.
Hört, was sie dachte, nicht sagte: ..." (S. 60)

Nun berichtet der Sänger an Grusches Statt, wie sie das Kind hilflos gefunden und an sich genommen hat. Grusche sieht währenddessen in ihren Schoß.

In beiden Fällen ist deutlich eine Unterbrechung der Handlung gegeben, ähnlich den Unterbrechungen vermittels der Songs. Ein Fortgang des Bühnengeschehens liegt zwar insofern vor, als Simon und Grusche in nachdenklicher Haltung vor sich hinsehen (was durch ihre Verlegenheit motiviert erscheint) — aber die Äußerlichkeit der Motivation ist doch unverkennbar (irgend etwas müssen die Schauspieler auf der Bühne ja tun, während der Sänger das Wort hat).

Ganz eindeutig als Unterbrechung der Handlung erlebt der Zuschauer einen solchen Gedanken-Bericht des Sängers bei einem dritten Beispiel: als Grusche vor Gericht auf die verfängliche Frage des Richters, ob sie das Kind nicht lieber reich und im Palast wohnend sähe, zornig schweigt und als der Sänger ihre unausgesprochene Antwort singt: „Ginge es in goldnen Schuhn" usw. (S. 92). Da sich hier ganze Gruppen von Personen auf der Bühne befinden, kann die Handlungspause während des Sänger-Liedes schlecht für jede einzelne Person begründet werden. So standen bei der Berliner Inszenierung in dieser Zeit die Schauspieler — anwesend und abwesend zugleich — wie angewurzelt da. Die Unterbrechung des Szenischen war augenfällig.

Wenden wir uns nun der Aufgabe des Sängers zu! Indem der Sänger die Gedanken der Figuren übernimmt und ausspricht, tritt er gleichsam neben die Figuren: als ihr anderes Ich. Und zwar als jenes Ich, das sich nur dem Zuschauer mitteilt. Der Sänger ermöglicht also der handelnden Figur eine Teilung ihrer Personalität: während sie mit der einen Hälfte — etwa am Holzstück schnitzend oder in den Schoß blickend — Partner im szenischen Gefüge bleibt, wird sie mit der anderen Hälfte und durch den Mund des Sängers Partner des Publikums. Denn wohlgemerkt: eine szenische Reaktion auf die vom Sänger „ausgeplauderten" Gedanken der Figuren findet nicht statt. Damit verschafft der Sänger zugleich dem Publikum etwas wie die Fähigkeit des „Gedankenlesens". *Der Zuschauer entnimmt den Figuren mehr, als sie in die Handlung hineingeben.*

Noch mehr abgestuft wird die Partnerschaft handlungsfremder Instanzen im folgenden Falle: Als Grusche das Kind ausgesetzt hat, aber in guten Händen weiß, heißt es:

„(Grusche kommt hinter dem Baum vor, lacht und eilt weg, in umgekehrter Richtung.)

Der Sänger:
Warum heiter, Heimkehrerin?

Die Musiker:
Weil der Hilflose sich
Neue Eltern angelacht hat, bin ich heiter. Weil ich den Lieben
Los bin, freue ich mich.

Der Sänger:
Und warum traurig?

Die Musiker:
Weil ich frei und ledig gehe, bin ich traurig.
Wie ein Beraubter
Wie ein Verarmter.

(Sie ist erst eine kurze Strecke gegangen, wenn sie den zwei Panzerreitern begegnet, die ihre Spieße vorhalten.)" (S. 37)

Die Berliner Inszenierung machte diesen Handlungsverlauf zwischen der Aufnahme des Kindes durch die Bauernfamilie und Grusches Zusammentreffen mit den Panzerreitern zu einer eigenen Szene: die Bühne drehte sich, fuhr die Bauernhütte hinweg und brachte wieder die leere grusinische Heerstraße heran.

Stellten die vorhergehenden Beispiele besondere Lösungen des sog. Aparte dar, so liegt in dieser Szene ein ästhetisches Problem vor, das vom neuzeitlichen Kunstdrama durch den Monolog gelöst zu werden pflegt.

Petsch sagt vom Monolog: „Keine andere Darbietungsform des Dramas ist in alten und neuen Zeiten so häufig angefochten worden wie das Selbstgespräch."[55] Da der Monolog „nur von dem Zuschauer vernommen werden soll", neigt er immer dazu, die Geschlossenheit des dramatischen „Organismus" zu zerbrechen.

---

[55] R. Petsch, a.a.O., S. 361.

In unseren Beispielen ist die Geschlossenheit des Dramas als Handlung bewußt gesprengt und im letzten Fall das Monolog-Problem auf sublime Weise angegangen. Durch die Technik eines Rollen-Tausches und einer Rollen-Teilung wird die Sängergruppe, kraft ihrer Mittlerstellung zwischen Bühne und Publikum, zum Reflektor der Gedanken einer dramatischen Figur: solcherweise ein bloß pantomimisches Geschehen mit Sinn auffüllend.

Wir halten allgemein fest: Wird die Geschlossenheit des „Dramas als Handlung" durchbrochen, so muß damit nicht notwendig ein Verlust an formalästhetischer Qualität einhergehen. Die Aufbauprinzipien einer offenen Dramaturgie können im Gegenteil die Befreiung und Verfeinerung dramaturgischer Formen herbeiführen, die sich nur widerstrebend in das geschlossene Gefüge des neuzeitlichen Kunstdramas einfügen.

Genauer betrachtet, zeigt das letzte Beispiel sogar einen Fall artistischer Zuspitzung. Denn ein Dialog findet statt, obwohl nur eine dramatische Figur gegenwärtig ist und darüber hinaus diese Figur faktisch nicht einmal am Gespräch teilnimmt. Ein sehr differenzierter Funktionswechsel geht vor sich. Die Sängergruppe begibt sich — idealiter — auf die Bühne: in die gegenwärtige Situation der Handlung. Sie teilt sich. Der Sänger wird zum fragenden Partner Grusches. Die Musiker werden zu ihrem anderen Ich, übernehmen antwortend ihre Rolle. Die Sängergruppe wird somit zum Dialog- und Handlungsträger.

Nun ist aber die Frage des Sängers „Warum heiter, Heimkehrerin?" eben jene etwas verwunderte Frage, die auch der Zuschauer auf den Lippen und zu der er allen Anlaß hat. Denn Grusche hat das Kind nur notgedrungen, nicht freudig weggegeben. Mit dieser Frage also macht der Sänger — sich in die Handlung einmischend — den Zuschauer zum verwunderten, unzufriedenen Partner, genauer Gegenspieler der (durch die Musiker vertretenen) Grusche. Das bedeutet: *Der Zuschauer wird mit der Situation der dramatischen Figur konfrontiert.*

Zusammenfassung

In der Einführung zu diesem Kapitel wurde festgestellt, daß der Sänger im „Kaukasischen Kreidekreis" vor allem als Erzähler auftritt, daß aber diese Tätigkeit von einer Reihe anderer Funktionen überlagert ist. Von seinem vorwiegenden Verhältnis zum Drama als Bühnenhandlung ausgehend, stießen wir auf das *Raum-Zeit-Problem.* Dabei ergab sich zunächst:

1. Der „ideale" Ort der Sängergruppe ist der Schnittpunkt von Bühne und Zuschauerraum.

2. Der Sänger, da er unbeschränkt über das Geschehen verfügt, verfolgt zwei zeitlich ineinandergewirkte Handlungsstränge für sich und durchbricht so das Kontinuum der Zeit. Szenen werden vertauschbar, ohne daß der Sinnzusammenhang des Dramas gestört würde.

Dann wurde das Problem am 8. Bild des „Guten Menschen von Sezuan" weiterverfolgt, wo Frau Yang (wenn auch auf der Bühne selbst) in derselben Eigenschaft auftritt wie der Sänger des „Kaukasischen Kreidekreises": als Erzähler. Hier ergab sich, in zeitlicher Hinsicht noch eindeutiger belegt als in räumlicher, ein weiterer Gesichtspunkt:

3. Die Bühne bekommt vorübergehend Simultanbühnen-Charakter.

Das *Problem der ästhetischen Realität* tauchte auf. Wir erkannten:

1. Die ästhetische Realität des Dramas (als Aufführung) ist nicht einheitlich zu bestimmen; es sind zwei Sphären zu unterscheiden: die dramatisch-ästhetische und die episch-ästhetische.

2. Die dramatisch-ästhetische Sphäre ist gekennzeichnet durch relative Realitätsfülle, sie gibt dinghafte Realität und befriedigt ein sinnliches (visuelles) Bedürfnis des Zuschauers; vorherrschend ist der „Modus der Wahrnehmung". Sie erscheint als Vorgängliches selbst und steht unter dem Gesetz der Darstellung.

3. Die episch-ästhetische Sphäre ist verhältnismäßig realitätsarm, sie bietet dem Zuschauer Realität „nur" im Wort; ihr eignet der „Modus der Vorstellung". Sie deutet nur auf Vorgängliches und steht unter dem Gesetz der Mitteilung.

4. Die ästhetische Realität ist geprägt durch die Rivalität dieser beiden Sphären, wobei vorübergehend der epische Pol bestimmend wird gegenüber dem dramatischen. Die dramatische Sphäre (oder Ebene) wird ihres echten Gegenwärtigkeits- und Wirklichkeitscharakters beraubt, der versinnlichte Vorgang in die Vergangenheit entrückt bzw. als fiktiver Vorgang enthüllt: die Handlung wird distanziert.

*

Die Untersuchung wurde dann in den „Kaukasischen Kreidekreis" zurückverlegt. Wir beobachteten den Sänger bei regieähnlichen Anweisungen und in einer das Handlungsgeschehen dirigierenden Tätigkeit: als Spielleiter oder Regisseur. Das Drama als Aufführung weist noch — künstlerisch akzentuierte — Spuren des Gestaltungsprozesses (der Probenarbeit) auf und unterstreicht seinen Spiel-Charakter.

*

Von der Tatsache, daß der Text der Sängergruppe zuweilen aus dem Imperfekt ins Präsens fällt, schlossen wir auf eine — nur als Ausnahme geltende — Aktualisierung der Handlung. Als Motive ergaben sich ein Sympathisieren mit gewissen Figuren, ein Werten sowie eine Parteinahme des Sängers.

*

Schließlich sahen wir die Sängergruppe als „Mitwirkende" und beobachteten eine artistische Lösung des Monolog-Problems. Der Zuschauer entnimmt den Figuren mehr, als sie handelnd oder sprechend ausdrücken. Er wird zum verwunderten Partner, besser Gegenspieler der dramatischen Figur und unmittelbar mit ihrer Situation konfrontiert.

Es bleibt zu ergänzen, daß sich dieses Moment einer Konfrontation von Handlung und Publikum immer dann ergibt, wenn der — als gegenwärtig erlebte — szenische Vorgang mittels epischer, publikumgerichteter dramaturgischer Formen in die Vergangenheit gewiesen bzw. dem Zuschauer entfernt wird. Aus dem gleichzeitigen Da-sein und Entfernt-sein der Handlung folgt, daß der Zuschauer — ohne Möglichkeit eines „Personenaustausches" mit den dramatischen Figuren — ihr gegenübersteht. *Distanzierung der Handlung bedeutet also Konfrontation von Bühne und Publikum.*

Exkurs: *Die fragmentarisch entwickelte Belehrungstendenz*

Beim Kommentar zum Sturz des Gouverneurs Abaschwili zeigte sich, daß der Sänger durchaus Partei gegen die „Großen" und für die „Kleinen", also für eine Klasse nimmt, aber die gesellschaftliche Wirklichkeit eines Umsturzes nicht um der Propagandawirkung eines szenischen Vorgangs willen ihrer Widersprüche entkleidet und tendenziös verzerrt. Die marxistische Unterscheidung von zwei Klassen, von „Oberen" und „Unteren", dieses Grundmuster Brechtscher Weltanschauung, wurde bei der Berliner Aufführung des „Kaukasischen Kreidekreises" äußerlich sinnfällig dadurch, daß die Angehörigen der herrschenden Schicht samt ihren Söldnern (den Panzerreitern) Gesichtsmasken trugen. Ob aber wirklich eine Vereinfachung vorliegt, kann an der Figur des Richters Azdak und dem Problem seiner Rechtsprechung am bündigsten geprüft werden.

Adzak (in Berlin hervorragend dargestellt von Ernst Busch) ist in den Wirren des Umsturzes vom Dorfschreiber zum Richter berufen worden. Er übt sein Amt in Grusinien in der Weise aus, daß er — selbst ein Mann der unteren Schicht — die Armen und Besitzlosen grundsätzlich bevorteilt. Der Sänger mit seinen Musikern kommentiert so:

> „Als die Obern sich zerstritten
> War'n die Untern froh, sie litten
> Nicht mehr gar so viel Gibher und Abgezwack.
> Auf Grusiniens bunten Straßen
> Gut versehn mit falschen Maßen
> Zog der Armeleuterichter, der Azdak.
>
> Und er nahm es von den Reichen
> Und er gab es Seinesgleichen
> Und sein Zeichen war die Zähr' aus Siegellack.
> Und beschirmet von Gelichter
> Zog der gute schlechte Richter
> Mütterchen Grusiniens, der Azdak." (S. 77)

Offensichtlich steht die Sängergruppe auf der Seite jener „Untern", die dank Azdaks parteiischer Rechtsprechung „nicht mehr gar so viel" leiden. Aber wie wird diese Rechtsprechung benannt? Als „versehn mit falschen Maßen". Und wie wird Azdak selbst bezeichnet? Als „der gute schlechte Richter", „beschirmet von Gelichter". Der eindeutigen Billigung der Folgen entspricht nicht eine ebenso uneingeschränkte Billigung der Mittel: die Rechtsprechung ist sofort in Frage gestellt, widersprüchlich geworden.

Hören wir noch den abschließenden Kommentar zur Gerichtspraxis des Azdak:

> „Und so brach er die Gesetze wie ein Brot, daß es sie letze
> Bracht das Volk ans Ufer auf des Rechtes Wrack.
> Und die Niedren und Gemeinen hatten endlich, endlich einen
> Den die leere Hand bestochen, den Azdak.
>
> Siebenhundertzwanzig Tage maß er mit gefälschter Waage
> Ihre Klage, und er sprach wie Pack zu Pack.
> Auf dem Richterstuhl, den Balken über sich von einem Galgen
> Teilte sein gezinktes Recht aus der Azdak." (S. 79)

Hier wird die Parteinahme der Sängergruppe noch genauer, werden die sozialen Auswirkungen der Rechtsprechung in dem „endlich, endlich" nachdrücklich befürwortet. *Die politische Tendenz wird greifbar. Und doch ist sie nicht handhabbar.* Denn sofort entzieht sie sich wieder jeder Faßlichkeit, ja, widerlegt sich selbst. Das Recht, „mit gefälschter Waage" gemessen und „gezinkt", wird zum bloßen „Wrack" gestempelt, erscheint wie von „Pack zu Pack" gesprochen.

Aber die Eindeutigkeit der Parteinahme stellt andererseits doch auch die Gültigkeit der Widerlegung in Frage. Das „endlich, endlich" schränkt die Ernsthaftigkeit der Bezeichnung „Pack" ein, macht sie zu einer Floskel, die auf ihre Berechtigung hin untersucht sein will. Ebenso wird der negative Ausdruck „Wrack" positiv dadurch, daß er für etwas steht, was immerhin „das Volk ans Ufer" brachte. Die Negation darf nicht für sich allein genommen werden, sie ist auf die Befürwortung, auf die „Tendenz" zu relativieren, stellt nur das sie heraustreibende, sie verschärfende Prinzip dar. Die Negation beinhaltet nicht zugleich eine Anerkennung des durch sie ausgesprochenen Urteils, genauer: sie enthält nur die scheinbare Anerkennung üblicher Urteile. Sie wird, scheinbar in Frage stellend, selbst in Frage gestellt. Die Widerlegung ist ironisch zu verstehen, die Lehre nur dialektisch zu erfassen.

Damit wäre der Kommentar der Sängergruppe etwa so auszulegen: Den Armen zu helfen, brach Azdak Gesetze, aber er brach sie wie Brot. Er nahm sich der Rechtlosen an, darüber wurde das Recht zum Wrack, aber es brachte das Volk ans Ufer. Er sprach Recht zum Vorteil der Niederen und Gemeinen, er sprach wie Pack zu Pack und war bestechlich, aber ihn bestach die leere Hand.

Alle Widersprüche laufen schließlich in der Frage zusammen, ob das „Recht" und die „Gesetze" wirklich Recht und Gesetze sind, ob sie Ewigkeitsanspruch besitzen und wie denn dringliches Recht und dringliche Gesetze eigentlich beschaffen sein müssen.

Eine solcherweise modifizierte und das Denkvermögen des Zuschauers so beanspruchende Lehre hat keine Eignung für parteilich-politische Losungen. Dennoch tritt sie — als Parteinahme — immer wieder vorübergehend offen, wenn auch sogleich gebrochen, zutage. Sie ist nicht mehr von den dramatischen Vorgängen aufgesogen, verborgen. Brecht selbst weist eine solche Verhüllung zurück:

„Der Ästhet mag zum Beispiel die Moral der Geschichte in die Vorgänge einsperren wollen und dem Dichter das Aussprechen von Urteilen verbieten. Aber der Grimmelshausen läßt sich das Moralisieren und Abstrahieren nicht verbieten, noch Dickens, noch Balzac." [56]

So wird also eine „Moral" durchaus bejaht. Sie wird ja auch in den Epilogen zu „Puntila" und zum „Kaukasischen Kreidekreis" offen ausgesprochen. Aber zumeist und im Rahmen der Handlung ist sie nur durch dialektische Denkschritte zu erfassen.

Die konkrete Lehre, in kunstvollen und mannigfachen, zum Teil ironischen Brechungen umspielt, bleibt fragmentarisch, ist nichts Fertiges: der Zuschauer hat sie aufzufinden und zu „ergänzen".

---

[56] Brecht, Weite und Vielfalt der realistischen Schreibweise, Versuche, Heft 13, S. 106.

4. ENTSCHLÜSSELUNG DER HANDLUNG
(DES GLEICHNISSES)

In allen drei bisherigen Kapiteln erwies sich die Brechtsche Dramaturgie als publikumgerichtet. Entweder war es eine Relativierung der Handlung auf einen umfassenderen zweiten Horizont, die den Zuschauer zum kritischen Beurteiler der Handlungsvorgänge machen sollte. Oder es war eine nur fingierte Partnerschaft dramatischer Mitfiguren, wodurch der „Sänger" den Zuschauer zum wahren Adressaten der Songs werden ließ. Schließlich war es im „Kaukasischen Kreidekreis" der Sänger, der sich in seiner Eigenschaft als Berichterstatter unmittelbar an den Zuschauer wandte.

Es hatte sich auch schon gezeigt, daß eine handelnde Figur plötzlich aus dem szenischen Gefüge heraustreten, ihrerseits zum „inszenierenden" Berichterstatter werden und so direkt Kontakt mit dem Zuschauer aufnehmen kann. Diese Kontaktaufnahme der Frau Yang mit dem Publikum im 8. Bild des „Guten Menschen von Sezuan" ist aber nur Sonderform einer ausdrücklichen und in diesem Stück immer wieder vorkommenden Korrespondenz von Spielern mit dem Publikum. Dabei kann zuweilen, in stärkerem Maße noch als im „Kaukasischen Kreidekreis", das Prinzip einer Distanzierung der Handlung in das Prinzip einer „Aktualisierung" umschlagen — freilich nicht in dem Sinne, daß ein „Personenaustausch" des Zuschauers mit den dramatischen Figuren möglich würde: ein Angeredeter kann sich nicht gut mit seinem Gegenüber einfach identifizieren.

Zur Frage der Publikumsansprachen äußert sich Brecht in der „Kurzen Beschreibung einer neuen Technik der Schauspielkunst" (Versuche, Heft 11):

„Die Vorstellung von einer vierten Wand, die fiktiv die Bühne gegen das Publikum abschließt, ... muß ... fallen gelassen werden. Prinzipiell ist es für die Schauspieler unter Umständen möglich, sich direkt an das Publikum zu wenden." (S. 91)
„Erfolgt die Wendung zum Publikum, so muß es eine volle Wendung sein und darf nicht das ‚Beiseitesprechen' oder die Monologtechnik des alten Theaters sein." (S. 94)

a) Die handlungsfördernde Rede ans Publikum

Stellt man die Frage nach der besonderen Aufgabe dieser Ansprachen ans Publikum im „Guten Menschen von Sezuan", so bietet sich zunächst vom Text her keine Antwort an. Die Aufgabe ist zu vielschichtig, um sich einer einheitlichen Bestimmung sofort einzufügen. Der Gang der Untersuchung muß also der sein, zunächst die Ansprachen nach erkennbaren Merkmalen bzw. Merkmalgruppen zu ordnen. Dabei wird ein durchgehendes Problem immer mehr Gestalt gewinnen und schließlich festzulegen sein.

Im „Kaukasischen Kreidekreis" zeigten wir die Möglichkeit der offenen Dramaturgie, den Monolog (als eine Form des neuzeitlichen Kunstdramas) ihrerseits ästhetisch zu verfeinern. Doch stehen solchen Verfeinerungen auch bewußte Vereinfachungen gegenüber — wie sie etwa in der ersten zur Frage stehenden Gruppe von Publikumsansprachen vorliegen.

Zu Beginn des Vorspiels tritt Wang, der Wasserverkäufer, auf und „stellt sich dem Publikum vor": „Ich bin Wasserverkäufer hier in der Hauptstadt..."

Wir erfahren in dieser Einleitung die wirtschaftliche Lage Wangs und der Provinz Sezuan. Außerdem nehmen hier durch die Ankunft der Götter schon die Begebenheiten der Handlung ihren Anfang. Der Wasserverkäufer gibt also in dieser Ansprache ans Publikum eine Exposition des Stückes.

Shen Tes Wendung zum Publikum am Eingang des 1. Bildes entwickelt dessen Ausgangssituation, ähnlich wie Wangs Einleitung im Vorspiel die des Gesamtdramas. Shen Te berichtet, was in den drei Tagen seit dem Verschwinden der Götter geschehen ist — Ereignisse, die den Fortgang der Handlung unmittelbar betreffen. Auffallend ist der fast ausschließlich wirtschaftliche Charakter ihres Berichts. Da ist von 1000 Silberdollar die Rede, die Shen Te für das den Göttern gewährte Nachtlager erhielt, von dem Kauf eines Tabakladens, von der früheren Ladenbesitzerin und von einem Topf Reis, den diese für ihre Kinder erbat. Und zwar wirkt diese Betonung des Wirtschaftlichen um so nachdrücklicher, als sie im krassen Gegensatz steht zur Grundhaltung der Götter, von denen Shen Te gegen Ende des Vorspiels auf ihre Frage „Wie soll ich gut sein, wo alles so teuer ist?" die Antwort erhielt: „Da können wir leider nichts tun. In das Wirtschaftliche können wir uns nicht mischen" (S. 14).

Von der Haltung der Götter wird noch eingehender zu sprechen sein. Wir halten vorläufig nur diesen Gegensatz fest.

Berichtfunktion hat auch das Zwischenspiel vor dem Vorhang, worin sich Shen Te, auf dem Wege zur Hochzeit, mit ihren Sorgen ans Publikum wendet (S. 60 f.). Sie erzählt die Begebenheiten, die sich ihrem Glück plötzlich in den Weg gestellt haben. Wieder sind es Fragen des Geldes, an denen ihre gütigen Absichten zu scheitern drohen und die sie „zwischen Furcht und Freude" schweben lassen.

Bestimmen wir nun die gemeinsamen Merkmale der bisherigen Beispiele: Die Publikumsansprachen berichten Vorgefallenes, Vorgängliches und sind unmittelbar handlungsbewegend; sie verweisen vor allem auf die wirtschaftliche Seite handlungsmäßiger Begebenheiten.

*

Handlungsbewegend sind auch die Publikumsansprachen, die wir in einer zweiten Gruppe zusammenfassen. Das Moment des Wirtschaftlichen jedoch ist hier umgangen bzw. ausgeschlossen.

Im 4. Bild warten die Hilfsbedürftigen frühmorgens lange vergeblich vor dem Tabakladen. Schließlich kommt Shen Te die Gasse herunter und richtet das Wort ans Publikum (S. 43). Sie stellt sich vor als Liebende, losgelöst von der sozialen Not, die sie in Gestalt der Hilflosen vor ihrer Tür erblickt. Sie wird auch gleich darauf „leichtsinnig" sein und sich einen Shawl kaufen, denn sie „würde so gern schön aussehen". Sie liebt und möchte liebenswürdig sein. Sie möchte auch die Zustimmung des Publikums zu ihren bescheidenen Wünschen und zu ihrem Recht auf Liebe und Schönheit gewinnen.

Das Liebesmotiv liegt auch der Publikumsansprache Shen Tes am Schluß des 4. Bildes zugrunde: „Yang Sun, mein Geliebter, in der Gesellschaft der Wolken!" usw. (S. 48), ebenso der Ansprache zu Ende des 5. Bildes. Shen Te ist hier vor die Wahl zwischen zwei Männern gestellt: dem reichen Herrn Shu Fu und dem stellungslosen Flieger Sun. Als Sun sie wegführen und Shu Fu ihn daran hindern will, heißt es:

„*Shen Te* (zum Publikum):
>Ich will mit dem gehen, den ich liebe.
>Ich will nicht ausrechnen, was es kostet.
>Ich will nicht nachdenken, ob es gut ist.
>Ich will nicht wissen, ob er mich liebt.
>Ich will mit ihm gehen, den ich liebe.

Sun:
>So ist es." (S. 60)

Mit diesem Entschluß behauptet Shen Te ihre Liebe betont auch gegen alle finanziellen Erwägungen: „Ich will nicht ausrechnen, was es kostet." Das Wirtschaftliche ist hier bewußt negiert.

Nun wird aber die emotionale Bewegtheit der Rede und damit auch des Zuschauers sofort abgefangen durch Suns anschließende herrische Bemerkung: „So ist es." Diese Bemerkung fällt roh und entzaubernd in die Äußerungen des Gefühls und der reinen Absichten; sie bekommt noch Gewicht dadurch, daß sie das Schlußwort der Szene bildet. Sie muß den Zuschauer augenblicklich wieder ernüchtern, weiß er doch, daß Sun nicht aus Liebe, sondern der 300 Silberdollar wegen Shen Te begehrt. Shen Tes publikumgerichtete Absage an das Wirtschaftliche wird also schockhaft desillusioniert.

Durch die ständig enttäuschten Bemühungen Shen Tes, ihre Liebe gegen Widerstände wirtschaftlicher Natur glückhaft durchzusetzen und zu verwirklichen, erhalten aber auch die übrigen liebes- und hoffnungsseligen Publikumsansprachen den Akzent des Aussichtslosen, des Illusorischen. Shen Tes verzweifelter Wunsch nach Glück und Liebe, dem Publikum anvertraut, wird der handlungsmäßigen erbarmungslosen Wirklichkeit, der Gewalt ökonomisch-gesellschaftlicher Kräfte gegenübergestellt.

*

Bemühen um das Wohlwollen der Zuschauer verrät eine weitere Beispielgruppe. Doch wird zu untersuchen sein, ob dieses Wohlwollen tatsächlich dramaturgisch beabsichtigt ist.

Als der Barbier Shu Fu plötzlich die Reize seiner Nachbarin entdeckt hat, heißt es:

„Herr Shu Fu (der wieder in die Tür getreten ist, zum Publikum):
Ich bin betroffen, wie schön heute Fräulein Shen Te aussieht ... Drei Minuten sehe ich sie, und ich glaube, ich bin schon verliebt in sie. Eine unglaublich sympathische Person! (Zu Wang) Scher dich weg, Halunke!" (S. 43 f.)

Schon zu Anfang des Bildes haben wir einen Zug von Brutalität an dem Barbier erlebt: er hat dem Wasserverkäufer mit der Brennschere die Hand zerschlagen. Trotzdem mag der angesprochene Zuschauer geneigt sein, dem rasch Verliebten zu glauben und ihm ein gewisses Maß an Wohlwollen vorzugeben. Aber die unmittelbar folgende Verjagung des verletzten Wasserverkäufers beraubt ihn schlagartig wieder der Sympathie: der Zuschauer ist über seine wahre Natur wieder im Bilde.

Solcherweise gewarnt, wird das Publikum auch später seinen Erklärungen mit Mißtrauen begegnen. Shu Fu wünscht Shen Te zu heiraten und hat „Ideen", die es Shen Te erlauben würden, noch in größerem Umfange als bisher Gutes

zu tun. Er ist bereit, ihren Schützlingen Unterkunft in seinen Häusern hinter dem Viehhof zu gewähren, und er möchte dies alles in einem Restaurant mit ihr besprechen. Dazu gibt er, aufstehend, dem Publikum die Erläuterung:
„Wie finden Sie mich, meine Damen und Herren? Kann man mehr tun? Kann man selbstloser sein? Feinfühliger? Weitblickender? ... Verständnis und Hilfe wird geboten, aber beinahe lautlos. Nur mit einem Blick wird das vielleicht anerkannt werden, einem Blick, der auch mehr bedeuten kann." (S. 58)

Der parodistische Zug dieser Rede ist unüberhörbar. Shu Fu spricht im hohen Ton des Idealisten, aber sein salbungsvolles „Pathos" macht ihn sofort verdächtig, indem es ihn lächerlich macht. Der Zuschauer soll sich seinen eigenen Reim auf die Poesie dieses Mannes bilden, soll selbst den durch Parodie eingeleiteten Vorgang der Entlarvung vollenden. Und tatsächlich wird ja der Verlauf der Handlung ergeben, daß Shu Fus „Häuser hinter dem Viehhof" in Wahrheit feuchte Baracken sind.

Allerdings darf die Rede des Barbiers in dieser Richtung nicht überinterpretiert werden. Sie enthält im Hinblick auf das Gesamtgeschehen des Stücks auch lediglich komische Elemente.

Überhaupt ist die Figur Shu Fus — wie in der allgemeinen Einleitung schon angedeutet wurde — vom Geist der Komödie her entworfen. Auffällig wieder das geheime Motiv einer Doppelrolle. Shu Fu tritt uns zunächst als ein gehässiger kleiner Barbier entgegen. Aber schon bald begegnet er nur noch als reicher, in großen Summen rechnender Unternehmer. Der Handwerker hat sich in den Großkaufmann verwandelt (ohne daß dieser Wechsel psychologisch oder durch wirtschaftliche Tatsachen begründet würde). Außerdem treten immer klarer die typenhaften Züge und einige Übereinstimmungen mit dem (venezianischen) Kaufmann der Commedia dell'arte hervor, mit dem Typ des Pantalon — auch wenn die negativen Merkmale bei Brecht gesellschaftskritisch verschärft sind. Wie Pantalon nicht nur ein durchtriebener, schlauer Kaufmann, sondern auch ein nobler Herr sein kann, so erscheint Shu Fu zugleich als berechnender Unternehmer und großzügiger Wohltäter. Wie Pantalon ist Shu Fu verliebt in ein jüngeres Mädchen, und beiden schlagen ihre (der Lächerlichkeit preisgegebenen) Liebesunternehmungen fehl. Shu Fu wird selbst trotz großer Geldschenkungen nie jenem „Blick, der auch mehr bedeuten kann", nicht einmal einem „kleinen Abendessen" und dem „Austausch von Ideen" mit Shen Te näherkommen. — Wieder zeigt sich, wie Brecht einen „soziologischen Fall" mit komödienhaft-theatralischen Zügen belebt.

War der Zuschauer von den Beteuerungen Shu Fus mißtrauisch erheitert, so bleibt er gegenüber einem Ausbruch der Entrüstung, mit dem Sun ihn für sich einzunehmen sucht, äußerst kühl und zurückhaltend. Sun hat sich durch seine Rücksichtslosigkeit gegen die Arbeiter eine leitende Stellung in der Tabakfabrik Shen Tes verschafft, hat aber die — angeblich — verreiste und schon monatelang abwesende Shen Te nie entbehrt und vermißt, bis ihm Tatsachen bekannt werden, die sein Interesse für sie plötzlich wieder wachrufen:

„(zum Publikum): Shen Te schwanger! Ich bin außer mir! Ich bin hereingelegt worden! ... Es ist ganz und gar unnatürlich. Unmenschlich ist es. Ich habe einen Sohn. Ein Yang erscheint auf der Bildfläche! Und was geschieht? Das Mädchen verschwindet, und man läßt mich hier schuften! ... Verbrecher, Räuber, Kindesentführer! Und das Mädchen ist praktisch ohne Beschützer!" (S. 91)

Hier versteht der Zuschauer keinen „Spaß". Es ist ihm klar, wie wenig ausgerechnet Sun das Recht hat, sich auf Menschlichkeit zu berufen. Als ob er sich jemals um das Mädchen gekümmert, sie „beschützt" hätte! Und Sun selbst verrät ja bald darauf ungewollt, was die plötzliche Veränderung der Lage für ihn im Grunde nur darstellt: „ein gefundenes Fressen."

Überblicken wir jetzt die Beispielgruppe auf ihre gemeinsamen Kennzeichen. Die Publikumsansprachen drücken scheinbar saubere menschliche Regungen aus. Die Figuren brüsten sich mit Verliebtheit, Seelenfreundschaft oder Vatergefühlen. Sie werden aber durch das sprachliche Mittel der Parodie bzw. der schlagartigen Entlarvung dem Partner verdächtig gemacht. Der Zuschauer wird befähigt, ihnen „auf die Schliche" zu kommen, zu entdecken, wie betrügerische „Wohltätigkeit" und kommerziell-egoistische Realinteressen auf die Ebene intimer zwischenmenschlicher Beziehungen verschoben und hier idealisiert und getarnt werden.

b) Die kommentierende Publikumsansprache

Die bisherigen Anreden ans Publikum waren u. a. dadurch gekennzeichnet, daß sie die Handlungslinie nicht nur aufnahmen, sondern auch weiterführten, daß sie zwar einem handlungsfremden Partner zugedacht waren, aber zugleich die dramatische Situation selbst veränderten. Diese Doppelaufgabe fällt bei den nun zu behandelnden Publikumsansprachen grundsätzlich weg. Sie stellen echte Unterbrechungen der Handlung dar. Ein kurzer Ausschnitt aus dem 3. Bild (der Parkszene) mag das im voraus beispielhaft verdeutlichen:

„(Die beiden Prostituierten ab.)
Sun (ruft ihnen nach): Aasgeier! (Zum Publikum) Selbst an diesem abgelegenen Platz fischen sie unermüdlich nach Opfern, selbst im Gebüsch, selbst bei Regen suchen sie verzweifelt nach Käufern. Shen Te (zornig): Warum beschimpfen Sie sie?" (S. 34)

Nach der Beschimpfung der Prostituierten wendet sich also Sun ans Publikum mit einer Rede, die — etwa durch das Adverb „verzweifelt" — eher Bedauern als Verurteilung ausdrückt, allenfalls aber als ein mißbilligender Kommentar auszulegen ist. Keineswegs nimmt sie die Härte des Ausrufs „Aasgeier!" auf. Shen Tes zornige Frage bezieht sich aber ausdrücklich auf diese Beschimpfung, „überhört" den dazwischenliegenden Kommentar, macht ihn „ungeschehen". Sun als Publikumspartner wird von Shen Te ignoriert, gar nicht wahrgenommen. Die Dringlichkeit ihrer Frage, die unmittelbar auf die Beschimpfung selbst hätte folgen sollen, wird ausgesetzt. Kontinuität der Handlung ist erst wieder mit Shen Tes Frage gegeben.

Wir werden den „allgemeinen Gestus des Zeigens" (Org. § 71), den Brecht seiner epischen Spielweise zugrunde legt, ausführlich im II. Teil zu behandeln haben. Er ist aber auch der soeben angeführten und explizite der folgenden Publikumsansprache unterlegt, so daß man geradezu von textlicher Sinnfälligkeit eines schauspielerischen Stilprinzips sprechen kann.

Während der Hochzeit, die im letzten Augenblick dann doch scheitern wird, hören wir nach einem Wortwechsel mit Sun Shen Te sagen:

„Er ist schlecht und er will, daß auch ich schlecht sein soll. Hier bin ich, die ihn liebt, und er wartet auf den Vetter. Aber um mich sitzen die Verletzlichen, die Greisin mit dem kranken Mann, die Armen, die am Morgen vor der Tür auf den Reis warten, und ein unbekannter Mann aus Peking, der um seine Stelle besorgt ist. Und sie alle beschützen mich, indem sie mir alle vertrauen." (S. 67)

Sehr bald lenkt Shen Te die Aufmerksamkeit des Publikums von Sun weg. Mit ihrem „Hier bin ich" zeigt sie unmittelbar auf sich selbst. Sie kommentiert ihr Verhalten, das zwar die Trauung verhindern wird, das aber aus ihrer Lage erklärt werden muß: um sie „sitzen die Verletzlichen". Die Handlung ist unterbrochen, und in einer „Bestandsaufnahme" wird das sozial Wesentliche der erreichten Situation noch einmal zusammengefaßt.

Im 1. Bild macht die „futterneidische" arme Familie Shen Te Vorschläge, wie sie sich mit mehr Härte weitere Bittsteller von der Tür halten kann. Shen Te sagt daraufhin zum Publikum:

„Sie sind schlecht.
Sie sind niemandes Freund.
Sie gönnen keinem einen Topf Reis.
Sie brauchen alles selber.
Wer könnte sie schelten?" (S. 17)

Die Rede ist offensichtlich gegliedert durch zwei verschiedene Einstellungen des Redenden. In den ersten drei Zeilen wird der feindselige Neid bloßgestellt, der sich hinter den „guten" Ratschlägen der armen Familie verbirgt. Shen Te deutet auf die Szenenpartner, dem Publikum erklärend: Seht, so sind sie! Ihr Hinweis enthält zugleich eine Anklage: Das Verhalten der Szenenpartner ist moralisch verwerflich. Nun erfolgt aber mit der vierten Zeile der überraschende Wechsel der Einstellung: aus der Anklage wird Verteidigung. Der getarnte, aber bloßgestellte Neid wird seinerseits noch einmal auf seine Ursache durchleuchtet: auf die Not. Und die Verteidigung in der vierten wird zur Fürsprache in der fünften Zeile abgewandelt.

Aber diese Fürsprache ist in die Form einer Frage gekleidet, und man wird sie kaum als bloß rhetorische Frage verstehen dürfen. Vielmehr soll sie wohl dem Zuschauer jene volle Befriedigung vorenthalten, die ihn veranlassen würde, es bei einer einfachen Hinnahme und Bejahung der Fürsprache bewenden zu lassen. Denn so ohne weiteres ist ja die Schlechtigkeit, auch die armer Menschen, nicht gutzuheißen. Es bleiben da noch einige Widersprüche zu klären.

Es war von dem Anklage- bzw. Verteidigungscharakter der beiden Teile die Rede. Und nun ist deutlich, daß mit der Frage „Wer könnte sie schelten?" durchaus noch kein Urteil gegeben ist. Ein Urteil wird aber mit der Schlußfrage provoziert, und dieses Urteil des Zuschauers wird sich noch mit dem Tatbestand der Not auseinanderzusetzen haben: die Not, d. h. ein wirtschaftlicher Mißstand, wird zum Angeklagten werden. — Als beiläufiges Ergebnis ist die geheime Gericht-Struktur dieser Publikumsansprache festzuhalten.

c) Eindeutiger Wechsel der Perspektive und Appell ans Publikum

Lenkte die zeigende Geste des Redenden bisher die Aufmerksamkeit des Publikums auf bestimmte Vorgänglichkeiten der Handlung und dann darüber hinaus, so richtet sie sich jetzt von der Bühnensituation weg in die konkrete Lebenswirklichkeit des Zuschauers.

Bei der ersten Begegnung mit Sun im Park ist Shen Te erschrocken darüber, daß Sun sich erhängen will:

> „Sicher wollten Sie es nur tun, weil der Abend so trüb ist. (Zum Publikum)
>
> In unserem Lande
> Dürfte es trübe Abende nicht geben
> Auch hohe Brücken über die Flüsse
> Selbst die Stunde zwischen Nacht und Morgen
> Und die ganze Winterzeit dazu, das ist gefährlich.
>
> Denn angesichts des Elends
> Genügt ein Weniges
> Und die Menschen werfen
> Das unerträgliche Leben fort." (S. 36)

Wieder zeigt die Anrede über die zum Anlaß genommene Selbstmordabsicht hinweg auf den Notzustand des Lebensmüden, mehr noch: aller Menschen „angesichts des Elends". Die Darbietungsweise der Ansprache fällt auf. Eine Rede in gebundener, zeilenmäßig gegliederter Form ist uns schon wiederholt begegnet. Hier jedoch bekommt sie geradezu Gedichtcharakter und fast lyrischen Eigenwert.

Dennoch ist diese Publikumsansprache mehr als eine liedhafte Beigabe. Die dichterische Einkleidung gilt einer besonders intensiven Verbindung mit dem Zuschauer. Shen Te leitet ihre Anrede ein mit der örtlichen Bestimmung „In unserem Lande". Zunächst könnte diese Bestimmung auf den Schauplatz der Handlung, die Provinz Sezuan, bezogen werden. Aber Shen Tes Partner ist jetzt das Publikum. Das Possesivpronomen „unser" wird zweideutig, ja es kann in seiner Bedeutung auf die Gruppe Shen Te-Publikum eingeengt werden, so daß die örtliche Bestimmung nicht auf die Provinz Sezuan, sondern auf das Land des Publikums zutrifft. F. Reicherts Wuppertaler Inszenierung entschlüsselte schon an einer vorhergehenden Stelle die Stadt Sezuan als die Stadt der Theateraufführung. Sie nahm in der Ansprache Shen Tes im 4. Bild (S. 43) eine wichtige kleine Veränderung vor. Shen Te sagte hier zum Publikum: „Ich sage es euch, es entgeht euch viel, wenn ihr nicht liebt und *euer* Sezuan (statt „eure Stadt") seht in der Stunde, wo es sich vom Lager erhebt..."

*

Im ersten Bild will der Schreiner Lin To von der neuen Ladenbesitzerin Shen Te Schulden ihrer Vorgängerin eintreiben. Shen Te hat von solchen Forderungen nicht gewußt und befindet sich in einer Zwangslage. Sie antwortet:

> „Seien Sie nicht hart, Herr Lin To. Ich kann nicht allen Forderungen sofort nachkommen. (Zum Publikum)
>
> Ein wenig Nachsicht und die Kräfte verdoppeln sich.
> Sieh, der Karrengaul hält vor einem Grasbüschel:
> Ein Durch-die-Finger-Sehen und der Gaul zieht besser.
> Noch im Juni ein wenig Geduld und der Baum
> Beugt sich im August unter den Pfirsichen. Wie
> Sollen wir zusammenleben ohne Geduld? Mit einem kleinen Aufschub
> Werden die weitesten Ziele erreicht." (S. 18)

Hier wird von der dramatischen Situation geradezu abstrahiert. Sie ist nebensächlich geworden, erscheint nur noch als willkommener Anlaßpunkt eines allgemeinen, durch einige weitere Vergleiche unterstützten ethischen Postulats: gemünzt auf die zwischenmenschlichen Beziehungen in der Wirklichkeit des Publikums.

Dieser Anspruch einer sozialen Ordnung kann nachdrücklich betont werden durch einen unmittelbaren Anruf des Publikums. Nachdem Shen Te ihren imaginären Sohn als einen zukünftigen Flieger und „neuen Eroberer der unbekannten Gebirge" vorgestellt hat, wird ihr ein hungerndes Kind zugeführt, das man auf dem Schlachthof aufgelesen hat. Sie bringt es vors Publikum:

> „He, ihr! Da bittet einer um Obdach.
> Einer von morgen bittet euch um ein Heute!
> Sein Freund, der Eroberer, den ihr kennt
> Ist der Fürsprecher." (S. 74)

Oder dieser Anspruch sozialer Gerechtigkeit kann sich dem Publikum stellen in Form von appellierenden Fragen:

> „Wie
> Behandelt ihr euresgleichen? Habt ihr
> Keine Barmherzigkeit mit der Frucht
> Eures Leibes? Kein Mitleid
> Mit euch selber, ihr Unglücklichen?" (S. 77)

Hier erscheint das Ge- und Betroffensein der Zuschauer noch einmal gesteigert. Es sind nicht nur ethisch-soziale Ansprüche der sie umgebenden Wirklichkeit, sondern ihre eigenen, die sich hier erheben: „Habt ihr ... kein Mitleid mit euch selber?" Die fordernde Realität konkretisiert sich im anwesenden Publikum selbst.

Zusammenfassung

Das Verhältnis der redenden Personen zur Handlung, zur szenischen Situation ist — im ganzen gesehen — nicht einheitlich. Drei Möglichkeiten lassen sich unterscheiden. Die Publikumsansprachen können bei grundsätzlicher Partnerschaft des Zuschauers dennoch zugleich handlungsfördernd sein; sie bleiben mit dem dramatisch-szenischen Gefüge verzahnt. Oder sie können, nur auf die szenische Situation zeigend, den Handlungsgang anhalten, indem sie sich aus dem dramatisch-ästhetischen Gefüge lösen. Dieser Vorgang kann schließlich zu einem konsequenten Wechsel der Sehweise weitergeführt werden: die Figur richtet Rede und Blick in die Wirklichkeit des Zuschauers. Allen Publikumsansprachen aber ist gemeinsam, daß sie manchmal in uneigentlicher, manchmal aber auch eigentlicher Rede die Handlung auf ihre sozialethischen Fragen hin entschlüsseln, ähnlich den Prologen und Epilogen in anderen Stücken (wodurch sich das Prinzip der Entschlüsselung teilweise mit dem der Relativierung überschneidet).

Zunächst ergab sich das Merkmal einer betont wirtschaftlich-sozialen Fragestellung. Ist eine Befreiung vom Zwang solcher Problematik — etwa durch reine Liebe — angestrebt, wird dieses Streben durch die Handlungsvorgänge schockhaft als illusorisch enthüllt. Sind menschlich-intime Regungen nur vorgeschützt, werden sie als Tarnungen und Idealisierungen wirtschaftlich-egoistischer Realinteressen, als Ideologie entlarvt. Dann zeigte sich, daß die Anreden den Bestand an wirtschaftlich-sozialer Problematik, der in den Handlungssituationen enthalten ist, deutend zusammenfassen. Das dramatische Gleichnis kann sogar auf eine reale, vom Zuschauer zu erfahrende Situation relativiert werden. Schließlich drängt die soziale und ethische Problematik der Handlung ausdrücklich nach Konkretion und Lösung in der Lebenswirklichkeit des Publikums.

Exkurs: *Die Götter im „Guten Menschen von Sezuan"*

Schon einmal wurde hingewiesen auf die gegensätzliche Bedeutung, die dem Ökonomischen in den Publikumsansprachen einerseits und in den Reden der Götter andererseits zukommt. Wird in den meisten Ansprachen das Publikum immer wieder auf das Wirtschaftlich-Soziale und auf die Notwendigkeit hingewiesen, gerade hier handelnd zu werden, so bestätigen die Götter wiederholt ihr Unvermögen, in diesen Bereich jemals eingreifen zu können. Sie „sind nur Betrachtende" (S. 71), sind gekennzeichnet durch ihre absolute Ohnmacht gegenüber der irdischen Realität. Sie haben, wie es im „Lied von der Wehrlosigkeit der Götter und Guten" (S. 49) heißt, weder

> „Tanks und Kanonen
> Schlachtschiffe und Bombenflugzeuge und Minen
> Die Bösen zu fällen, die Guten zu schonen",

noch erscheinen sie

> „auf unsern Märkten
> Und verteilen lächelnd die Fülle der Waren
> Und gestatten den vom Brot und Weine Gestärkten
> Miteinander nun freundlich und gut zu verfahren".

Es wird offenbar,

> „Daß sie den Guten nun einmal die gute Welt schulden".

Dabei sind die Götter der Unvollkommenheit und den Fährnissen der irdischen Realität ebenso unterworfen wie jeder Mensch. Gegen Ende ihrer Erdenwanderung werden sie so beschrieben: „(Unverkennbar sind die Anzeichen ... tiefer Erschöpfung und mannigfaltiger böser Erlebnisse. Einem ist der Hut vom Kopf geschlagen, einer hat ein Bein in einer Fuchsfalle gelassen, und alle drei gehen barfuß.)" (S. 96)

Dieser menschlich-komische Akzent haftet den Göttern nicht von vornherein mit gleicher Stärke an. Sie erscheinen im ganzen doch gegen die Sphäre des Menschen abgesetzt, und es bleibt zu untersuchen, wodurch diese Andersartigkeit der Götter im dramatisch-ästhetischen Gefüge des Stücks exponiert wird.

Zunächst ist festzustellen, daß die Götter in Zwischenspielen, und zwar als Partner des Wasserverkäufers Wang, auftreten und sonst nur im Vorspiel und im letzten Bild des Stückes auch mit anderen Figuren zusammentreffen. Lediglich im Vorspiel und im 10. Bild aber sind sie dramatisch existente Figuren, während sie in den Zwischenspielen ausschließlich dem Wasserverkäufer im Traum erscheinen, also lediglich Visionen sind.

Damit ist aber die ästhetische Realität des Dramas als Aufführung noch um eine weitere Abstufung bereichert. Die dramatische Ebene, die über die epische der Publikumsansprachen auf die konkrete Realität des Zuschauers bezogen wird, relativiert ihrerseits noch einmal eine Sphäre des Traumhaft-Unwirklichen.

Diese den Göttern zugewiesene Sphäre ist — bühnenmäßig — die Welt des Wunderbaren: des Theaterzaubers schlechthin. So heißt es in den Bühnenanweisungen: „Die Böschung wird durchsichtig" (S. 23), oder „Das Kanalrohr wird durchsichtig, und dem Träumenden erscheinen die Götter" (S. 40). Immer auch setzt zu Wangs Visionen Musik ein. Die Welt der Götter trägt auf der Bühne also stark opernhafte Züge.

Dieser Anklang an die Oper (vor allem die Barockoper) und an das Zauberspiel wird besonders deutlich gegen Ende des Stücks, wo es heißt: „(Und nun ... ertönt Musik. Eine rosige Helle entsteht ... Auf ein Zeichen ... öffnet sich die Decke. Eine rosa Wolke läßt sich hernieder. Auf ihr fahren die Götter sehr langsam nach oben.)" (S. 104)

Diese rosa Wolke ist kaum anders zu deuten als eine Anspielung auf jene Wolke, auf welcher der „Deus ex machina" herabschwebte, um im letzten Augenblick in eine ausweglose Bühnensituation rettend einzugreifen und zum Schluß der „poetischen Gerechtigkeit" zum Siege zu verhelfen.

Nun ist aber bezeichnend, daß dieser „Deus ex machina" sich hier als unfähig erweist, einen guten Ausgang des Stückes herbeizuführen, daß die Götter gar nicht eingreifend herab-, sondern jeder Entscheidung ausweichend lediglich (mit dem „Terzett der entschwindenden Götter auf der Wolke") davonschweben. Der „Deus ex machina", der noch in der „Dreigroschenoper" — wenn auch parodiert — als reitender Bote des Königs zum Schluß rettend eingreift, wird hier in seiner völligen Macht- und Wirkungslosigkeit entlarvt. Die Götter wissen nichts anderes zu tun, als „heimzugehen in" ihr „Nichts" (S. 105). Sie besitzen, am Ende zu bloßen Theatergöttern gestempelt, nicht einmal die Kraft eines „Theatergottes".

Diese Ohnmacht der Götter gegenüber dem (in der Parabel gezeigten) Bereich des Irdischen hat ihre Entsprechung im Formgefüge des Dramas. Denn schon vom 1. Zwischenspiel ab liegt eine durchgehende Entwirklichung der Götter vor. Der Zuschauer wird ja durch die Korrespondenz der Spieler mit dem Publikum immer wieder auf die Gleichnishaftigkeit, ja Scheinhaftigkeit der Handlung hingewiesen. Indem aber die Götter in den Zwischenspielen niemals als eigentlich dramatische Figuren existent, sondern nur als Traumerscheinungen wahrnehmbar werden, haftet ihnen eine noch gesteigerte Unwirklichkeit an. Für den desillusionierten Zuschauer existieren die Götter auf der Bühne in einer Welt des potenzierten Scheins.

Zwischenabschnitt

a) Die Gerichtsszene

Es ist noch auf eine dramaturgische Form einzugehen, die zwar keine unmittelbaren Anreden des Zuschauers vorsieht, die aber dennoch ihrer besonderen Struktur nach als publikumgerichtet zu verstehen ist. Gemeint ist die Form der Gerichtsszene.

Gerichtsszenen finden sich in fast allen Lehrstücken, aber auch in anderen Dramen Brechts. Sie sind eine zentrale dramaturgische Form des Brechtschen Theaters überhaupt[57]. Die „Maßnahme" und „Das Verhör des Lukullus" bestehen fast ausschließlich aus Gerichtsverhandlungen, der „Kaukasische Kreidekreis" zu einem wesentlichen Teil. „Der gute Mensch von Sezuan" endet mit einer Gerichtsszene. „Die Rundköpfe und die Spitzköpfe" und „Die Gesichte der Simone Machard" enthalten Gerichtssitzungen zweimal bzw. einmal[58].

Ihre besondere Eignung für eine offene Dramaturgie liegt darin, daß Gerichtsverhandlungen an sich immer öffentlichen Charakter haben. Auch in der profanen Realität fühlt sich das Publikum einer Gerichtssitzung als Mitrichter, die Reden des Anklägers und des Verteidigers, des Angeklagten und der Zeugen gegeneinander abwägend und sich sein eigenes Urteil bildend. Dieser öffentliche Zug wird auch an der Bühnen-Gerichtsszene wirksam. Gleich, ob das Gerichtspublikum als solches auf der Bühne dargestellt wird oder nicht — immer wird sich der Zuschauer mit in der Rolle des Gerichtspublikums fühlen. So wird auf der Bühne ein Rechtsfall zur Entscheidung gestellt, über den auch das Theaterpublikum zum Richter bestellt ist.

b) Entsprechungen der sprachlichen Satire zur offenen Dramaturgie

Die Aufgabe einer Ideologie-Entlarvung, wie sie bei einigen Publikumsansprachen im „Guten Menschen" festgestellt und in der Einleitung hervorgehoben wurde, kann auch der sprachlichen Satire innerhalb der handlungsmäßigen Rede zugewiesen sein. Sie ist vor allem in „Mutter Courage" und „Puntila" anzutreffen. Dabei lassen sich vier Arten einer sprachlichen Enthüllung unterscheiden.

Einfache Persiflage und Parodie

In „Mutter Courage" kann eine „pathetische" Rede mit heldischer Attitüde gelegentlich für sich allein stehen. Sie wirkt lächerlich durch ihren Schwulst, also dadurch, daß sie sich selbst überschlägt.

Der Werber drückt seine Enttäuschung über die mangelnde Kriegslust der Neugeworbenen so aus:

„Da gibts kein Manneswort, kein Treu und Glauben, kein Ehrgefühl. Ich hab hier mein Vertrauen in die Menschheit verloren, Feldwebel." (S. 7)

Ebenso wird der gegenteilige Standpunkt persifliert, die Phrase von der niemals zu brechenden Schlagkraft der Truppen, wenn etwa der Feldprediger renommiert:

„... die Soldaten ... tun, was sie können. Mit denen da draußen ... getrau ich mich hundert Jahr einen Krieg nach dem andern zu machen und zwei auf einmal, wenns sein muß, und ich bin kein gelernter Feldhauptmann." (S. 49)

---

[57] Vgl. H. Lüthy, Vom armen Bert Brecht, in: Der Monat, 4. Jg., Heft 44 (Mai 1952), S. 132 f.

[58] Gericht-Strukturen der theatralischen Konzeption Brechts lassen sich auch außerhalb der eigentlichen Gerichtsszenen nachweisen. Es sei erinnert an ein Beispiel anläßlich der Publikumsansprachen, wo die redende Figur den Zuschauer gleichsam zum Richter beruft.

Der Spott kann aber auch durch scheinbare Anerkennung bemäntelt sein, er kann einen offensichtlich ironischen Kern enthalten und vom Sprecher selbst als Parodie gemeint sein. So hat die Courage ganz sicher Hintergedanken dabei, wenn sie sagt:

„Mir tut so ein Feldhauptmann oder Kaiser leid, er hat sich vielleicht gedacht, er ... kriegt ein Standbild, zum Beispiel er erobert die Welt ... Kurz, er rackert sich ab, und dann scheiterts am gemeinen Volk, was vielleicht ein Krug Bier will und ein bissel Gesellschaft, nix Höheres." (S. 49)

In „Puntila" wird etwa die gewerbsmäßige Seite der „Rechtspflege" folgendermaßen parodistisch entlarvt: Der Advokat:

„Dem Puntila wachsen die Felder von selber immer wieder nach, aber so ein Prozeß ist dagegen ein furchtbar empfindliches Geschöpf, bis man das groß kriegt, da können oft graue Haare kommen ... Am vorsichtigsten muß man mit einem Prozeß sein, wenn er noch im Säuglingsalter ist, da ist die Sterblichkeit am größten ... ein Prozeß, der älter als vier fünf Jahr ist, hat alle Aussicht, alt und grau zu werden. Aber bis er soweit ist! Ach, das ist ein Hundeleben!" (S. 62)

Auch hier kann die Parodie vom Sprecher selbst gewollt sein, wie vom Chauffeur in seinem Gespräch mit dem Gutsbesitzer. Puntila erklärt, wie man sich seiner Tochter gegenüber zu verhalten habe:

„Aufzuschauen hast du zu der Tochter von deinem Brotgeber wie zu einem höheren Wesen, das herniedergestiegen ist ... Wiederhol's, was hast du?" — Matti: „Ich muß zu ihr aufschaun wie zu einem höheren Wesen, das herniedergestiegen ist, Herr Puntila." — Puntila: „Deine Augen reißt du auf, daß es so was gibt, in ungläubigem Staunen, Kerl." — Matti: „Ich reiß meine Augen auf in ungläubigem Staunen, Herr Puntila". (S. 44)

Das Paradoxon

Auch die offensichtliche Umkehrung und Verdrehung des tatsächlich Wahren, eine auf die Spitze getriebene widersprüchliche Behauptung oder das scheinbare Fehlen jedes Kausalzusammenhangs kann im Sinne einer Dekuvrierung wirken.

So enthüllen in „Mutter Courage" die Soldaten des Glaubenskrieges ihre verlogene Moral:

„Man merkts, hier ist zu lang kein Krieg gewesen. Wo soll da Moral herkommen, frag ich? Frieden, das ist nur Schlamperei, erst der Krieg schafft Ordnung. Die Menschheit schießt ins Kraut im Frieden." (S. 7)

Oder der Werber, der jemanden zum Heeresdienst überreden will:

„Es ist gegen uns gesagt worden, daß es fromm zugeht im schwedischen Lager, aber das ist üble Nachred." (S. 13)

Mutter Courage kann ihren gefangenen Sohn für zweihundert Gulden freibekommen, worauf sie philosophiert:

„Bestechlichkeit ist unsre einzige Aussicht. Solangs die gibt, gibts milde Urteilssprüch, und sogar der Unschuldige kann durchkommen vor Gericht." (S. 39)

In „Puntila" liegt die Paradoxie schon in der Konzeption der Hauptgestalt selbst: immer wenn Puntila betrunken ist, wird er ein guter Mensch, immer, wenn er nüchtern ist, wird er zum Schrecken seiner Untergebenen. So sagt Matti: „Ja, das ist ein Glück für die Umgebung, daß er Zeiten hat, wo er sauft." (S. 18)

Seine „Anfälle von totaler, sinnloser Nüchternheit" charakterisiert Puntila so:

„Ich bin dann direkt zurechnungsfähig. Weißt du, was das bedeutet, Bruder, zurechnungsfähig? Ein zurechnungsfähiger Mensch ist ein Mensch, dem man alles zutrauen kann." (S. 11)

Die Paradoxie kann sich auch aus dem Widerspruch von Gesagtem und tatsächlicher Situation ergeben, etwa wenn Puntila zu Matti sagt:

„Wie gern tät der Puntila mit euch die Birken fällen und die Stein aus den Äckern graben und den Traktor dirigieren! Aber läßt man ihn?" (S. 13)

Die Paradoxie wird gelegentlich entschärft und das Paradoxon aus dem Bereich des Satirischen in den des lediglich Komischen gerückt. Als Beispiel die Unterhaltung über die finnische Sommernacht! Der Advokat:

„Die finnische Sommernacht ist eine herrliche Angelegenheit." Darauf der Richter: „Ich hab viel zu tun mit ihr. Die Alimentationsprozesse, das ist ein hohes Lied auf die finnische Sommernacht. Im Gerichtssaal sieht man, was für ein hübscher Ort ein Birkenwald ist." (S. 45)

Hohles „Pathos" mit anschließender schlagartiger Enthüllung durch einen Zweiten

In „Mutter Courage" wird das kriegerische „Pathos" zumeist durch eine völlig „prosaische" Wendung einer anderen Person lächerlich gemacht.

Als die Marketenderin ihre Lizenz nicht vorzeigen kann und sich herauszureden sucht, sagt der Werber:

„Feldwebel, ich spür einen unbotmäßigen Geist heraus bei der Person. Im Lager da brauchen wir Zucht." Darauf die Courage: „Ich dacht Würst." (S. 9)

Der Feldprediger verteidigt das Eingreifen des schwedischen Königs in den dreißigjährigen Krieg:

„Unser König hat nur die Freiheit im Aug gehabt. Der Kaiser hat alle unterjocht, die Polen so gut wie die Deutschen, und der König hat sie befreien müssen." Der Koch, nachdem er ihm zunächst halbwegs zugestimmt hat: „Freilich, wenn einer nicht hat frei werden wollen, hat der König keinen Spaß gekannt." (S. 27)

Einer pastoralen Salbaderei kann eine schockierende atheistische Wendung folgen. Als man in Gefangenschaft und in einer gefährlichen Situation ist, lehrt der Feldprediger:

„Wir sind eben jetzt in Gottes Hand." Mutter Courage: „Ich glaub nicht, daß wir schon so verloren sind." (S. 31)

Ein phrasenhafter Begriff muß nicht unbedingt sprachlich, sondern kann auch durch die Situation entwertet werden. Als die stumme Kattrin die bedrohte, schlafende Stadt Halle von einem Dach aus durch Trommeln warnt, versucht ein Fähnrich der Belagerungsarmee, sie vom Dach herunterzulocken, indem er ihr Schonung der Mutter verspricht.

„Ich bin ein Offizier und hab ein Ehrenwort." (Kattrin trommelt stärker). Der Fähnrich: „Der ist nix heilig." (S. 76)

In „Puntila" werden heuchlerische Wertbegriffe und berechnende Phrasen entlarvt. Puntila, der Gutsbesitzer, drückt seinem Chauffeur Matti gegenüber seine Verachtung der vornehmen Verlobungsgesellschaft aus:

„Das sind überhaupt keine Menschen. Ich kann sie nicht als Menschen betrachten." Darauf Matti: „Genau genommen sinds das schon. Ich hab einen Doktor gekannt, wenn der einen Bauern hat seine Gäul schlagen sehn, hat er gesagt: Er behandelt sie wieder einmal menschlich. Warum, tierisch hätt nicht gepaßt." (S. 75)

Puntila verhandelt auf dem Gesindemarkt mit einigen Arbeitern:

„Ich kauf nicht Menschen ein kalten Bluts, sondern ich geb ihnen ein Heim auf Puntila..." Ein Arbeiter darauf: „Dann geh ich lieber. Ich brauch eine Stell." (S. 30)

Eva, die Gutsbesitzerstochter, verteidigt ihren etwas langweiligen künftigen Verlobten:

„Natürlich kommt es überhaupt nicht darauf an, ob ein Mann unterhaltend ist." Matti pflichtet bei: „Ich hab einen Herrn gekannt, der war gar nicht unterhaltend und hat doch in Margarine und Fette eine Million gemacht." (S. 19)

Matti erprobt scherzhaft die Ehetauglichkeit der Gutsbesitzerstochter und fordert sie auf, seine Socken zu flicken. Der Richter:

„... die Liebe von der Julia zum Romeo möcht eine solche Zumutung nicht überlebt haben. ... Eine solche Liebe, die zu so einer Aufopferung fähig ist, ... ist ihrer Natur nach zu feurig...!" Darauf Matti: „In den untern Ständen werden die Socken nicht nur aus Liebe geflickt, sondern auch aus Ersparnisgründen" (S. 71).

Phrase und folgende Selbstentlarvung

Schließlich können „Pathos" und Enthüllung in der Rede ein und derselben Person nebeneinander stehen. Der Phrase folgt die Selbstentlarvung. Das Lächerliche wird durch eine schockierende schonungslose Offenheit abgefangen und plötzlich mit Schärfe aufgeladen.

In „Mutter Courage" berichtet die Marketenderin:

„... bin durch das Geschützfeuer von Riga gefahren mit fünfzig Brotlaib im Wagen. Sie waren schon angeschimmelt, es war höchste Zeit, ich hab keine Wahl gehabt" (S. 9).

Der Feldhauptmann empfängt den kühnen und tapferen Soldaten Eilif und freut sich,

„daß ich seh, es gibt noch einen echten Glauben in meinem Heerhaufen. Und der Seelenhirt ... predigt nur, und wies gemacht werden soll, weiß er nicht. Und jetzt mein Sohn Eilif, bericht uns genauer, wie fein du die Bauern geschlenkt und die zwanzig Rinder gefangen hast" (S. 18).

Noch unvermittelter erfolgt die Selbstentlarvung in dieser Bemerkung des Feldhauptmanns:

„Wir sind gekommen, ihnen ihre Seelen zu retten, und was tun sie, als unverschämte und verdreckte Saubauern? Uns ihr Vieh wegtreiben!" (S. 17)

Der Feldkoch äußert einige unrespektable Gedanken über den schwedischen König. Die Courage weist ihn zunächst zurecht:

„Man merkt, Sie sind kein Schwed, sonst würden Sie anders vom Heldenkönig reden ... Besiegt werden kann er nicht, warum, seine Leut glauben an ihn. (Ernsthaft)

Wenn man die Großkopfigen reden hört, führens die Krieg nur aus Gottesfurcht und für alles, was gut und schön ist. Aber wenn man genauer hinsieht, sinds nicht so blöd, sondern führn die Krieg für Gewinn. Und anders würden die kleinen Leut wie ich auch nicht mitmachen." (S. 28)

In „Puntila" erklärt Eva dem Chauffeur die Verdienste ihres künftigen Verlobten:

„Der Attaché ist sehr angesehn beim diplomatischen Dienst und hat eine große Karriere vor sich." Dann stellt sie ihn und sich bloß: „Ich wollte nur betonen, daß der Attaché ein intelligenter und gütiger Mensch ist, den man nicht nach dem Äußeren beurteilen darf oder danach, was er sagt oder was er tut". (S. 19)

Puntila, auf dem Gesindemarkt, verspricht den Leuten „fürstliche" Wohnungen, er will mit ihnen „in einem freundlichen Verhältnis" stehen und erläutert seine Auswahlprinzipien so:

„... auf's Alter schau ich am wenigsten", denn: „die Alten tragen gradsoviel oder mehr, weils nicht weggeschickt werden wollen." Oder: „... die Hauptsach ist mir der Mensch ..., aber auf Intelligenz geb ich nichts, die rechnen den ganzen Tag die Arbeitsstunden aus." (S. 27)

*

Die Beobachtungen haben eine Grundlage geschaffen, die besondere Form des Spotts in beiden Stücken Brechts zu bestimmen.

Es kommt auch, wie an einem Beispiel belegt wurde, reine Komik vor: „Im Gerichtssaal sieht man, was für ein hübscher Ort ein Birkenwald ist." Hier ergibt sich — um W. Kaysers Definition für das Komische zu benutzen — „die überraschende Lösung einer Gespanntheit, die als unerwartete Umschaltung auf einen anderen Seinsbezirk zustande kommt" und die „zu einem explosiven, befreienden Lachen" führt, weil „das von der Umschaltung Betroffene seine Aufhebung vertragen" kann [59].

Aber diese Komik bleibt vereinzelt. Denn der Spott ist fast immer bissig, feindselig, nicht auf momentane, sondern „auf grundsätzliche Aufhebung gerichtet" — erfüllt also Bedingungen der Satire [60]. Satire läge etwa vor, wenn Mutter Courage kriegerisch-heldische Begriffe übernimmt, ohne ihnen beizustimmen, und sie lediglich parodiert. Aber oft wird die Courage sofort anschließend „ernst" und kommentiert die Begriffe, stempelt sie zu bloßen Phrasen. Falsches Pathos und Phrase werden schonungslos demaskiert, die Dinge unmittelbar beim Namen genannt.

Also fallen auch die Bedingungen der reinen Sprachsatire weg, die von H. Olles treffend so bezeichnet wird: „Der satirische Schriftsteller wird ... die Satire aus der Sprache selbst entwickeln; er läßt den Irrtum zu Wort kommen, auf daß er im Wort zu Fall komme." Olles fährt fort: „Es ist bezeichnend, daß die Sprachsatire bei Brecht nicht allzu häufig ist." [61]

Damit sieht Olles richtig, daß „Pathos" und Phrase bei Brecht oft nicht nur über sich selbst, sondern außerdem noch über ihren (zusätzlich ausgesprochenen) Gegensatz „fallen". Deshalb kommt auch bei Brecht oft kein eigentlich er-

---

[59] W. Kayser, Das sprachliche Kunstwerk², S. 383.
[60] Vgl. W. Kayser, daselbst.
[61] H. Olles, Von der Anstrengung der Satire, in: Akzente 2/1954, S. 155.

lösendes, befreiendes Lachen zustande: dem Lachen folgt sofort eine Beklemmung. Der Spott will mehr als einen Widerspruch dadurch aufheben, daß er ihn der Lächerlichkeit preisgibt. Er hat die Aufgabe, eine Angriffsfläche sichtbar zu machen — ohne sie aber auch im Lachen schon wieder verschwinden zu lassen. Daher der plötzliche Schock, der in das Lachen hineinstößt. (In diesem Sinne könnte man Hans Mayer zustimmen, wenn er von der „grausigen Komik" Brechts spricht [62].)

Offensichtlich tritt also bei Brecht neben die allzu „pathetische Wendung" und neben die überspannte Phrase häufig eine deutende, die Entlarvung schlagartig oder auch eingehend explizierende zweite sprachliche Wendung. Eine sich überschlagende und daher sich selbst schon negierende idealistische Äußerung wird noch einmal zusätzlich negiert durch ein Aufzeigen ihrer realen Motive. Neben die uneigentliche, umschreibend-enthüllende tritt die eigentliche, benennend-enthüllende Rede.

So bekundet sich eine Analogie der sprachlichen Satire zur offenen Dramaturgie Brechts, wo auch zum Szenischen, zu seiner handlungsmäßigen, „umschreibenden" Aussage oft eine epische, deutend-erklärende, also „benennende" dramaturgische Form tritt.

5. FORTSETZBARKEIT DER HANDLUNG

Voraussetzung: Das parataktische Aufbauprinzip

In den Notizen über die Züricher Erstaufführung des „Puntila" verficht Brecht den „Grundsatz ‚Eines nach dem andern', der bei einer Dramatik der Exposition, der Knotenschürzung und des Kulminationspunkts immerfort außer Kurs gesetzt werden muß"[63].

Ein Überblick über die Gesamtdramatik Brechts bestätigt, daß mit der einzigen Ausnahme des frühen, fünfaktigen Stückes „Trommeln in der Nacht" alle Stücke Brechts lediglich in locker aneinandergefügte Szenen gegliedert sind. Die Einteilung in Akte ist aufgehoben, das dramatische Geschehen wird in einer Folge von Bildern entwickelt, die fortlaufend beziffert bzw. nur durch die Beschreibung des Schauplatzes gekennzeichnet sind.

Bei den von uns analysierten Stücken besteht „Mutter Courage und ihre Kinder" aus 12 Bildern (wobei das dritte Bild bei gleichbleibendem Schauplatz drei zeitlich getrennte Szenen enthält), „Herr Puntila und sein Knecht Matti" aus 12 Bildern oder Szenen, „Der gute Mensch von Sezuan" aus 10 Bildern, 1 Vorspiel und 7 Zwischenspielen. „Der Kaukasische Kreidekreis", nur grob in 5 Teile gegliedert, gibt über 20 verschiedene Schauplätze — die genaue Zahl ist schwer festzustellen, da bei der Wanderung Grusches „in die nördlichen Gebirge" der Schauplatz (bei der Berliner Inszenierung durch die Drehbühne herangefahren) teilweise „unter ihren Füßen" wechselt. Gewisse Einschränkungen sind

---
[62] H. Mayer, Die plebejische Tradition, in: Sinn und Form, Sonderheft Bertolt Brecht, S. 47.
[63] Versuche, Heft 10, S. 111.

aber auch noch bei den Ziffern für die „Mutter Courage" und für den „Guten Menschen" zu machen. Das dreigeteilte 3. Bild der „Mutter Courage" bekommt in der 3. Szene noch einen weiteren Einschnitt durch einen Lichtwechsel („Es wird dunkel... Es wird wieder hell" (S. 40), der — bei gegenwärtig bleibender Mutter Courage — einen zeitlichen Sprung bzw. eine Zeitraffung bedeutet. Ebenso wird im Vorspiel des „Guten Menschen", zwischen Aufnahme und Abschied der Götter bei Shen Te, durch einen Lichtwechsel der Zeitraum einer Nacht gerafft und damit eigentlich eine neue szenische Einheit konstituiert. Die Raffung einer ganzen Nacht zu wenigen Minuten findet sich auch im „Kaukasischen Kreidekreis", Ende des I. Teils (S. 27 f.); im III. Teil werden sogar mehrere Wochen (vom Winter zum Frühjahr) in einer Szene zusammengedrängt durch den akustisch beschleunigten Vorgang der Schneeschmelze (schließlich heißt es: „Das Glockenspiel der fallenden Tropfen ist groß und stetig geworden. Lavrenti: Grusche, ... es ist Frühjahr" (S. 48).

Jedenfalls liegt hier ein überwiegend atektonisches Aufbauprinzip zugrunde. Brechts Grundsatz „Eines nach dem anderen" ist zugleich ein Grundsatz der betonten Nebenordnung, der Parataxe.

Außerdem müssen dem „Kleinen Organon für das Theater" (§ 67) zufolge „die einzelnen Geschehnisse so verknüpft sein, daß die Knoten auffällig werden. Die Geschehnisse dürfen sich nicht unmerklich folgen, sondern man muß mit dem Urteil dazwischen kommen können... Die Teile der Fabel sind also sorgfältig gegeneinander zu setzen, indem ihnen ihre eigene Struktur, eines Stückchens im Stück, gegeben wird. Man einigt sich zu diesem Zweck am besten auf Titel."[64] Durch diese „eigene Struktur" der Teile und durch die Voransetzung von Titeln ergibt sich eine relative Selbständigkeit der Teile. Brechts theatralische Konzeption rechtfertigt sich auch von der äußeren Gliederung und Bauform der Stücke her als „episches Theater".

a) Mutter Courage

Wir haben so ein vorwiegend atektonisches Aufbauprinzip erkannt, das nach Walzel „die geschlossene Form" öffnet und „die fertige Gestalt durch die scheinbar unfertige, die begrenzte durch die unbegrenzte" ersetzt[65]. Nun gilt aber für Walzels „offene Form" die Forderung des Aristoteles, daß die Tragödie (das Drama) „die Nachahmung einer vollständigen und ganzen Handlung ist" und daß die Handlung „weder an einem beliebigen Punkte beginnen noch an einem beliebigen Punkte aufhören"[66] darf. Wir haben deshalb zu fragen, wie sich die (Walzelsche) „offene Form" oder „scheinbar unfertige Gestalt" der Gesamthandlung im Rahmen einer offenen Dramaturgie darbietet und welche weitergehenden Konsequenzen hier gezogen werden.

Als Ausgangspunkt dient wieder eine beispielhafte Veränderung, die eine Inszenierung gegenüber dem dramatischen Text vornahm. Wir beziehen uns

---

[64] Versuche, Heft 12, S. 135 f.
[65] O. Walzel, a.a.O., S. 316.
[66] Aristoteles, Von der Dichtkunst, in: Werke, eingel. und übertrag. v. O. Gigon, Bd. II, Zürich 1950, S. 401.

dabei auf die Neuaufführung der „Mutter Courage und ihre Kinder" durch das Berliner Ensemble, 1951, Regie: Bertolt Brecht und Erich Engel[67].

Die textliche Vorlage des Stückes beginnt unmittelbar mit dem Gespräch der Werber. Die Aufführung dagegen setzt dem Stück eine Art Vorspiel voran: „Die halbhohe, leichte Leinengardine ... zerteilt sich, und der Planwagen der Courage rollt auf der gegenbewegten Drehbühne nach vorn ... Der Planwagen wird gezogen von den beiden Söhnen, und sie singen die zweite Strophe des Geschäftslieds der Courage ‚Ihr Hauptleut', eure Leut' marschieren, euch ohne Wurst nicht in den Tod...'[68]. Auf dem Bock sitzen die stumme Kattrin, die Mundharfe spielend, und die Courage. Die Courage sitzt bequem, ja faul, sich mit dem Wagen wiegend, sie gähnt. Alles deutet darauf, auch der Blick, den sie einmal zurückwirft, daß der Wagen einen langen Weg herkommt."[69]

Mit diesem Vorspiel, überschrieben „Der lange Weg in den Krieg"[70], betont die Inszenierung nicht nur die parataktische Struktur der Handlung selbst, sondern auch die bloße Teil- und Gliedhaftigkeit der Handlung in einer parataktischen Reihe ausgedehnterer Vorgänglichkeiten. Der Wagen der Courage, von weit herkommend, rollt gewissermaßen in die Handlung hinein. Er überführt nicht nur die vierköpfige Besatzung mit ihren Einzelschicksalen, sondern auch einen „kondensierten" Bestand geschichtlicher Vorereignisse in den eigentlichen Handlungsraum. Denn in der Liedstrophe, die von den Söhnen gesungen wird, heißt es zum Schluß:

> „Das Frühjahr kommt. Wach auf, du Christ!
> Der Schnee schmilzt weg. Die Toten ruhn.
> Und was noch nicht gestorben ist
> Das macht sich auf die Socken nun." (S. 8)

Das Frühjahr 1624 bricht an, aber zugleich werden die vorangegangenen Jahre des Krieges angesprochen in den Toten, die sie zurückließen. Und die Zeile „Und was noch nicht gestorben ist" impliziert ein Zweifaches: einmal, daß die Zahl der Toten erheblich war, zum anderen, daß sie weiterhin erheblich sein wird (schon zu Anfang der Strophe hieß es ja: „Ihr Hauptleut', eure Leut' marschieren euch ohne Wurst nicht in den Tod"). Es ist also in dem Zeitraum, den die Handlung einnehmen wird, nichts wesentlich Neues zu erwarten: es wird sich so viel nicht ändern.

Dadurch bekommt das Einsetzen der Handlung einen Zug von Zufälligkeit, erscheint wie willkürliches Eintauchen in den Fluß eines unübersehbar weiträumigen Geschehens: die Handlung blendet sich nur in einen längst laufenden Vorgang ein, dessen Symbol der Planwagen der Courage ist. Aber ebenso blendet sie sich auch wieder aus. Schon im 1. Kapitel wurde festgestellt, daß am Ende des Stücks bei der Courage — der Haupt- und überlebenden Person — keinerlei Änderung und Horizonterweiterung des Bewußtseins, keine Entwicklung des Charakters zu beobachten ist. Sie zieht zum Schluß allein mit dem Wagen von der Bühne, wie sie eingangs in Begleitung ihrer Kinder mit ihm

---
[67] S. „Theaterarbeit", S. 227—284.
[68] Im dramatischen Text in der 1. Szene als 2. Strophe des Lieds der Courage.
[69] Theaterarbeit, S. 230.
[70] Daselbst.

hinaufzog. Der Wagen, der im Vorspiel den „langen Weg in den Krieg" hinein fuhr, fährt am Ende weiter den langen Weg in den Krieg hinaus, zu der 3. Strophe des Lieds:

> „Mit seinem Glück, seiner Gefahre
> Der Krieg, er zieht sich etwas hin.
> Der Krieg, er dauert hundert Jahre
> Der g'meine Mann hat kein'n Gewinn..." (S. 79 f.)

Der Zeitraum der Handlung war nur ein Ausschnitt.

Dabei ist bedeutsam, daß das historische Faktum des dreißigjährigen Krieges hier zum Schluß überhöht wird zu einem Krieg von hundertjähriger Dauer. Diese Zahl soll kaum wörtlich genommen werden. Aber sie akzentuiert die Endlosigkeit des Krieges, auch und gerade der noch kommenden Kriegszeit. Würde zum Schluß von einem dreißigjährigen Krieg oder von noch ausstehenden 12 Kriegsjahren gesprochen, wäre das Kriegsende immerhin abzusehen, für die Überbliebenen noch erlebbar. So aber zieht der Wagen der Courage in eine ungewisse, von der Vergangenheit wenig unterschiedene Zukunft hinaus. Dramatisches Geschehen nach dem Modell der Handlung kann sich immer neu wiederholen — wenn nicht mit derselben Wucht an der Courage (die nicht mehr viel zu verlieren hat), so doch an unzähligen anderen Menschen. Aber selbst die Courage wird von dem Unglück und den Katastrophen des Kriegs, in den sie mit immer noch denselben Grundsätzen hinausfährt, nicht verschont bleiben. Mit anderen Worten: die Handlung hat keinen befriedigenden Abschluß und soll auch keinen haben: sie ist fortsetzbar [71].

Sinnfällig wird dieses Moment dadurch, daß die Courage zum Schluß ihr familiäres Unglück in seiner Gänze gar nicht überschaut. Sie weiß nicht, daß ihr Sohn Eilif wegen Plünderung hingerichtet wurde. Auf die Frage der Bäuerin (letztes Bild): „Habens denn niemand sonst? Wos hingehn könnten?" antwortet sie: „Doch, einen. Den Eilif" (S. 79). Die „Katastrophe", soweit sie die Courage betrifft, wird sich total erst vollziehen zu einem Zeitpunkt, der hinter die Handlung gerückt ist, den die Spielhandlung nicht mehr erreicht.

b) Puntila

Im Volksstück „Herr Puntila und sein Knecht Matti" scheint eine Fortsetzbarkeit der Handlung auf den ersten Blick nicht gegeben zu sein. Denn im Gegensatz zu „Mutter Courage", wo es Brecht darauf ankam, nicht die Courage, sondern den Zuschauer „sehend zu machen", fällt hier die Einsicht des Chauffeurs Matti am Ende durchaus mit der Einsicht zusammen, über die auch der Zuschauer verfügen soll: der klassenbewußte Matti zieht die Konsequenzen aus der Unersprießlichkeit seines Dienstverhältnisses und „wendet Puntila den Rücken" (S. 87). Die Herr-Diener-Beziehung, die in 11 Bildern ausgebreitet

---

[71] Dieses Phänomen einer Unabgeschlossenheit der Handlung steht in innigem Zusammenhang mit Brechts Auffassung, daß die „heutige Welt ... den heutigen Menschen nur beschreibbar" ist, „wenn sie als eine veränderliche Welt beschrieben wird." (Kann die heutige Welt durch Theater wiedergegeben werden? Zum „Darmstädter Gespräch", in: Sinn und Form, 7. Jg., Heft 2/1955, S. 306.)

wird, die sich aber im elften Bild nicht wesentlich gegenüber dem ersten gewandelt hat, wird im 12. Bild überraschend gelöst.

Wir haben schon im 1. Kapitel gesagt, daß Matti den „Freundschaftsbund" mit Puntila ohne *akute* Notwendigkeit bricht. Seine Begründung

„Heut nacht hat er (Puntila) sich so besoffen, daß er mir gegen Morgen versprochen hat, er wird mir die Hälfte von seinem Wald überschreiben, und vor Zeugen. Wenn er das hört, ruft er diesmal die Polizei" (S. 87)

ist *von sich aus* nicht unbedingt stichhaltig. Denn ähnliche „Scherze" hat Puntila schon während des ganzen Stückes mit ihm getrieben. Auch Mattis Erklärung:

„Ich hab genug. Nach der Sache mit dem Surkkala halt ich seine Vertraulichkeiten nicht mehr aus" (S. 87)

deutet nicht gerade auf eine Gefahrsituation, die ihm keine andere Wahl ließe, als sich heimlich davonzumachen.

Nun sagt Matti freilich in seinen epiloghaften Schlußworten deutlicher, warum der „Freundschaftsbund" nicht bestehen konnte:

„Weil sich das Wasser mit dem Öl nicht mischt" (S. 88).

Er gibt auch dem Publikum jene schon im 1. Kapitel zitierte lehrhafte Deutung. Doch sie ist dem Stück gleichsam nur angefügt. Der Bruch Mattis mit Puntila ist keinesfalls ein Ende, auf das etwa die dramatische Bewegung vorwärtsdrängend und zielstrebig, mit ruckartigen Steigerungen, zuliefe. Sie ist ebensowenig ein Ende, auf das etwa die Handlung in ruhiger, aber immer zwingenderer Entwicklung hinstrebte. Zwar wächst im Verlauf des Stücks Mattis Unzufriedenheit mit seinem unberechenbaren Herrn (insofern liegt natürlich eine „Entwicklung" vor), aber die Handlung treibt den Gegensatz nicht zur Schärfe, die eine unausweichliche Entscheidung verlangte. Wohl entläßt Puntila im 11. Bild den Arbeiter Surkkala und verrät einmal mehr einen Zug von Brutalität, aber andererseits bringt das 11. Bild anschließend mit der „Besteigung" des Hatelmabergs eine der poetischsten Szenen des Stücks, eine Szene, die durchaus für Puntila gewinnen und einnehmen kann. Kein Zweifel: es ließe sich nach dem 11. Bild noch eine ganze Reihe von weiteren Szenen denken, in denen in der Beziehung Matti-Puntila keine entscheidende Änderung eingetreten wäre.

Dadurch aber wirkt das kurze 12. Bild (der Schluß) wie ein Eingriff von außen. Er setzt eine Möglichkeit des Verhaltens, die sich aus der Handlung selbst nicht mit zwingender Notwendigkeit ergibt: eine Möglichkeit neben anderen. Erst das am Prolog erkannte Prinzip einer Relativierung der Handlung auf bestimmte gesellschaftlich-politische Deutungen der Wirklichkeit sucht diese bloße Möglichkeit zur Notwendigkeit des Verhaltens umzubilden.

So ist nicht nur — wie vorläufig im 1. Kapitel bemerkt wurde — die in gebundener Form gehaltene Schlußrede Mattis, sondern das gesamte 12. Bild als Epilog des Stückes anzusehen. Die eigentliche Handlung: die fortsetzbare, parataktische Folge von Situationen (einer sozialen Beziehung zweier Menschen) erstreckt sich bis zum Ausgang des 11. Bildes, bis zu den widerwillig gesprochenen und ironischen, aber doch keineswegs aufsässigen Worten Mattis:

„Das Herz geht mir auf, wenn ich Ihre Wälder seh, Herr Puntila". (S. 87)

Dann wird sie einfach abgebrochen, eines Beispiels wegen:

„'s wird Zeit, daß deine Knechte dir den Rücken kehren". (S. 88)

Aber auf dem Gut Puntila wird es keine einschneidenden Änderungen geben. Der Herr wird sich einen neuen Chauffeur verpflichten, wird weiterhin im nüchternen Zustand ein berechnender und gegebenenfalls rücksichtsloser Gutsbesitzer und im betrunkenen Zustand ein „menschlicher", umgänglicher „Freund" der unteren Schicht sein. Das Leben und die soziale Ordnung auf Puntila werden sein wie eh und je. Was mit Matti geschehen soll, ist im Stück nicht einmal angedeutet. Wahrscheinlich wird er aber, obwohl er ohne Zeugnis davongegangen ist, irgendwo eine neue Stellung als Chauffeur antreten. Daß sie für ihn grundsätzlich günstiger und erträglicher würde, ist nicht anzunehmen, denn er selbst sagte ja von Puntila:

„Der Schlimmste bist du nicht, den ich getroffen".

Schließlich: die Handlung hat — mit Ausnahme des Surkkala, aber der ist ohnehin entlassen worden — keine Figur vorgeführt, auf die das Beispiel Mattis gemünzt sein und bei der es Nachahmung finden könnte. In dem durch das Stück bezeichneten Wirklichkeitsraum ist vom Beispiel Mattis keine Wirkung zu vermuten. Mattis Entschluß erwartet sich nichts von seinen Mitfiguren, aber vieles vom Zuschauer.

c) Negativer Befund im „Kaukasischen Kreidekreis"

Bevor wir das Problem im „Guten Menschen von Sezuan" aufsuchen (wo wir ihm zugleich am reinsten begegnen), haben wir es in einer kurzen Bemerkung für das vierte Stück in unserer Reihe, den „Kaukasischen Kreidekreis", zu klären.

Im Unterschied zu den drei übrigen Stücken führt der „Kaukasische Kreidekreis" die aufgeworfene menschlich-gesellschaftliche, d. h. auch dramatische Problematik schon durch die Handlung selbst einer Lösung zu. Mit dem Urteil des Richters Azdak wird zum Schluß die durch die Handlung sich hinziehende, manchmal aussetzende, aber im ganzen doch immer dringlicher werdende Frage: welcher von den beiden Müttern das Kind zugehören soll, endgültig entschieden. Der Spruch des Richters setzt einen Endpunkt: das Kind ist der Frau zugesprochen, die ihm die beste Mutter sein wird. Die epilogbaften Schlußworte des Sängers (vgl. 1. Kap.) stellen nur noch eine Zusammenfassung dar.

Und doch hängt auch die Entscheidung des Richters weitgehend in einem gleichsam luftleeren Raum. Denn durch die Rückkehr des Großfürsten ist in Grusinien wieder die alte feudale Ordnung hergestellt, eine Ordnung, in der Azdaks (für die Armen) parteiliche Rechtsprechung, auch sein Kreidekreis-Urteil, nur eine Ausnahme bilden kann. Es fehlt seiner Justizpraxis jeglicher Rückhalt und jegliche Grundlage im derzeitigen Gesellschaftsgefüge. Gegen Ende sagt der Sänger:

„Und nach diesem Abend verschwand der
Azdak und ward nicht mehr gesehen.
Aber das Volk Grusiniens vergaß ihn
nicht und gedachte noch
Lange seiner Richterzeit als einer kurzen
Goldenen Zeit beinah der Gerechtigkeit." (S. 95)

Hier wird bestätigt, daß sich Azdak über die Ausnahmebedingung seiner Gerichtspraxis im klaren war und nicht den Versuch machte, sie fortzuführen. Das von ihm geschaffene neue Recht wurde nicht weiter geübt. Sein Urteil ist also, sofern es beispielgebend sein soll, vor allem publikumgerichtet.

Aber andererseits ist die Rechtskraft seines Urteils in den Zusammenhängen der Handlung nicht zu bezweifeln: seine richterliche Entscheidung über die Zugehörigkeit des Kindes zu Grusche ist bindend und zugleich organischer Endpunkt der Handlung. Eine Fortsetzbarkeit der Handlung liegt im „Kaukasischen Kreidekreis" nicht vor. Das Ende der Parabel ist durch die Entscheidung der beiden Kolchosen im Vorspiel schon präjudiziert.

d) Der gute Mensch von Sezuan

Der „Gute Mensch", in dem fast alle besonderen Formtendenzen Brechtscher Dramatik vorkommen, schließt mit einem Epilog. Aus diesem Epilog allein ließe sich sehr wohl eine Dramaturgie Brechts entwickeln. Das Problem einer Fortsetzbarkeit der Handlung jedenfalls ist hier schon explizite aufgezeigt.

Die Handlung wird vom Stück bis zu der (von den verkleideten Göttern geleiteten) Gerichtssitzung geführt, in der Shen Te als Shui Ta angeklagt ist, ihre Kusine (das hieße sich selbst) „beiseite geschafft" (S. 98) zu haben. Nachdem sich Shen Te demaskiert und als mit Shui Ta identisch ausgewiesen hat, erfährt die Verhandlung schlagartig eine Umstrukturierung. War sie bisher lediglich Einlaufpunkt des (vordergründigen) Geschehens, so wird sie nun Auffang- und Brennpunkt des eigentlichen dramatischen Vorgangs. Das Problem, das hinter dem Geschehen immer schärfer sichtbar wurde, wird nun rein und in seinem ganzen Umfang zur Entscheidung gestellt. Die Angeklagte wird zugleich zum Ankläger, die Richter werden zugleich zu Angeklagten. Shen Te zu den Göttern:

> „Euer einstiger Befehl
> Gut zu sein und doch zu leben
> Zerriß mich wie ein Blitz in zwei Hälften. Ich
> Weiß nicht, wie es kam: gut sein zu andern
> Und zu mir konnte ich nicht zugleich.
> Andern und mir zu helfen, war mir zu schwer.
> Ach, eure Welt ist schwierig! Zu viel Not,
> Zu viel Verzweiflung!"

und

> „Etwas muß falsch sein an eurer Welt." (S. 103)

Die angeklagten Richter sitzen fassungslos gegenüber Shen Tes Schuldbekenntnis und entsetzt angesichts ihrer Anklage. Die Götter-Richter beschwichtigen:

„Ein Mißverständnis! Einige unglückliche Vorkommnisse ... Etwas Übereifer!"

Und die Götter-Angeklagten wollen nichts zugeben:

„Sollen wir eingestehen, daß unsere Gebote tödlich sind? ... Soll die Welt geändert werden? ... Nein, es ist alles in Ordnung". (S. 104)

Sie entziehen sich, nach oben schwebend, der Entscheidung.

Aber für Shen Te ist durchaus nicht alles in Ordnung:

„Verlaßt mich nicht! Wie soll ich den beiden guten Alten in die Augen schauen, die ihren Laden verloren haben, und dem Wasserverkäufer mit der steifen Hand? Und wie soll ich mich des Barbiers erwehren, den ich nicht liebe, und wie Suns, den ich liebe? Und mein Leib ist gesegnet, bald ist mein kleiner Sohn da und will essen? Ich kann nicht hier bleiben!" (S. 104)

Und während die Götter mit einem reichlich beziehungslosen und bagatellisierenden Preislied auf den guten Menschen von Sezuan entschwinden, ist Shen Tes letzter, verzweifelter Ausruf: „Hilfe!" (S. 105) [72].

Shen Te, die nicht zugleich gut sein u n d leben kann, bleibt rat- und hilflos zurück. Die Handlung hat einen Widerspruch zwischen ethischem Postulat und der Tatsächlichkeit aufgedeckt: daß nämlich die gebotene reine Güte bei der augenblicklichen Struktur der Gesellschaft (einer Gesellschaft des Erwerbsinteresses und Konkurrenzkampfes) nicht möglich ist. Trotz dieses Widerspruches wird das Postulat der Nächstenliebe nicht zurückgenommen, der Widerspruch bleibt ungelöst. Das Drama als Handlung hat also eine große Frage aufgeworfen: wie „Sittlichkeit" und „Glückseligkeit" [73] des Menschen zugleich möglich sind — ohne die Frage auch nur im geringsten zu beantworten.

Diesen gänzlich unfertigen Charakter des Dramas spricht der Epilog offen aus:

(„Vor den Vorhang tritt ein Spieler und wendet sich entschuldigend an das Publikum mit einem Epilog:")

„Verehrtes Publikum, jetzt kein Verdruß:
Wir wissen wohl, das ist *kein rechter Schluß*.
Vorschwebte uns: die goldene Legende.
Unter der Hand nahm sie ein bitteres Ende.
Wir stehen selbst enttäuscht und sehn betroffen
Den Vorhang zu und *alle Fragen offen*.
Dabei sind wir doch auf Sie angewiesen
Daß Sie bei uns zu Haus sind und genießen.
Wir können es uns leider nicht verhehlen:
Wir sind bankrott, wenn Sie uns nicht empfehlen!
Vielleicht fiel uns aus lauter Furcht nichts ein.
Das kam schon vor. *Was könnt die Lösung sein?*
Wir konnten keine finden, nicht einmal für Geld.
Soll es ein andrer Mensch sein? Oder eine andre Welt?
Vielleicht nur andere Götter? Oder keine?
Wir sind zerschmettert und nicht nur zum Scheine!
Der einzige Ausweg wär aus diesem Ungemach:
Sie selber dächten auf der Stelle nach
Auf welche Weis dem guten Menschen man
Zu einem guten Ende helfen kann.
Verehrtes Publikum, los, such dir selbst den Schluß!
Es muß ein guter da sein, muß, muß, muß!"

(S. 106, Heraushebungen vom Verf.)

---

[72] Die Wuppertaler Inszenierung ließ die Handlung auch mit diesem Hilferuf aufhören, während in der Textvorlage noch vier Zeilen Gesang der Götter folgen.

[73] Vgl. W. Dirks, Bert Brecht, die Demokraten und die Christen = Frankfurter Hefte, 8. Jg., 1953, H. 1, S. 65—67 (S. 66).

Stärker kann die totale Offenheit des Dramas kaum betont werden. Die Handlung wird bei einem Stand allgemeiner Verwirrtheit und ungeklärter Verhältnisse einfach abgebrochen. Die offene Struktur des Dramas, das mit den häufigen Wendungen zum Publikum schon während der laufenden Handlung den Zuschauer bemühte, wird am Ende zu ihrer letzten Konsequenz geführt: es ist „kein rechter Schluß" da, und es sind „alle Fragen offen".

Alle Forderungen werden ans Publikum (zurück) gegeben, Dichter und Schauspieler fragen — in völliger Umkehrung ihrer ursprünglichen Aufgabe — den Zuschauer: „Was könnt die Lösung sein?" Von ihm wird erwartet, daß er die abgebrochene Handlung fort- und zu Ende denkt. Der ratlose „gute Mensch" des Dramas wird dem Zuschauer und der ratlose Zuschauer sich selbst überlassen. Die Frage nach der sozialen Ordnung, in der Güte und Glück unumschränkt zugleich möglich sind, wird aus dem Drama in die konkrete Realität des Zuschauers überwiesen.

So gestaltet Brecht im Epilog zum „Guten Menschen von Sezuan" eine dichterische Selbstkundgabe seiner Wirkungspoetik (und auch seiner besonderen Form einer „offenen Dramaturgie").

Zur „Fortsetzbarkeit der Handlung" machten wir folgende Beobachtungen:

1. Als Voraussetzung gilt das parataktische Aufbauprinzip, das Gesetz einer Nebenordnung relativ selbständiger Teile des Dramas.

2. Eine Fortsetzbarkeit der Handlung liegt vor, wenn die dramatische Bewegung nicht — aufsteigend und wieder abfallend — zu einem zwingenden Schluß führt, wenn das Handlungsende selbst keinen festen Schlußpunkt eines bestimmten Falles setzt bzw. ein entwickeltes Problem sich lösen läßt, sondern die Möglichkeit oder Notwendigkeit einer Fortführung der Handlungslinie aufzeigt.

3. Fortsetzbarkeit ist auch dort gegeben (wenngleich verhüllt gegeben), wo die Handlung überraschend und lediglich durch eine didaktisch bestimmte und publikumgerichtete Wendung zu einem festumrissenen Ende geführt wird.

4. Im Rahmen der vier analysierten Stücke Brechts ist eine Fortsetzbarkeit der Handlung in folgender Abstufung zu beobachten:

„Der Kaukasische Kreidekreis"	— keine
„Herr Puntila und sein Knecht Matti"	— verhüllt
„Mutter Courage und ihre Kinder"	— erkennbar
„Der gute Mensch von Sezuan"	— offenbart.

C. Zusammenfassung

Die analytische Untersuchung zur offenen Dramaturgie Brechts war gegliedert gemäß den fünf Bedingungen, unter denen das Handlungsgefüge geöffnet wird. Dabei zeigte sich, daß die fünf Kategorien Relativierung, Unterbrechung, Distanzierung, Entschlüsselung und schließlich Fortsetzbarkeit der Handlung einander bedingen, teilweise einander überschneiden und immer miteinander korrespondieren. So kamen wir auch am Ende der einzelnen Kapitel zu ähnlichen, nur graduell unterschiedenen Ergebnissen, indem wir immer wieder auf eine wirkungspoetische Verbindlichkeit der dramaturgischen Formen stießen. Entweder hatten wir zunächst eine Schicht nur fingierter Motivationen abzuräumen, oder aber die Wirkungsabsicht gab sich von selbst zu erkennen. Dabei kam stets der Zuschauer als geheimer oder ausdrücklich bezeichneter Partner, genauer Gegenspieler, in unseren Gesichtskreis.

Stellen sich also Parallelen zwischen den einzelnen Kapiteln her, so soll auch die Zusammenfassung bestimmte wiederkehrende Probleme in einem Querschnitt durch die Analyse miteinander in Beziehung setzen.

Noch einmal ist zu betonen, daß sich die Analyse zur Hauptsache ja auf jene dramaturgischen Formen beschränkte, die im Hinblick auf das neuzeitliche Kunstdrama als unkonventionell anzusehen und die auch bei Brecht klar von der eigentlichen Handlung zu unterscheiden sind: Prolog/Epilog, Vorspiel und Kommentare; Songs (Lieder); epischer Bericht; Publikumsansprachen. Hinzu kommt die Konzeption einer fortsetzbaren Handlung. Da wir aber diese dramaturgischen Formen ständig auch auf ihr Verhältnis zur „reinen" Handlung ansahen, war es möglich, gerade aus dieser Beschränkung heraus in das Wesen der dramatischen Sonderformen Brechts einzudringen.

Zur Personalität

Wie in der allgemeinen Einleitung trafen wir auch im I. Teil auf das Problem der Personalität. Brecht typisiert, ohne daß die menschliche Plastik der Figuren verlorenginge, die Menschen auf ihr soziales Verhältnis zueinander. Er zieht dabei auch Gestaltungsmittel der Typenkomödie heran.

Unsere Untersuchung kreiste aber vor allem um die dramaturgisch-formale Frage nach den Kommunikations- und Sehweisen dramatischer Figuren. Die Person steht nur noch in einem gebrochenen Identitätsverhältnis zu sich selbst, sofern sie einmal innerhalb des szenischen Gefüges Partner ihrer Mitfiguren und zum anderen, das Kontinuum der Handlung verlassend und eine zweite Perspektive aufnehmend, Partner des Publikums ist. Die offene Struktur des personalen Seins erhält damit ihre nachdrückliche formale Betonung. Bei der Aufführung ist dieser Sprung im personalen Gefüge, dieser Wechsel der Perspektive nicht in Form des Beiseitesprechens oder der „Monologtechnik des alten Theaters" kundzugeben, sondern durch eine „volle Wendung" zum Publikum zu unterstreichen: die dramatische Figur wird zum „Sprecher".

In dieser Eigenschaft kann sie bei Brecht die Handlung auf eine bestimmte Wirklichkeitsdeutung relativieren, das dramatische Gleichnis entschlüsseln, Bühne und Publikum konfrontieren oder einen sozialen Appell vermitteln. Immer wird die Figur als Sprecher zur Person ohne Eigenleben. Sie ist existent nur in einer Funktion: als Träger der Wirkungsabsicht des Dramas. Die dramatische Person wird zum Durchgangs- und Mittelglied der Analogie und gleichnishaften Spannung zwischen ästhetischer Realität und Realität des Publikums.

Raum-Zeit-Probleme

Die Kommunikationsweise sowie das Eingreifen der Sprecher in die Kontinuität der Handlung forderten die Frage nach den zeitweiligen Veränderungen in der Raum- und Zeitstruktur des Dramas heraus.

Als „idealer" Standort aller mit dem Publikum korrespondierenden Figuren-Sprecher hat der Schnittpunkt von Bühne und Zuschauerraum zu gelten. Wir fanden diese Folgerung in Brechts Inszenierung des „Kaukasischen Kreidekreises" gezogen, wo die Sängergruppe in bzw. vor einer Seitenloge, neben der vorspringenden Rampe, ihren Platz hatte.

An Hand des 8. Bildes im „Guten Menschen von Sezuan" sahen wir, daß die Bühne bei Brecht vorübergehend Ansätze zur Simultanbühne zeigen und der temporalen Struktur nach sogar echten Simultanbühnencharakter erhalten kann. Eine weitgehende Freiheit gegenüber den Bedingungen der räumlich-zeitlichen Kontinuität hat eine Vertauschbarkeit von Szenen zur Folge, wie sie im „Kaukasischen Kreidekreis" erkannt wurde.

Zur ästhetischen Realität

Unsere Beobachtungen zum Realitätsproblem im „Kaukasischen Kreidekreis" und „Guten Menschen" lassen sich dahingehend zusammenfassen: Die ästhetische Realität des Dramas ist ein in sich widersprüchliches, in seiner Schein-, Spiel- und Gleichnishaftigkeit sich selbst offenbarendes Wirklichkeitsgefüge. Sie ist Spannungsfeld zweier rivalisierender Horizonte bzw. Pole, worin sich der epische immer wieder zeitweilig dem dramatischen Pol überordnet. Da die episch-ästhetische Sphäre ihrerseits zur Realität des Publikums geöffnet ist, kann sie vorübergehend zu deren Repräsentationsbereich im Drama werden.

Wirkungspoetische Bestimmung

Wir haben nun genauer nach der Intention der Dramatik Brechts zu fragen.

Aus einem kurzen, punktuellen Vergleich zwischen dem „Hofmeister" von Lenz und seiner Bearbeitung durch Brecht schlossen wir auf eine Auslösungsfunktion des Brechtschen im Gegensatz zur Erlösungsfunktion des „neuzeitlichen" Dramas. Auch in der Analyse selbst stellte sich das Drama Brechts als bloße Ausgangsstufe dar, als der eine Teil eines Vorgangs, den es zwar inauguriert, aber nicht voll austrägt — eines Vorgangs, der vom Zuschauer zu übernehmen ist und auch von ihm nur zu Ende geführt werden kann.

Abgesehen vom „Kaukasischen Kreidekreis", wo das Drama einen Endpunkt in sich selbst hat, erkannten wir als ein Kriterium der dramatischen Form Brechts die Fortsetzbarkeit der Handlung. Eine in Szene gesetzte Ereigniskette bricht einfach ab, ein in Gang befindliches Geschehen bleibt „auf der Strecke", ohne sich ganz zu vollziehen.

Betrifft diese Beobachtung das fragmentarische Gepräge des Szenischen, so richten sich die folgenden auf den zwischen Drama und Publikum anhängigen Vorgang.

Das Moment einer Bindung sahen wir schon vorgegeben in einer beliebten dramaturgischen Form Brechts: der Gerichtsszene, durch die das Theaterpublikum in die Rolle des Gerichtspublikums und des Mitrichters gedrängt wird.

Von Prolog und Epilog zu „Puntila" ausgehend, erkannten wir Züge einer modellhaften Darstellungsweise. Das Drama als Handlung zieht die mannigfachen zwischenmenschlichen Beziehungen auf das Verhältnis Herrschende-Dienende zusammen, rüstet sie zu einem Modell, an dem der Zuschauer Einsichten gewinnen soll. Das Drama plant eine zu gestaltende konkrete Wirklichkeit.

Differenziert fanden wir diese Intention in „Mutter Courage", wo Einsichten nur auf uneigentliche Weise vermittelt werden. Das Modell ist vom Zuschauer kritisch zu berichtigen, bevor es für eine zu gestaltende Wirklichkeit verfügbar wird.

Der „Gute Mensch von Sezuan" gibt sich schon durch die Bezeichnung Parabelstück als Gleichnis zu erkennen und wird in den Publikumsansprachen des öfteren entschlüsselt und hingeordnet auf die Lebenswirklichkeit des Zuschauers, die als eine Welt der Ichsucht und des Erwerbsinteresses aufgefaßt ist. Auch beim „Guten Menschen" ist die Handlung, das Gleichnis eine Art Modell konkreter Wirklichkeit. Die Umschreibung „Modell" und die Bezeichnung Parabel sind somit zwei verwandte Kategorien für eine dramatische Form, die über sich selbst hinausweist.

Am Epilog des „Guten Menschen" zeigte sich die Unselbständigkeit und Bedingtheit der Parabel pointiert zur völligen Selbstaufgabe: das Drama ist am Ende seiner (künstlerisch-ästhetischen) Möglichkeiten. Die unfertige Parabel überliefert sich dem Publikum. Das zu vollendende Drama wird zu gestaltende Wirklichkeit im Sinne einer Veränderung der Gesellschaft.

Durch seinen Entwurf-Charakter ordnet sich letztlich das Drama Brechts, trotz des starken Hervortretens epischer Elemente, doch entschieden dem „dramatischen Stil" zu. E. Staigers Bestimmung: das dramatische Dasein entwirft [74], wird hier in ganz eigener Weise anschaulich. Beherrschend ist der Drang ins Zukünftige; das Vorgeworfene bleibt einzuholen. Aber nicht mehr gestaltet wird der Endpunkt; das Drama ist nur Teilstrecke auf dem Wege zum Ziel. Die Spannung, Wesen des dramatischen Stils, ist nicht wie bei der geschlossenen Dramaturgie vor allem auf Innerwerkliches gerichtet, sondern ein das Drama übergreifender Bewegungsantrieb. Die offene Dramaturgie entläßt den Impuls nach außen.

Bezeichnen wir zum Schluß abrißhaft Brechts Sonderform einer „offenen Dramaturgie" in ihren Grundzügen! Im Gegensatz zum Idealtyp des neuzeitlichen Kunstdramas, das wohl Unterscheidungen nach einer „offenen" und „geschlossenen Form" zuläßt, aber als Kunstwerk ein in sich begrenztes und geschlossenes Ganzes bildet, entwickelt Brecht dramatische Formen, bei denen das Drama ein handlungsmäßig durchbrochenes und zum Publikum hin offenes Gebilde bleibt. Das Drama hat nicht Organismus-, sondern Entwurf-Charakter; ihm wird keine Erlösungs-, sondern eine Auslösungsfunktion zuerteilt. Letztes Wirkungsziel ist Lebensgestaltung als Gesellschaftsveränderung.

---

[74] Grundbegriffe der Poetik, Zürich 1951², S. 221 f.

Zweiter Teil

DIE PUBLIKUMGERICHTETE SPIELWEISE

A. Voraussetzungen

a) Die Aufführung als Versinnlichung des Dramas

Unsere Untersuchung hat im Verlauf des I. Teils des öfteren Fragen der bühnenmäßigen Darstellung des Dramas mit einschließen müssen. Ging es jedoch bisher darum, dramaturgische Gesetze auch zu den Bedingungen der Bühne in Beziehung zu setzen, so wird es jetzt nötig sein, eben die Probleme der Darstellung, der Bühne in den Mittelpunkt zu rücken. Dabei meinen wir allerdings, daß sich in unserem Falle Bühnentechnisches ebensowenig ohne Dramaturgisches wird deuten lassen wie Dramaturgisches ohne Bühnentechnisches. Wir werden also bei der Behandlung darstellerisch-schauspielerischer Probleme die Bedingungen des Dramas nicht aus dem Auge verlieren.

Die theatralische Verwirklichung des Dramas ist zur Hauptsache Aufgabe der Schauspieler, wobei freilich die Aufgaben des Bühnenbilds, überhaupt des technischen Bühnenapparats, der Kostüme und Masken und — zumindest bei Brecht — der Bühnenmusik nicht übersehen werden dürfen. Sicherlich können diese Zweige der Bühnenkunst nicht zu bloßen Hilfskünsten abgestempelt werden, denn sie sind — wird das Drama „in Szene gesetzt" — dem Regisseur bedeutsame Bestandteile seiner Konzeption. Trotzdem ist die Bühnenkunst wesentlich Schauspielkunst. Der Schauspieler ist der eigentliche Träger der Darstellung des Dramas, ihm auch gilt die Hauptarbeit des Spielleiters, der das Theaterensemble durch den langwierigen Prozeß der Proben zur Realisierung des Dramas in der Vorstellung führt.

G. Simmel, dessen Aufsatz „Zur Philosophie des Schauspielers"[1] wir wichtige Einsichten in das Phänomen der Schauspielkunst verdanken, sieht das besondere kunstphilosophische Problem dem Schauspiel gegenüber darin, „daß hier ein schon bestehendes Kunstprodukt zum Stoff einer nochmaligen künstlerischen Formung wird"[2]. Es kann nun nicht im Bereich dieser Untersuchung liegen, die hieran sich knüpfende und vieldiskutierte Frage zu erörtern, wieweit die Schau-

---

[1] In: Fragmente und Aufsätze, München 1923, S. 229—265.
[2] Daselbst, S. 247.

spielkunst eigenschöpferische oder wieweit sie lediglich reproduzierende Kunst ist. Uns genügt in unserem Zusammenhang die Deutung Simmels, der vom Schauspieler sagt: „Ihm ist das Drama nicht fertig wie für den Leser und Zuschauer, sondern er löst es in die Elemente auf, aus denen er es dann neu, durch ihre dichterische Formung hindurch zu seinem Kunstwerk gestaltet."[3] Einerseits also ist der Schauspielkunst gegenüber dem Drama freier Raum für eine zusätzliche, und zwar eigenständige künstlerische Gestaltung gelassen (die Aufführung ist nicht bloße „Wiedergabe" der Dichtung) — andererseits aber bleibt sie doch an die ganz bestimmte „dichterische Formung" gebunden. Sie muß bestimmten Formgesetzen des Dramas mit bestimmten Darstellungsprinzipien genügen. So kann eine veränderte Kunstauffassung nicht nur mit einer traditionellen Dramaturgie brechen, sondern hat auch andere Darstellungsmittel der Bühne zu wählen, hat das Theater insgesamt zu verändern. Nicht umsonst spricht Brecht nie von „epischem Drama", sondern immer vom „epischen Theater".

Hören wir noch einmal Simmel. Er nennt als Aufgabe des Schauspielers „die innere Aktualisierung des Dramas, ... das subjektive Lebendigmachen des objektiv-geistigen Inhalts, der im gedruckten Drama vorliegt"[4]. An anderer Stelle sieht er dessen Aufgabe in der „Versinnlichung des Dramas" und sagt weiter: „Das Künstlerische an der Versinnlichung des Dramas ... liegt in der Einheit oder Analogie der Formgesetze."[5]

Hiermit sind wir auch über Simmel an jene Frage gelangt, die uns in diesem Teil der Untersuchung zu beschäftigen hat und die wir am Ende zu beantworten haben: Worin liegt die Entsprechung von Drama und schauspielerischer Darstellung im epischen Theater?

b) Anthropologische Bedingungen der Schauspielkunst

Unter allen Künsten hat die Schauspiel- (und Tanz-)Kunst eine einzigartige Stellung dadurch, daß hier der menschliche Leib selbst zum Material künstlerischer Gestaltung wird. Das hieran anknüpfende Problem der philosophischen Anthropologie ist von H. Plessner in seinem grundlegenden Aufsatz „Zur Anthropologie des Schauspielers"[6] aufgezeigt worden.

Der Aufsatz gründet auf Plessners Leitsatz von des Menschen besonderer Weise des Daseins: der exzentrischen. Diesen Gedanken finden wir in „Lachen und Weinen" (1941)[7] so formuliert: „Die körperliche Existenz zwingt dem Menschen eine Doppelrolle auf. Er ist zugleich Körper und *im* bzw. *mit* einem Körper ... Bald steht die menschliche Person ihrem Körper als Instrument gegenüber, bald fällt sie mit ihm zusammen und ist Körper." Und weiter: „Die Position, Mitte und an der Peripherie zugleich zu sein, verdient den Namen Exzentrizität." Dabei ist die „Mittelpunktsituation" bezeichnet durch das „‚im' Körper Sein oder ihn Haben" und die „Peripheriesituation" durch das „der Körper selber Sein"[8].

---

[3] A.a.O., S. 261. [4] Daselbst, S. 240.
[5] Daselbst, S. 238 f.
[6] In: Zwischen Philosophie und Gesellschaft, S. 180—192.
[7] 2. Auflage, Bern 1950. [8] A.a.O., S. 199 f.

Nun sind — wie es im Aufsatz selbst heißt — „in der schauspielerischen Aktion typische Bedingungen menschlichen Daseins wiederzufinden" (S. 190). Das Verhältnis des Schauspielers zu seiner Rolle (bzw. zur Person seiner Rolle) entspricht jenem Verhältnis, in das der Mensch im täglichen Leben durch die Abständigkeit zu sich selbst immer wieder hineinrückt: wir wissen uns einer Rolle verpflichtet, „welche wir in der Gesellschaft spielen wollen" (S. 187).

Wie der Mensch als soziales Wesen stellt auch, im besonderen Falle, der Schauspieler eine Figur „im Material der eigenen Existenz" (S. 183) dar. „Er spaltet sich in sich selbst, bleibt aber ... hinter der Figur, die er verkörpert, stehen. Er darf der Aufspaltung nicht verfallen, wie etwa der Hysteriker oder der Schizophrene, sondern er muß mit der Kontrolle über die bildhafte Verkörperung den Abstand zu ihr wahren. Nur in solchem Abstand spielt er", und zwar in der Weise, daß er „sich mit einer Figur in einer bestimmten Situation identifiziert, aber sie nicht einfach ist ... Gut ist der Darsteller nicht darum, weil im gegebenen Augenblick seine Gefühle echt sind und er das und das wirklich erlebt ...., sondern weil er durch seine Gesten, seine Mimik, seine Stimme imstande ist, für sich und andere jene Illusion der Tiefe zu erzeugen, welcher die Handlungen entsprechen" (S. 184).

Plessner unterscheidet zwei Stilgruppen schauspielerischer Darstellung. Zur ersten Gruppe zählt der „expressive, ganz in der Aktion aufgehende, ausdrucksmächtige, selbst der übersteigerte Stil" wie auch der „Stil der vollkommenen Natürlichkeit, Nüchternheit, Trockenheit und Selbstverständlichkeit". Das Tertium comparationis beider ist ein Darstellungsprinzip, das „den Darsteller als den Produzenten der Illusion gewissermaßen überspringt und von der Bildfläche verdrängt" (S. 185).

Die zweite Gruppe umfaßt die Stile der klassischen Deklamation und der Commedia dell'arte sowie persönliche Formen einer entweder mit sich selbst spielenden, auch zur Improvisation übergehenden oder ganz im Gegenteil „die Objektivität des Rollenbildes bis zur Marionettenhaftigkeit" steigernden Schauspielkunst. Die Stile dieser Gruppe sind „Formen einer den Darsteller in das Bild mit einbeziehenden Darstellung" (S. 185).

c) Die neuzeitliche Illusionsbühne

Wir nahmen mit der dramen- und theatergeschichtlichen Forschung K. Zieglers die Herausbildung eines spezifisch neuzeitlichen Dramen- und Bühnentypus als gegeben an. Es zeigte sich auch, daß unser Begriff einer geschlossenen Dramaturgie, für das neuzeitliche Drama, zugleich den entscheidenden Hinweis auf die Form der Bühne enthält. In dem Maße nämlich, in dem das Drama poetische Autonomie und Organismuscharakter erhält, muß auch der Realisierungs- und Aktualisierungsraum des Dramas, die Bühne, zur ästhetischen Autonomie streben und sich gegen das Publikum abkapseln. Ein wesentliches Merkmal der neuzeitlichen Bühne ist somit die Trennung von Bühne und Zuschauerraum, die sich am klarsten in der sog. Rahmen- oder Guckkastenbühne bekundet. Dabei soll die darstellerische Kunst dem autonomen Grundgestus des Dramas seinen sinnlichen Ausdruck geben. Der Schauspieler hat also jede Phase seines Spiels auf die in sich geschlossene ästhetische Realität der Bühne hinzuordnen. Er muß so spielen, als umschließe der Bühnenraum nicht die Öffnung zum Zuschauerraum, sondern eine „vierte" Wand der Bühne. Ohne direkt von der Existenz des Publikums Notiz zu nehmen, hat er weitmöglichst als identisch mit der von ihm verkörperten Figur zu erscheinen; er darf nicht „aus der Rolle fallen" und in Rede und Handeln nur mit den übrigen Bühnenfiguren korrespondieren (die Fragwürdigkeit dieser Idealforderung beim Monolog und Aparte braucht nicht mehr eigens erläutert zu werden). Er hat im Verein mit seinen Mitspielern eine Begebenheit zu versinnlichen, die „der Dramatiker ... als vollkommen gegenwärtig darstellt"[9]. Der Schauspieler soll dem Zuschauer gerade dadurch, daß er ihn ignoriert, die Vorstellung suggerieren, als handle es sich bei den Vorgängen auf der Bühne um reale Geschehnisse. Das heißt, die spezifisch neuzeitliche (die Guckkasten-)Bühne ist *Illusionsbühne*. Die ihr zugeordnete Kunstauffassung geht, wie K. Hamburger es formuliert hat, „darauf aus, die bloß fiktive Präsenz zugunsten der realen, die bloß bedeutenden Bretter zugunsten der wirklichen vergessen zu lassen"[10].

Natürlich umschreiben solche Forderungen wiederum nur einen Idealtyp der Gestaltung, eine besondere Weise der Akzentsetzung. Sie gehen nicht von der Erwartung aus, das *Bewußtsein* der Illusion im Zuschauer völlig ausschalten zu können, nicht einmal von der Absicht, es zu tun. Diese extreme Erwartung und Absicht werden allenfalls im Naturalismus möglich. Überhaupt erfährt die neuzeitliche Illusionsbühne ihre konsequente Ausbildung erst gegen Ende des 19. Jahrhunderts, als das Drama absolute Wirklichkeitsillusion und einen schauspielerischen „Stil der vollkommenen Natürlichkeit" verlangt, als die Bühne einem immer stärkeren Illusions- und Perfektionsbedürfnis Rechnung zu tragen hat, das eine von der technischen Evolution bestimmte Zeit ihr entgegenbringt.

Mit dem Phänomen der Illusion hängt — zumindest bei der Tragödie — das der *Identifikation* zusammen (Identifikation hier gemeint als Verhältnis des Zuschauers zur verkörperten Figur). Die zahlreichen Auseinandersetzungen der Neuzeit mit der Poetik des Aristoteles, zumal mit der sog. Furcht- und Mitleid-Theorie (in Deutschland vor allem seit Lessing)[11] stimmen darin überein, daß die Wirkung des Dramas als eine Katharsis von Gefühlen (Gemütsbewegungen) begriffen wird: als eine Reinigung, Läuterung, Befreiung oder Entladung von Gefühlen bzw. Affekten oder Leidenschaften. Entscheidend ist, daß diese Wirkung nur möglich wird, wenn der Zuschauer eine bindende Analogie zwischen sich und der tragischen Figur entdeckt bzw. hergestellt hat. Das Mit-fühlen, das

---

[9] Schiller-Goethe, Briefwechsel, eingel. v. F. Muncker (1892), 4 Bde., Stuttgart, Bd. II, S. 216 (zwischen den Briefen vom 23. u. 26. Dezember 1797).
[10] Die Logik der Dichtung, S. 132.
[11] Hamburgische Dramaturgie, 74.—83. Stück.
Goethes Auffassung vgl. in: „Nachlaß zu Aristoteles Poetik", Weimarer Ausg., I, 41 b, besonders S. 247 f., sowie IV, 42, S. 104 und IV, 46, S. 222 (Briefe an Zelter).
Als wichtige philologische Deutung im 19. Jh. vgl. J. Bernays, Zwei Abhandlungen über die aristotelische Theorie des Drama, Berlin 1880, besonders S. 21.
Eine neue philologische Deutung gibt W. Schadewaldt: Furcht und Mitleid? Zu Lessings Deutung des aristotelischen Tragödiensatzes = Hermes, Ztschr. f. klass. Philol., 83 (1955), S. 129—181 (ein Abriß davon in DVj. 30, 1956, S. 137—140).
Schadewaldts Deutung wird noch gestützt von H. Flashar: Die medizinischen Grundlagen der Wirkung der Dichtung in der Poetik = Hermes, 84 (1956), S. 12—48.

Mit-bewegtsein setzt eine starke Einfühlung in die Erlebniswelt dramatischer Figuren voraus. Der Zuschauer muß sich weitgehend mit ihnen identifizieren.

Dabei trägt die Wechselbeziehung von Illusion und Identifikation ein paradoxes Moment in sich. Je entschiedener die Trennung von Bühne und Zuschauerraum, d. h. die Isolierung des Illusionsraums ist, desto wirkkräftiger und magischer ist er. Gerade dadurch, daß die spezifisch neuzeitliche Bühne sich gegen den Zuschauerraum abschließt, zieht sie ihn — mit Hilfe des Identifikationsvorgangs — an sich heran, zu sich herauf: schlägt ihn in Bann. Ohnehin schon „raubt uns der tragische Dichter unsre Gemütsfreiheit" und konzentriert „unsre Thätigkeit nach einer einzigen Seite" (Schiller)[12] — und fraglos wird dieser Vorgang durch das versinnlichende Spiel des Schauspielers noch verstärkt.

Bedenkt man außerdem die gesteigerte Illusionswirkung durch eine Konzentration des Blicks auf das Bühnenbild, so bedeutet „die scharfe Trennung von Zuschauer- und Bühnenraum ... eine Entrückung und Selbstentäußerung des Zuschauers"[13].

B. Analyse

1. DER MIT DEM ZUSCHAUER KORRESPONDIERENDE SCHAUSPIELER

Brecht billigt zwar die „Katharsis des Aristoteles" als „eine Waschung ... recht eigentlich zum Zwecke des Vergnügens" (Org. § 4), versteht aber die Haltung, „welche wir Kinder eines wissenschaftlichen Zeitalters in unserm Theater vergnüglich einnehmen wollen", als „eine kritische" (Org. §§ 21/22). Damit wird eine Entladung von Gefühlen als Wirkung des Theaters verneint. „Der Zustand der Entrückung", heißt es von den Zuschauern, „in dem sie unbestimmten, aber starken Empfindungen hingegeben scheinen, ist desto tiefer, je besser die Schauspieler arbeiten, so daß wir, da uns dieser Zustand nicht gefällt, wünschten, sie wären so schlecht wie nur möglich" (Org. § 26).

Es versteht sich, daß Brechts Kritik nicht gegen die Darstellungskunst schlechthin, sondern gegen eine bestimmte Darstellungsweise gerichtet ist. Gegen diesen Bühnenstil der Illusionsbühne entwickelte Brecht in einer Reihe von Abhandlungen, vor allem im „Kleinen Organon für das Theater", eine Theorie seiner „epischen Spielweise", die er zugleich praktizierte als Regisseur des „Berliner Ensembles" (Leitung Helene Weigel).

Es besteht zur Zeit kein theoretischer Entwurf einer neuen Schauspielkunst, der auch nur annähernd so klar durchdacht wäre und zugleich mit solcher stilbildenden Konsequenz erprobt würde wie der Brechtsche. Es ist noch nicht zu überblicken, wie weit die „epische Spielweise" (und der „Verfremdungseffekt") tatsächlich für das zeitgenössische Theater fruchtbar werden wird oder wieweit einer Übernahme doch weltanschauliche Akzente der Konzeption hinderlich sind. Jedoch selbst ein so negativ urteilender Autor wie H. Lüthy meint, daß

---

[12] Schiller-Goethe, Briefwechsel, a.a.O., Bd. II, S. 85 (21. April 1797).
[13] D. Frey, a.a.O., S. 198.

Brecht „zweifellos der größte zeitgenössische Experimentator des Theaters" sei[14]. In Wahrheit dauern auch die Einflüsse Brechts auf Drama und Bühne, nicht nur in Deutschland, schon ein gutes Vierteljahrhundert an[15].

Wir werden nun, an Hand des „Kleinen Organons" und gelegentlich früherer Abhandlungen, die Theorie der epischen Spielweise in ihren Hauptzügen entwickeln und zugleich zu deuten versuchen. Dabei soll dieses Kapitel ausschließlich dem „verfremdenden" Schauspieler gewidmet sein.

a) Des Schauspielers Doppelrolle

Die „exzentrische Position"

„Wir brauchen Theater", sagt Brecht, „das nicht nur Empfindungen, Einblicke und Impulse ermöglicht, die das jeweilige historische Feld der menschlichen Beziehungen erlaubt, auf dem die Handlungen jeweils stattfinden, sondern das Gedanken und Gefühle verwendet und erzeugt, die bei der Veränderung des Feldes selbst eine Rolle spielen" (Org. § 35). Ein Theater wird deshalb gefordert, das dem Zuschauer erlaubt, „laufend fiktive Montagen" an den dargestellten Handlungen vorzunehmen, „indem er die gesellschaftlichen Triebkräfte in Gedanken abschaltet oder durch andere ersetzt, durch welches Verfahren ein aktuelles Verhalten etwas ‚Unnatürliches' bekommt, wodurch die aktualen Triebkräfte ihrerseits ihre Natürlichkeit einbüßen und handelbar werden". Das erfordert „freilich eine Spielweise, die den beobachtenden Geist frei und beweglich erhält" (Org. § 40). Der Zuschauer, dem Spiel des Handelnden auf der Bühne folgend, soll sich „nicht einfach an seine Stelle, sondern ihm gegenüber setzen". Um diese Abständigkeit des Publikums zu erreichen, „muß das Theater, was es zeigt, verfremden" (Org. § 46).

---

[14] A.a.O., S. 132.
[15] Einen Versuch Brechts, auch als Regisseur über den Ort seiner unmittelbaren Tätigkeit hinauszuwirken, stellen die sog. „Modellbücher" des Berliner Ensembles dar. „Sie bestehen aus 450 bis 600 Aufnahmen der Aufführung" sowie aus Anmerkungen „über das Choreographische (Stellungen und Gruppierungen), über die Betonungen, die Vorschläge des Regisseurs, Bemerkungen des Stückeschreibers, die Drehpunkte, die sozialkritischen Punkte, über komische, tragische und poetische Momente" (Theaterarbeit, S. 294 f.). Außerdem enthalten sie Bilder der Dekorationen, Kostüme, Masken und Requisiten.
Die Modelle sollen vor allem den Aufführungen anderer Bühnen als Grundlage dienen. Dadurch bekommen sie den Wert eines theatergeschichtlichen Novums. Zum erstenmal wird hier dem Theater nicht nur der dramatische Text, die Dichtung, sondern zugleich auch der Regietext, die Aufführung, als Vorlage übergeben. Freilich soll das Modell nicht als Schablone oder mechanisch benutzt werden. „Weder die Absicht, die Vorlage genau zu treffen, noch die Absicht, sie schnell zu verlassen, ist das Richtige". Brecht fordert eine „schöpferische Verwertung von Modellen" (Theaterarbeit, S. 305).
Einen ähnlichen Versuch wie die Modelle zeigt die schon wiederholt zitierte „Theaterarbeit" (unter der Redaktion von Brecht und einigen Mitarbeitern des Berliner Ensembles). Sie gibt einen Rechenschaftsbericht über 6 Aufführungen.

Wir entsinnen uns, daß die offene Dramaturgie Brechtscher Stücke durch die vielfältigen Formen einer Relativierung, Unterbrechung, Distanzierung der Handlung und durch Publikumsansprachen den Zuschauer immer wieder an einem (aristotelischen) Einschwingen in die Gefühlssphäre der dramatischen Handlung hindert, daß sie ihm seine „Gemütsfreiheit" erhält und ihn zum Gegenüber werden läßt: also ihm die Handlung „verfremdet". Wie kann nun aber der Schauspieler, über die vom Stück unmittelbar gegebenen Anlässe hinaus, diesem Vorgang einer Konfrontierung ständig nachhelfen?

„Um V-Effekte[16] hervorzubringen", muß „der Schauspieler alles unterlassen, was er gelernt" hat, „um die Einfühlung des Publikums in seine Gestaltungen herbeiführen zu können. Nicht beabsichtigend, sein Publikum in Trance zu versetzen, darf er sich selber nicht in Trance versetzen ... Selbst Besessene darstellend, darf er selber nicht besessen wirken; wie sonst könnten die Zuschauer ausfinden, was die Besessenen besitzt?" (Org. § 47). Und „in keinem Augenblick läßt er es zur restlosen Verwandlung in die Figur kommen" (Org. § 48).

Brecht sieht also den Grad der Identifikation des Zuschauers mit der dargestellten Figur abhängig vom Grad der Identifikation des Schauspielers mit seiner Rolle. Nun ist ein gewisses Maß von Einfühlung und Hingabe unbedingte Voraussetzung sowohl für den verkörpernden Schauspieler wie für den aufnehmenden Zuschauer. Die Tiefe der Handlung muß wahrnehmbar gemacht und wahrgenommen werden. Brecht kennt natürlich diese Notwendigkeit.

Der Schauspieler „hat seine Figur ... nicht nur lediglich zu erleben; dies bedeutet nicht, daß er, wenn er leidenschaftliche Leute gestaltet, selber kalt sein muß" (Org. § 48). In dem Aufsatz „Die Straßenszene" sagt Brecht: „Tatsächlich ist das *epische Theater* eine sehr künstlerische Angelegenheit, kaum zu denken ohne Künstler und Artistik, Phantasie, Humor, Mitgefühl, ohne das und viel mehr kann es nicht praktiziert werden."[17] Im Org. § 53 heißt es, daß die Einfühlung „bei der Vorführung zu vermeiden ist", daß aber „beim Probieren Einfühlung in die Figur benutzt werden kann ..., hat sie doch selbst in der maßlosen Anwendung ... zu einer sehr verfeinerten Charakterzeichnung geführt". Und für die Rolle des Galilei (man könnte die Rollen der Courage und des Puntila hinzufügen) empfiehlt Brecht eine Darstellung, bei der „die emotionelle Zustimmung des Publikums durch die Vitalität dieser fremden Erscheinung erreicht wird"[18].

Offensichtlich ist Brechts Ablehnung der vollen Einfühlung mit aller Schärfe gegen die naturalistische Illusionsbühne und ihre z. T. „maßlose Anwendung" der Einfühlung gerichtet[19]. Anderseits entspricht sie aber nur generellen Voraussetzungen der Schauspielkunst und anthropologischen Bedingungen, wie sie

---

[16] Brechts Abkürzung für „Verfremdungs-Effekte".
[17] Versuche, Heft 10, S. 132.
[18] Anm. zu „Leben des Galilei", Stücke VIII, S. 212.
[19] Brechts Forderung steht also auch im Gegensatz zur Schauspieler-Theorie Stanislawskis, des großen russischen Regisseurs vor und nach der Jahrhundertwende. Stanislawskis Theorie gilt noch heute in Rußland und von Rußland beeinflußten Ländern als Richtlinie. Sie verlangt, daß der Schauspieler die Gefühle seiner Figuren wirklich erlebt und daß Spieler und Rolle organisch verschmelzen (vgl. u. a. K. S. Stanislawski, Mein Leben in der Kunst, übersetzt v. K. Roose, Berlin 1951, S. 183 und 423 f.).

von Plessner genannt werden: Hinter dem Ausdrucksbild des Darstellers steht „nicht das Gefühl, sondern die bildnerische Absicht des Schauspielers". „Eine wirkliche Aufwallung, ein echtes Gefühl kann ihm dabei helfen, den echten Ausdruck zu finden, hat aber nur dann Wert, wenn sie dem Darsteller wirklich zu Gebote steht. Er ist nur, wenn er sich hat." [20]

Dürfen nun des Schauspielers eigene „Gefühle nicht grundsätzlich die seiner Figur sein, damit auch die seines Publikums nicht grundsätzlich die der Figur werden" (Org. § 48) — wie soll dann der Schauspieler dem Zuschauer die Figur abliefern? Brecht geht davon aus, daß nur „der wirkliche, der profane Vorgang nicht mehr verschleiert" zu werden braucht: der Vorgang nämlich, daß auf der Bühne tatsächlich nur etwa der Schauspieler Busch steht und zeigt, wie er sich die Figur denkt. Diesen „Akt des Zeigens" muß der Darsteller „zu einem künstlerischen machen" (Org. § 49). Das heißt, er muß die Tatsache, daß er zugleich Zeigender und Gezeigter ist, durch Kunst zu erkennen geben. Wir sehen: er muß die Doppelrolle seiner schauspielerischen Existenz, seine — mit Plessner zu sprechen — „exzentrische Position" von sich aus künstlerisch offenbaren.

Der Verfremdungseffekt

Die Aufgabe des Schauspielers, einerseits in seiner Darstellung künstlerische Einheit zu erreichen, zum anderen aber den Zeigenden vom Gezeigten abzuheben, erfordert besondere Übungen (weshalb Brecht auch eigens „Übungsstücke für Schauspieler" geschrieben hat, auf die später eingegangen wird). Sie ist zunächst nur durch Umschreibungen verständlich zu machen. „Um eine Hilfsvorstellung zu benutzen: wir können die eine Hälfte der Haltung, die des Zeigens, um sie selbständig zu machen, mit einer Geste ausstatten, indem wir den Schauspieler rauchen lassen und ihn uns vorstellen, wie er jeweils die Zigarre weglegt, um uns eine weitere Verhaltungsart der erdichteten Figur zu demonstrieren" (Org. § 49). In dem Aufsatz „Die Straßenszene" gibt Brecht das „Grundmodell einer Szene des epischen Theaters". Als Beispiel „allereinfachsten, sozusagen ‚natürlichen' epischen Theaters" wählt er „einen Vorgang, der sich an irgendeiner Straßenecke abspielen kann: der Augenzeuge eines Verkehrsunfalles demonstriert einer Menschenansammlung, wie das Unglück passierte". Entscheidend ist, daß hier „die Bereitung der *Illusion*" ausfällt: „Die Vorführung des Straßendemonstranten hat den Charakter der Wiederholung ... Folgt die *Theaterszene* hierin der *Straßenszene*, dann verbirgt das Theater nicht mehr, daß es Theater ist ... Das Geprobte am Spiel tritt voll in Erscheinung, das auswendig Gelernte am Text, der ganze Apparat und die ganze Vorbereitung." [21]

In der Straßenszene „bleibt der *Charakter* des zu Demonstrierenden eine Größe, die" der Demonstrant „nicht völlig auszubestimmen hat ... Den Demonstranten interessieren seine unfallerzeugenden und unfallverhindernden Eigenschaften". Folgt das Theater hierin, so werden die Handlungen nicht mehr „als aus den Charakteren ... mit Naturgesetzlichkeit hervorgehend dargestellt" [22].

Zeigt so das Grundmodell einer Straßenszene, daß „eine Fusion zwischen Demonstrant und Demonstriertem" („ein selbständiges, widerspruchsloses Drittes mit aufgelösten Konturen" beider), eine Gleichschaltung der „Meinungen und

---

[20] H. Plessner, Zur Anthropologie des Schauspielers, a.a.O. S. 184 f.
[21] Versuche, Heft 10, S. 125 f.   [22] Daselbst, S. 129.

Gefühle von Demonstrant und Demonstriertem"[23] verhindert werden können — welche allgemeinen, aber praktischen Hilfsmittel dienen dann dem Schauspieler auf der Probe, zunächst sich selbst die Rolle zu verfremden?

Im Aufsatz „Neue Technik der Schauspielkunst" führt Brecht drei Möglichkeiten an[24], einer restlosen Verwandlung in die Figur vorzubeugen: 1. Die Überführung der Rolle in die dritte Person[25], 2. die Überführung in die Vergangenheit, 3. das Mitsprechen von Spielanweisungen und Kommentaren. Auf diese Weise lernt der Schauspieler, den Text nicht wie eine Improvisation, sondern wie ein Zitat zu bringen, wobei er freilich „in dieses Zitat alle Untertöne, die volle menschliche, konkrete Plastik der Äußerung zu geben hat"[26]. Dabei ist „alles Gefühlsmäßige" nach außen zu bringen, „zur Geste zu entwickeln". „Die betreffende Emotion muß heraustreten, sich emanzipieren, damit sie groß behandelt werden kann."[27]

Auf diese Weise sieht der Schauspieler, „der Artist ... sich selber zu"[28]. Es ist ihm möglich, daß er — an bedeutungsvollen Stellen — etwa „auf seine Bewegung genau achtet, sie vorsichtig, wahrscheinlich verlangsamt, vollzieht", daß er sie mit einem komischen Akzent versieht oder sie mit besonderer Eleganz ausstattet (wobei auch der Choreographie wichtige Aufgaben zufallen). So erzielt er einen Verfremdungseffekt, „das heißt, er verfremdet den kleinen Teilvorgang, hebt ihn in seiner Wichtigkeit hervor, macht ihn merkwürdig"[29].

Als vorbildlich für die Behandlung der Geste bezeichnet Brecht die chinesische Schauspielkunst[30]. E. Schumacher (a. a. O. S. 329—336) hat schon dargelegt, wieviel Übereinstimmungen sich in Brechts Theorie der Schauspielkunst mit dem ostasiatischen, besonders dem chinesischen Theater ergeben. Die erste unmittelbare Beziehung zum ostasiatischen Theater nahm Brecht auf, als er in seinem Lehrstück „Der Jasager" (1930 erstaufgeführt) das japanische Stück „Taniko" bearbeitete. Die ostasiatische Bühnenkunst wurde in den zwanziger Jahren „durch das Auftreten der japanischen Bühnen in Moskau und durch den chinesischen Frauenspieler Mei Lan-fang in Europa und Amerika bekannter"[31].

Merkmale des japanisch-chinesischen Theaters, mit denen Brechts Theorie Berührungspunkte hat, sind:

1. die große Bedeutung der Geste: der Schauspieler nimmt Haltungen ein und zeigt bestimmte Verhaltensweisen gestisch; er ist zugleich Tänzer und Akrobat,

---

[23] Versuche, Heft 10, S. 130 f. [24] Vgl. Versuche, Heft 11, S. 93.
[25] In der „Theaterarbeit", anläßlich der Hofmeister-Inszenierung, heißt es hierzu: „Die Texte in der dritten Person und im Konjunktiv wurden den Schauspielern eingehändigt. Sie hatten sie mit natürlichen Tonfällen zu verlesen und dabei die hauptsächlichsten Bewegungen zu vollführen und Gesten anzudeuten. Die Tonart dieser Texte war die des Augenzeugenberichts. Dieses Episieren förderte eine sehr lebendige Vielfalt der Gesten und Tonfälle zutage." (S. 94) — Vgl. hierzu auch die Proben zu „Mutter Courage", ebenfalls „Theaterarbeit", Abschn. „Verfremdung", S. 244.
[26] Versuche, Heft 11, S. 93. [27] Daselbst, S. 94 f. [28] Daselbst, S. 100.
[29] Die Straßenszene, in: Versuche, Heft 10, S. 131.
[30] Neue Technik der Schausp., Versuche, Heft 10, S. 95. — Eine genaue Beschreibung gibt Brecht in der Abhandlung „Verfremdungseffekte in der chinesischen Schauspielkunst" (Schriften zum Theater, Berlin und Frankfurt (M.) 1957, S. 74—89).
[31] Schuhmacher, a.a.O. S. 331. — Vgl. zum japanisch-chinesischen Theater die Bibliographie von Schumacher, S. 564 f. (Anm.).

2. die entpersönlichende Darstellungsweise: der Schauspieler ist an eine Reihe typischer Bewegungsregeln gebunden, die ihm eine „naturalistische" Darstellung verwehren.

3. Der Schauspieler „benötigt nur ein Minimum von Illusion"[32]. Die Anwesenheit von Bühnenhelfern, die an der dramatischen Handlung nicht unmittelbar teilnehmen, die Unterbrechung des Spiels zur Verrichtung profaner Tätigkeiten (etwa, indem die Schauspieler Tee zu sich nehmen) und die bloße Andeutung von Dekorationen verhindern starke Illusionswirkungen und überlassen vieles der ergänzenden Phantasie des Zuschauers.

Trotzdem darf der Einfluß des ostasiatischen Theaters auf Brechts Spielweise nicht überschätzt werden. Er ist z. T. nur zu werten als Anstoß zur Wiederaufnahme vergessener europäischer Traditionen (s. unseren Abschnitt über das Artistische). Die Technik des ostasiatischen Theaters wird auch von Brecht nicht vorbehaltlos gutgeheißen, er hält sie für eine primitive, „magische" Urstufe: „das Wissen ist noch das Wissen von Tricks, es ist in der Hand weniger, die es sorgsam hüten und aus ihren Geheimnissen Gewinn ziehen."[33] Auch erscheint ihm das chinesische Theater „ungemein preziös, seine Darstellung der menschlichen Leidenschaften schematisch, seine Konzeption von der Gesellschaft starr und falsch"[34].

Und gerade in der „Konzeption von der Gesellschaft" rückt die epische Spielweise vom ostasiatischen Theater ab. Steht der Schauspieler sich selbst als der dargestellten Person gegenüber, so soll er darüber hinaus „seine Meinung über sie verraten"[35]. Er hat „sich zu wundern über die Widersprüche in den verschiedenen Haltungen" der Figur (Org. § 64), „er muß, mit dem Text, ... seine ersten Reaktionen, Vorbehalte, Kritiken, Verblüffungen memorieren, damit ... sie wahrnehmbar bleiben" (Org. § 57). Auf solche Weise wird die schauspielerische Aktion „zugleich ein Denkprozeß" (Org. § 54) und eine Parteinahme des Schauspielers, „nicht immer für seine Figur, aber wenn nicht für sie, dann gegen sie"[36]. „Der Standpunkt, den er einnimmt", sagt Brecht, „ist ein gesellschaftskritischer"[37] und „muß außerhalb des Theaters gewählt werden" (Org. § 56). Und im Organon § 55 heißt es: „Will der Schauspieler nicht Papagei oder Affe sein, muß er sich das Wissen der Zeit über das menschliche Zusammenleben aneignen, indem er die Kämpfe der Klassen mitkämpft."

Grenzen einer allgemeinen Anwendung des Verfremdungseffekts

Diese von Brecht geforderte Grundhaltung des Schauspielers gegenüber dem dramatischen Vorgang und der Figur zeigt die Verknüpfung der Brechtschen Verfremdungstheorie mit marxistisch-weltanschaulichen Leitgedanken. Dennoch bleibt, von ihnen gelöst, der Verfremdungseffekt als Spieltechnik auch für weite Bezirke des übrigen zeitgenössischen Dramas möglich (was im III. Teil der Untersuchung deutlicher werden wird). Die Frage nach den Grenzen seiner Anwendbarkeit stellt sich jedoch von den Stücken eines „klassischen Repertoires" her.

---

[32] Brecht, Verfremdungseffekte i. d. chines. Schauspielk., a.a.O. S. 79.
[33] Daselbst, S. 84.
[34] Daselbst, S. 83.
[35] Neue Technik der Schauspielk., a.a.O. S. 95.
[36] Daselbst, S. 100.   [37] Daselbst, S. 95.

Brechts Theorie sieht eine Benutzung von Verfremdungseffekten auch für Dramen früherer Epochen und Stilrichtungen vor (vgl. etwa Org. §§ 66 und 68). Seine „Übungsstücke für Schauspieler"[38] stellen z. T. freie Übertragungen von „klassischen Szenen" in ein „prosaisches Milieu" dar und sollen dem Schauspieler eben zur Verfremdung dieser Szenen dienen. Für die Parallelszenen sind schon die Titel bezeichnend: „Der Mord im Pförtnerhaus" (zu Shakespeares „Macbeth" II, 2) und „Der Streit der Fischweiber" (zu Schillers „Maria Stuart", III. Akt). Andere Übungsstücke sind als Zwischenszenen für Proben an Shakespeares „Hamlet" und „Romeo und Julia" geschrieben.

Die Übertragungen sollen „das Interesse an den Vorgängen" wiederherstellen und verhindern, daß die Originalszenen „nur auf ... Temperamentsausbrüche hin" gespielt werden[39]. Sicherlich bieten sich hier Möglichkeiten, von der verfremdenden Spielweise her zu theatergeschichtlich neuen Auffassungen bzw. Aufführungen „klassischer" Stücke zu gelangen. Im ganzen scheint aber die Theorie Brechts die Rezeptionsfähigkeit dieser Dramen für das „epische Theater" zu überfordern. Wir wiesen schon einige Male auf die notwendige Analogie der Formgesetze von Drama und Bühnendarstellung hin. So können weder die dynamisch-expansiven Figuren Shakespeares noch die idealistisch konzipierten Helden Schillers, also Figuren mit starker Persönlichkeitsentfaltung, einfach verfremdet werden, ohne daß sich die Gefahr der Karikatur einstellte. Das heißt, Shakespeares und Schillers Dramen — beispielsweise — sind ohne wesentliche Eingriffe in ihre Struktur für das epische Theater nicht zu gewinnen. Sie müssen, soll die Inkongruenz zwischen Dramen- und Bühnenstil verdeckt oder vermieden werden, zunächst dramaturgisch umgearbeitet werden. Tatsächlich hat Brecht diesen Weg der Aneignung mit Erfolg beschritten. 1948 wurde in Zürich Sophokles' „Antigone" in einer Brechtschen Bearbeitung nach Hölderlin aufgeführt. Den bedeutendsten Versuch einer Bearbeitung, die Brechtsche Fassung des „Hofmeisters" von Lenz, haben wir bereits erwähnt.

Gerade am Beispiel des „Hofmeisters" wird aber deutlich, daß eine Bearbeitung nur da wirksam ansetzen kann, wo von vornherein gewisse Entsprechungen zum epischen Theater vorliegen. So bringen Dramen mit gesellschaftskritischen Gehalten verhältnismäßig günstige Voraussetzungen für Brechts Absichten mit. Das beweisen auch Bearbeitung und Inszenierung von G. Hauptmanns „Biberpelz und roter Hahn" durch das Berliner Ensemble[40].

Die anaturalistische Konzeption

Dieser notwendigen Einschränkung durch Formgesetze des Dramas stehen aber auch besondere künstlerische Möglichkeiten der verfremdenden Spielweise entgegen. Anläßlich der Besprechung von „Mutter Courage" verfolgten wir Unterschiede Brechtscher und naturalistischer Dramatik. Wir stellten einen zweifachen Horizont des Dramas fest und meinten, daß die den Szenen vorangestellten Kommentare ein Kunstmittel sind, die „Denk- und Empfindungsgrenzen" der Figuren zu durchbrechen, genauer: einmal unmittelbare Echtheit der Figuren und Situationen zu ermöglichen, zum anderen aber übergeordnete gesellschaftlich-

---

[38] Versuche, Heft 11, S. 107—128. [39] Daselbst, S. 109.
[40] Vgl. Theaterarbeit, S. 171—226. Die beiden Stücke Hauptmanns wurden hier zusammengezogen zu einer Aufführung.

geschichtliche Mächte sichtbar zu machen. Wir sagten auch, daß dieser „objektive" Horizont des Werkes schwerlich allein durch die dramaturgische Form des Kommentars genügend Gewicht gegenüber dem „subjektiven" Horizont der Figuren bekomme.

Hier fällt nun der verfremdenden Spielweise eine entscheidende Bedeutung zu. Indem sich der Schauspieler offensichtlich mit seiner Rolle nicht identifiziert, indem er eine kritische Haltung ihr gegenüber verrät, deutet er durchgängig einen Bewußtseinshorizont an, der in der Figur selbst nicht angelegt ist. Indem er durch einen künstlerischen Akt zu verstehen gibt, daß der Zeigende nicht der Gezeigte ist, betont er zugleich, daß der Gesichtskreis des einen nicht der des anderen ist. Seine Darstellung hat somit antithetisch zwei Horizonte wahrnehmbar zu machen, und es wird an dieser Stelle besonders deutlich, wieviel Beherrschung des Handwerksmäßigen und wieviel Kunst, ja Artistik dem verfremdenden Schauspieler abverlangt wird.

Der Bruch zum naturalistischen Theater mit seiner Illusionsakribie ist offenbar. Tatsächlich wird Brechts Verfremdungstheorie sehr viel verständlicher, wenn sie auch als Reaktion und Antwort auf naturalistische Bühnenprinzipien begriffen wird. Brecht selbst räumt durchaus ein, daß Stücke wie „Die Gespenster" von Ibsen und „Die Weber" von Hauptmann „immerhin die Gesellschaft als ‚Milieu' problematischer" auftauchen lassen. Aber „da wir die Empfindungen, Einblicke und Impulse der Hauptpersonen aufgezwungen bekommen, bekommen wir in bezug auf die Gesellschaft nicht mehr, als das ‚Milieu' gibt" (Org. § 34). Brechts Kritik am Naturalismus sieht also das Hauptproblem weniger im Bereich des Dramas als vielmehr im Bereich der Darstellung. Daraus ergibt sich, daß die weithin anaturalistische Konzeption des epischen Theaters vornehmlich dem Bühnenpraktiker und erst in zweiter Linie dem Dramatiker Brecht zuzuschreiben ist (soweit sich eine solche Unterscheidung bei Brecht nicht verbietet).

Überhaupt scheint die verfremdende Spielweise nicht zuletzt dem Bühnendichter gewisse gestalterische Freiheiten zu erlauben. Figuren wie etwa Mutter Courage und Puntila, aber auch Galilei, Grusche und Azdak sind von so starker Vitalität und persönlicher Ausstrahlung, daß sie erst durch eine verfremdende Darstellung zu spezifisch Brechtschen Figuren werden. Hieraus erklärt sich das Phänomen, daß Brechts Stücke, auf anderen Theatern und ohne Verfremdungseffekte gespielt, trotzdem von ungebrochener theatralischer Wirkung sind[41]. Man hat deshalb immer wieder gesagt, daß der Dichter Brecht den Theoretiker Brecht widerlege. Hier waltet insofern ein Mißverständnis, als man den Dichter allzusehr für sich betrachtet und dabei übersieht, daß sich das „epische Drama" erst mit der epischen Spielweise zum „epischen Theater" Brechts zusammenschließt. Dennoch können natürlich die Bereiche des Dramas und der Bühne einander gewisse Aufgaben abnehmen. Die Vielfalt einander ergänzender Formen — dramaturgischer und darstellerischer — im epischen Theater ist wesentlich ein Ergebnis der innigen Verbindung des Dichters, Dramaturgen und Regisseurs.

---

[41] Die „Theaterarbeit" setzt sich mit solchen Inszenierungen kritisch auseinander, um sie als den Absichten Brechts unangemessen abzulehnen. Vgl. den Abschn. „Falsche Darstellungen neuer Stücke", Theaterarbeit, S. 285—293.

b) Das Artistische in der Darstellung

Das „unterkühlte" Spiel

Wo liegen nun vor allem die Möglichkeiten des Schauspielers, seiner kritischen Einstellung zur Figur Ausdruck zu verleihen? Brecht antwortet: im „Bereich der Haltungen, welche die Figuren zueinander einnehmen", im „gestischen Bereich"[42]. Körperhaltung, Tonfall und Gesichtsausdruck sind von einem gesellschaftlichen ‚Gestus' bestimmt: die Figuren beschimpfen, komplimentieren, belehren einander usw." Selbst die „anscheinend ganz privaten", wie etwa „die religiösen" Äußerungen (Org. § 61), fallen in diesen Bereich „der gesellschaftlichen Beziehungen ...", in denen die Menschen einer bestimmten Epoche zueinander stehen"[43].

„Den allen Vorgängen unterliegenden gesellschaftlichen Gestus zu verfremden", jene Züge herauszuarbeiten, „die in den Machtbereich der Gesellschaft fallen", ist der „Zweck des V-Effekts"[44]. Das verlangt aber, daß die Figuren schon beim Aufbau „voneinander bekommen, was sie voneinander brauchen" (Org. § 59). Brecht empfiehlt deshalb, daß die Schauspieler auf den Proben ihre *Rollen* gelegentlich *untereinander tauschen*. Denn indem der Schauspieler die Darsteller der Gegenfiguren vertritt, sichert er sich den „entscheidenden gesellschaftlichen Standpunkt, von dem aus er seine Figur vorführt. Der Herr ist nur so ein Herr, wie ihn der Knecht es sein läßt usw." (Org. § 59).

Somit wird die darstellerische Aktion jedes Schauspielers beschränkt und sogar überschnitten von der Aktion der übrigen Schauspieler. Der Darsteller hat nicht nur und nicht so sehr seine Figur zu verkörpern, sondern auch und vor allem ihr Verhältnis zu anderen Figuren. Handelt es sich hierbei nur um besondere darstellerische Akzente — letztlich kann der Schauspieler eben nur eine Figur und nicht eine Beziehung verkörpern —, so sind doch diese Akzente imstande, die ganze Aufführung in einer bestimmten Weise zu temperieren. Sie werden wahrnehmbar in einer *gemäßigten Persönlichkeitsaura des Schauspielers* und einer allgemeinen *Unterkühlung des Spiels*, die für Brechts Inszenierungsstil eigentümlich sind, und sichtbar durch die Betonung des Artistischen, Tänzerischen und gelegentlich Maskenhaften. In Brechts Inszenierung des „Kaukasischen Kreidekreises" findet sich ein besonders schönes Beispiel für die tänzerische, fast akrobatische Ironisierung öffentlicher Haltungen. In der entscheidenden Urteilsszene nähert sich der erste Anwalt der Gouverneursfrau, bevor er sein salbungsvoll-„pathetisches" Plädoyer beginnt, dem Richterstuhl mit eleganten, selbstgefälligen Sprüngen und einem abschließenden Schaustück von Verbeugung.

---

[42] Die Bedeutung des Gestischen zeigt sich auch darin, daß einem Teil der Figuren bestimmte, immer wiederholte Gesten zugeteilt werden. So wurde z. B. in der Berliner Inszenierung des „Kaukasischen Kreidekreises" für den geflüchteten Großfürsten ein nervöses, gehemmtes, ängstliches und zugleich bittendes, überredendes Zusammenschlagen der Fingerspitzen vor dem Bauch so typisch, daß es später von Azdak zur Kennzeichnung des Großfürsten nur angedeutet zu werden brauchte. — Für den Richter Azdak wurde die ausgestreckte Hand, das „ich nehme", symptomatisch. — Der hinterhältige, asthmatische, an seiner eigenen Korruption „erstickende" Fürst Kazbeki erschien ständig mit einem Fächer, den er um so heftiger benutzte, je unsicherer er sich fühlte.
[43] Neue Technik d. Schauspielk., a.a.O. S. 95.   [44] Daselbst.

Das Groteske und Züge der Commedia dell'arte

Schauspielerische Artistik und Verwendung von Masken geben auch dem Grotesken Raum, mit dem jüngst W. Kayser[45] die Forschung wieder vertraut gemacht hat. Die Verfremdungsabsicht kann geradezu auf die groteske Darstellung verwiesen werden. So erschienen in der Berliner Inszenierung von „Mann ist Mann" (im Staatstheater, 1931) die „Soldaten und der Sergeant ... vermittels Stelzen und Drahtbügeln als besonders große und besonders breite Ungeheuer. Sie trugen Teilmasken und Riesenhände"[46]. Auch die „Beispiele von Verfremdung in der Kopenhagener Aufführung" von „Die Rundköpfe und die Spitzköpfe" (1936) schildern groteske Verzerrungen der Figuren: „Die Masken zeigten starke Verunstaltungen der Nasen, Ohren, Haare, Kinne. Die Huas hatten übergroße Hände und Füße."[47] Für eine Aufführung des Stückes „Der aufhaltsame Aufstieg des Arturo Ui" gibt Brecht den Hinweis: „... auch im Grotesken darf die Atmosphäre des Schauerlichen keinen Augenblick versagen."[48] In der Berliner Puntila-Inszenierung (1949) trugen „Puntila, der Attaché, der Propst, die Pröpstin, der Anwalt, der Richter ... mehr oder weniger groteske Masken und bewegten sich in königlicher und alberner Weise"[49]. Und im Programmheft des Berliner Ensembles zum „Kaukasischen Kreidekreis" (1954) empfiehlt Brecht: „Die Darstellerinnen der Katja Grusche sollten die Schönheit der Breughelschen ‚Tollen Grete' studieren", und fügt einen Ausschnitt aus dem Gemälde bei[50].

Augenscheinlich bleiben der Gebrauch von Masken und die groteske Übersteigerung fast ausschließlich auf Personen der oberen Stände und ihre Gefolgsleute beschränkt. *Das Groteske dient der Klassensatire.*

Eine Einschränkung des Maskengebrauchs und des Grotesken auf einen bestimmten Personenkreis war auch Grundsatz der Commedia dell'arte[51]. Und ein Vergleich mit ihr ist am ehesten berechtigt. Denn während die antiken oder ostasiatischen Masken in ihrer Mehrzahl auf einen bestimmten Gefühlsausdruck stilisiert sind, bleiben die Halbmasken der Commedia dell'arte ebenso wie die von Brecht verwendeten hierin indifferent (sie lachen oder weinen nicht, sie drücken weder Freude noch Entsetzen aus). Die Masken zeigen Deformierungen des menschlichen Gesichts (in der Commedia dell'arte oft Verunstaltungen bis zum Tierhaften).

Aber die Zuordnung des Grotesken und der Masken steht in der Commedia dell'arte unter einem wesentlich anderen Prinzip als bei Brecht. In der Komödie der Italiener blieben die jungen Liebhaber und Liebhaberinnen unmaskiert, die eigentlich groteske Darstellung war den komischen Typen des höheren, d. h.

---

[45] Das Groteske. Seine Gestaltung in Malerei und Dichtung, Oldenburg 1957.
[46] Anm. zum Lustspiel „Mann ist Mann", Erste Stücke II, S. 316—327, Zit. S. 316.
[47] Stücke VI, S. 231 f.
[48] Stücke IX, S. 368.
[49] Theaterarbeit, S. 45.
[50] Zum Grotesken beim sog. Höllenbruegel vgl. W. Kayser, a.a.O. S. 30—39.
[51] Hierzu vgl. i. d. jüngsten Forschung besonders die hervorragende Darstellung v. G. Attinger: L'esprit de la C.d.a. dans le théâtre français, Paris/Neuchatel 1950; eine Fülle von Abbildungen bietet P.-L. Duchartre: La C.d.a. et ses enfants, Paris 1955; Texte von Szenarien auch bei V. Pandolfi: La C. d. a. Storia e testo, Firenze 1957—1961, 6 Bde.

bürgerlichen wie des Dienerstandes vorbehalten — auch wenn das Groteske die Gesamtdarstellung durchwirkte. Diese Trennung entsprach der Zusammensetzung des — an Rollenfächer gebundenen — Personals der Truppe, die immer auch die Struktur der Komödienhandlung mitbestimmte und zu einem festen Bestand gleicher oder ähnlicher Handlungsgerüste und Situationen führte. Die Teilung bei Brecht dagegen ergibt sich aus gesellschaftskritischen Zielen und außerhalb des Theaters erfolgenden Klassifizierungen. — Trotzdem beweist das Beispiel der Empfehlung an die Darstellerinnen der Magd Grusche, daß die groteske Darstellung bei Brecht nicht immer Mittel der Satire sein muß.

Brechts Berliner Aufführung des „Kaukasischen Kreidekreises", zugleich die letzte vollgültige Inszenierung unter seinem Namen, bot eine Reihe von Beispielen für die Gestaltung des Grotesken — von Beispielen, die aus der textlichen Vorlage nicht immer zu erkennen sind. Im I. Teil (Versuche, Heft 13, S. 19) wird der gestürzte Gouverneur, der in den Abgrund des „kleinen Erdlochs" buchstäblich hineintaumelt, an einem langen und dicken Strick aus dem Palast gezerrt wie ein todwundes Tier aus seiner Höhle.

Ebenso überwiegt im Gerichtshof zu Anfang des IV. Teils (S. 65 ff.) das Grausige:

Auf dem Tor stecken abgeschlagene Häupter, an einem Galgen hängt der hingerichtete Richter in seiner roten Robe, und an der Seite räkeln sich Panzerreiter, die in ihren unförmigen steifen Kleidern und mit ihren Gesichtsmasken gedrungen und heimtückisch wirken wie vorgeschichtliche Wesen. In diesen Hof des Schreckens wird der gefesselte, am ganzen Leib zerrissene Azdak gestoßen, den wiederum den Polizisten Schauwa wie einen Tanzbären an einem Strick hinter sich herzieht. Azdak klagt sich mit übertriebener Bußfertigkeit, mit exaltierten Bewegungen selbst an. Die Panzerreiter hören ihm bei seinen Selbstbezichtigungen und seinem Lied lauernd und in dumpfem Brüten zu, bis ihre Trägheit plötzlich in Wildheit umschlägt. Sie reißen den schreienden Azdak zum Galgen, treiben mit seiner kreatürlichen Angst ihren Scherz und brechen schließlich in ein ungeheures Gelächter aus, das der Dorfschreiber, das entsetzte Opfer, aufnimmt und mit exzessivem Lachen übertrumpft.

Es erscheint der Fürst Kazbeki, begleitet von seinem Neffen, der zum Richter gewählt werden soll. Azdak spielt für die Richterprobe die Rolle des Angeklagten: er verfremdet in verkürzender Nachahmung die Figur des Großfürsten. Auf dem mächtigen Richterstuhl bildet der kleine Neffe Kazbeki den grotesken Widerpart, grotesk durch seine Gesichtsmaske, mit seiner manchmal abgehackten, manchmal singend-zerdehnenden Sprechweise und seinen mechanisch-marionettenhaften Bewegungen. Schließlich wird nicht der fürstliche Anwärter, sondern der eben noch zum Galgen gezerrte Dorfschreiber als Richter bestätigt. Azdak besteigt den Richterstuhl; der Rock des gehenkten Richters „wird ihm übergelegt, ein Flaschenkorb aufgesetzt" (S. 73).

In den „Anmerkungen zum Volksstück" gibt Brecht (Versuche, Heft 10, S. 122) folgende Anleitung für die Aufführung des „Puntila": „Man muß versuchen, den ‚Puntila' in einem Stil aufzuführen, der Elemente der alten commedia dell'arte und Elemente des realistischen Sittenstücks enthält." Die Forderung rechtfertigt sich hier schon aus der Konzeption der Puntila-Gestalt. Aber auch in den zahlreichen Notizen zur Hofmeister-Aufführung (Theaterarbeit; Versuche, Heft 11 — hier besonders in den Anmerkungen „Über das Poetische und Artistische", S. 73—78) werden in der Bevorzugung artistischer Bewegungen, waghalsiger Sprünge (z. B. bei Läuffers Schlittschuhkünsten), pantomimischer

„Kisten" und eleganter Kunststücke Übereinstimmungen mit dem Stil der Commedia dell'arte deutlich [52].

Die Situationsgroteske und die übersteigernde Bewegungskomik der Commedia dell'arte hat Brecht wohl am reinsten aufgenommen in der Szene der Verheiratung Grusches mit dem angeblich sterbenden Bauern (Kauk. Kreidekr., II. Teil, S. 49 ff.). Der Situation ist ein Motiv unterlegt, das in der Geschichte des „Théâtre italien" immer wieder vorkommt, das Thema des Sich-tot-stellens, des Totgeglaubten.

Die Situation wird lapidar gekennzeichnet vom Mönch, zu Anfang seiner Ansprache: „Liebe Hochzeits- und Trauergäste!" (S. 52). Aber die Paradoxien setzen sich ins einzelne fort. Ein junges Mädchen, mit einem Soldaten verlobt, wird durch einen verlotterten Mönch mit einem kriegsunwilligen Simulanten verbunden, dessen Verscheiden vor Ende der Trauungszeremonie man befürchtet. Das Kind, das die Braut in die Ehe mitbringt und das weder das Kind des Bräutigams noch das der Braut ist, wird (im Unterschied zur Textvorlage) unter dem Tisch versteckt. Der Nebenraum füllt sich mit Dorfbewohnern, die — nur auf Vermutungen angewiesen — nicht wissen, ob sie sich als Hochzeits- oder als Trauergäste aufführen sollen. Und so spielen die hinzukommenden Musikanten folgerichtig auch eine „gemischte Musik".

Bemerkenswerter noch ist die Bewegungsregie Brechts in dieser Szene. Bewegungskontraste und Bewegungstempo der Gesamtszene deuten sich schon an, wenn zu dem starr daliegenden „Todgeweihten" die geldsüchtige, kupplerische Mutter gerannt kommt, Grusche an der Hand hereinziehend. Hastig wird mit dem nachfolgenden Bruder Grusches um den Preis der Scheinehe gefeilscht; dann läuft die Mutter davon, den Mönch zu holen. Bei ihrem Wiedererscheinen findet sie im Nebengemach schon betende Nachbarn vor. In angstvoller Eile — der Kranke könnte sterben! — werden die Trauungsbräuche vollzogen. Nebenan treffen in angstvoller Eile — man könnte zur Freuden-Trauer-Feier zu spät kommen! — immer mehr Dorfleute ein. Schon scheint das Fassungsvermögen des kleinen Raums erschöpft zu sein. Aber die Heranlaufenden zwängen sich noch hinein. In der Bettkammer, nachdem die Trauung vorbei ist, beginnen Grusche und ihre Schwiegermutter den Sterbekuchen zu schneiden, der nun als Hochzeitskuchen dient. Der betrunkene Mönch drängt sich ins Nebengemach und teilt mit einem Nachbarn die Flasche. Von rechts fliegen neue Dorfbewohner heran und schieben und stoßen die Versammelten noch enger zusammen, während Grusche und die Schwiegermutter den Kuchen verteilen. So bietet sich dem Zuschauer folgendes Bild: Links, in der verhältnismäßig geräumigen Bettkammer, liegt starr der „sterbende" Bräutigam auf seinem Lager. Unter dem Tisch hockt das versteckte Kind. Die beiden Frauen, um die gierigen Esser nebenan zu befriedigen, schneiden gehetzt den Kuchen auf und werfen schließlich die Stücke in die Menge. Im viel zu engen Nebenraum schmatzt und schwatzt, betet, singt und musiziert ein gepreßtes, schwankendes und wogendes Menschenknäuel. Am Boden krächzt ein kleiner Alter, mit einem Stock den Takt schlagend, ein obszönes, wenn auch kaum verständliches Lied. Und als man glaubt, der Raum müßte bersten, stürzt von draußen noch ein Mann mit einem riesigen Instrument heran. — Das Ganze ist ein einziges Bewegungsfurioso.

Nach diesem Höhepunkt tritt eine Beruhigung in der unmäßigen Gestikulation und Artikulation ein. Das Gespräch über Kriegsschluß und Rückkehr der Soldaten wird deutlich. Grusche läßt das Kuchenblech fallen und schwankt. Der Bräutigam-Leichnam regt sich und steht auf. Und nun wird das Tempo noch einmal entfesselt zu einem

---

[52] Andeutungen unbestimmterer Art über Entsprechungen zwischen Brechts Darstellungsstil und dem der Commedia dell'arte bei E. Bentley, a.a.O. S. 174, W. E. Süskind, a.a.O. S. 515, und W. Haas, Bert Brecht (Reihe: Köpfe des 20. Jhs, Bd. 7), Berlin 1958, S. 77.

letzten Bewegungsausbruch. Der Totgeglaubte tritt an die Tür zum Nebengemach; die Gäste schreien auf, und die Frauen fliehen hinaus. — Die theatralische Kraft der Commedia dell'arte, die während der ganzen Szene spürbar war, wird hier noch einmal durch Übereinstimmungen im Bereich der Bewegungsgestaltung bestätigt: im Panischen des Schreckens und in der Rasanz der Flucht angesichts der Erscheinung eines Totgeglaubten.

c) Das Vorzeigen der Figur
Das Exemplarische in der Darstellung

Die Versuche im vorhergehenden Abschnitt, Schauspielerisches und Regiemäßiges anschaulich zu machen, müssen für vieles stehen, was hier zumeist nur in abstrahierender Begrifflichkeit angedeutet werden kann. Freilich zeigte besonders das letztgeschilderte Beispiel, wie sich das theaterhafte Spiel gelegentlich von gesellschaftskritischer Verbindlichkeit emanzipiert, während es zumeist dazu dient, der gesellschaftskritischen Intention zu ihrem Ausdruck zu verhelfen.

Immer aber bleibt das schauspielerische Einzel- oder Ensemblespiel, auch das vorübergehend artistisch verselbständigte, hingeordnet auf jene Summe von verschiedenen Haltungen und wechselnden Beziehungen, die das Gesamtgeschehnis, „die Gesamtkomposition aller gestischen Vorgänge", die „Fabel" ergeben. „Auf die ‚Fabel' kommt alles an" (Org. § 65). Von ihr erhält die schauspielerische Aktion zugleich eine Begrenzung und einen Sonderwert.

Worin die Begrenzung liegt, kann verhältnismäßig leicht skizziert werden. Durch die offene Dramaturgie gibt sich die Handlung als ein „begrenztes Geschehnis" zu erkennen, das „von vielen möglichen Interessen nur bestimmte" befriedigt (Org. § 64). Sie gibt sich als Gleichnis oder „Modell". Diese parabolische Struktur, diese Modellhaftigkeit eignet damit ebenso der Figur, also — in einschränkendem Sinne — auch der schauspielerischen Verkörperung.

Aber gerade dieser Modellcharakter schließt zugleich auch eine „Auszeichnung" mit ein. Die Figur erscheint als etwas „Vorbildliches" — was nicht bedeutet: als etwas Nachahmenswertes —, als ein Muster, herausgehoben aus der Indifferenz des hier Nebensächlichen und Zufälligen. Denn es sind ihre hervorragenden Züge und ihre bestimmte soziale Bedeutung, die ihre Eignung zum Modell begründen — auch wenn der „Mensch, den der Schauspieler vorführt, schließlich zu mehr passen muß als nur zu dem, was geschieht". Es sind die besonderen Verhaltensweisen der Figur, die ihren Wert für die Fabel ausmachen und mit denen sie der Fabel verpflichtet ist: „weil das Geschehnis um so auffälliger sein wird, wenn es sich an einem besonderen Menschen vollzieht" (Org. § 65). Kurz, es ist das Exemplarische in bezug auf die Gesellschaft, worin der Wert des Modells liegt. Und eben dieses Exemplarische, das die Fabel der Figur beilegt, hat der Schauspieler der Figur abzugewinnen, zu zeigen.

Ob nun einer solchen exemplarischen Darstellung im Einzelfalle mehr warnende oder mehr beispielgebende Bedeutung zukommt — in jedem Falle bleibt sie zweckhaft, für jemanden bestimmt: über die Rampe hinwegweisend.

Das Korrespondieren mit dem Publikum

Hat der Schauspieler erreicht, daß „die Figur und alles ... dem Publikum weniger eingehen als auffallen" (Org. § 57), so kann seine Parteinahme für oder gegen die Figur sowohl auf die Zustimmung wie auf den Widerspruch des Zuschauers stoßen. Die Kritik des Schauspielers bleibt ihrerseits kritisierbar. „Das Freie in der Haltung des Schauspielers zu seinem Publikum besteht auch darin, daß er dasselbe nicht als uniforme Masse behandelt ... Er wendet sich nicht an alle gleichmäßig; die im Publikum vorhandenen Teilungen läßt er bestehen, ja, er vertieft sie."[53]

Befaßten wir uns bisher mit der Stellung des Schauspielers zu seiner Figur und zum dramatischen Vorgang in Hinsicht und Absicht auf das Publikum, so ist nun genauer nach dem Verhältnis des Darstellers zum Zuschauer zu fragen. Dabei denken wir nicht an jene Spielmomente, wo vom Drama her unmittelbare Wendungen bzw. Ansprachen ans Publikum geboten oder sogar vorgeschrieben sind. Sondern wir legen die rein szenische Weise des Spiels zugrunde. Sie macht schließlich den Hauptteil der Aufführung aus. Freilich wird sich dabei zeigen, daß in diesem Zusammenhang sich beide Spielphasen grundsätzlich nicht voneinander unterscheiden.

Suchen wir zunächst das Verhältnis mit Hilfe und durch Abwandlung einer Bemerkung Plessners anzudeuten. Im Aufsatz „Zur Anthropologie des Schauspielers" heißt es: „Othello und Desdemona sind Bilder ... (einer imaginären Welt) ..., zwischen die wirklichen Theaterbesucher und die wirklichen Schauspieler geschoben" (a.a.O. S. 180). Das besondere Problem beim demonstrierenden Schauspieler tritt sofort hervor, wenn wir diesen Satz verändern und sagen: Herr Busch und Frau Weigel sind wirkliche Schauspieler, zwischen die Bilder einer imaginären Welt und die wirklichen Theaterbesucher geschoben.

Mit dieser Umstellung ist zu unserer Frage schon vieles gesagt: 1. Der Schauspieler ist in eine Mittel-, besser Vermittlerstellung gerückt. 2. Er steht — für den Zuschauer — nicht mehr hinter, sondern vor seiner Figur. 3. Er ist dem Zuschauer näher gerückt, an ihn heran „geschoben". 4. Der Zuschauer erhält Zugang zur imaginären Welt nur über den Kontakt mit dem Darsteller. — Als gestalthafte Verlebendigungen dieses schauspielerischen Prinzips können der Sänger im „Kaukasischen Kreidekreis" und Frau Yang im 8. Bild des „Guten Menschen" gelten.

Zwei Momente in der Tätigkeit und Aufgabe des demonstrierenden Schauspielers sind zu unterscheiden: er hat *etwas* zu zeigen — und *jemandem* zu zeigen. Er vergegenständlicht das Gezeigte (seine Rolle, seine Figur), um es als ein Objekt behandeln zu können. Mit diesem Gegenstand tritt er als Zeigender vors Publikum: als Schauspieler X auf sich als Figur Y hinweisend. Benutzen wir eine Hilfsvorstellung, indem wir annehmen, der Schauspieler mache mit dem Arm eine der Bühnensituation verpflichtete, für seine Figur bezeichnende Geste, hefte aber den Blick aufs Publikum. Auf diese Weise steht er mit dem einen — seiner Figur geliehenen — Teil seiner schauspielerischen Existenz *im* dramatischen, bühnischen Geschehen, mit dem anderen *daneben*. Mit dem einen Teil ist er „am" Spielpartner, mit dem anderen „am" Publikum. Dabei kann natürlich nicht erwartet werden, daß der Schauspieler in *jedem* Spielmoment beide „Rollen" zugleich wahrnehmbar macht. Er wird das eine Mal mehr diese, das andere Mal mehr jene hervorkehren. Er wird immer — schließlich bleibt seine vornehmliche Aufgabe *Darstellung* — mehr der Figur als dem Publikum gehören, aber eben nur *mehr*, nicht ganz. Diese Differenz zwischen zwei schau-

---

[53] Neue Technik der Schauspielkunst, a.a.O. S. 100.

spielerischen Seinsweisen — hier: mit der Figur und auch mit dem Publikum sein, sonst: lediglich mit oder in der Figur (und vielleicht noch vor dem Publikum) sein — ist ein Kriterium der episch-demonstrativen Spielweise Brechts gegenüber den Spielweisen der Illusionsbühne. H. Ihering hat die besondere Situation des zeigenden Darstellers treffend bezeichnet in seinem Aufsatz über einen Schauspieler des Berliner Ensembles: „Geschonneck sitzt auf dem richtigen Platz im Zuschauerraum und nimmt den richtigen Platz auf der Bühne ein." [54]

Indem der Schauspieler zu der verkörperten Figur nicht nur den Abstand des Produzenten zum Produzierten hat, sondern zugleich auch den Abstand des Urteilenden, des Kommentators, tritt er in eine Art Gespräch mit dem Publikum. Er sucht sich mit dem Zuschauer über diese oder jene Haltung der Figur in ein kritisches Einvernehmen zu setzen.

So spielt also der Darsteller durchweg mit einer „halben Wendung" zum Zuschauer. Was der offenen Dramaturgie immer nur punktweise möglich ist (weil sie dem Drama, der Handlung verpflichtet bleibt), das erreicht in gesteigertem Maße die epische Spielweise (kraft der Exzentrizität der schauspielerischen Aktion) — unmittelbare Verbindung zum Publikum [55].

*

Es bleibt noch das Eingeständnis nachzuholen, daß sich die Untersuchung in diesem Kapitel einer besonderen Schwierigkeit gegenübersah. Sie bemühte sich um Deutung künstlerischer Phänomene, die vom Körper des jeweiligen Künstlers letztlich nicht abzulösen sind. Brechts Theorie einer „Neuen Technik der Schauspielkunst" gilt dem lebendigen Umgang, der Zusammenarbeit mit dem Schauspieler und setzt für das Verständnis die tatsächliche Anschauung der künstlerischen Ergebnisse voraus. Mit einer „spekulativen" Methode wird hier nichts erreicht. Deshalb ist auch der Versuch Margret Dietrichs (a.a.O.), die grundsätzliche Unmöglichkeit der Konzeption Brechts zu beweisen, verfehlt. Unter den Formulierungen, mit denen Brecht seine Theorie der verfremdenden Spielweise entwickelt, verbirgt sich eine sehr theatermäßige Forderung: die Konzentration der Aufführung auf das schaubare, artistisch gesteigerte Spiel des Darstellers.

Wir suchten dem Mißverhältnis, das sich zwischen einer wissenschaftlichen Untersuchung und einer „transitorischen" Kunst auftut, wenigstens gelegentlich durch berichtende, auf eigener Anschauung beruhende Schilderungen abzuhelfen. Sie konnten zeigen, wieviel komödiantisches Spiel das Theater Brechts entfaltete und — ohne ihm Gewalt anzutun — seiner Wirkungsabsicht zuführte. Das Theater machte „die praktikablen Abbildungen der Gesellschaft, die dazu im-

---

[54] Theaterarbeit, S. 221.
[55] Brecht war übrigens bei den Proben des „Berliner Ensembles" bestrebt, von vornherein auch die Belange des Publikums zu berücksichtigen. Zum Teil geschah es schon dadurch, daß er (ähnlich wie Otto Brahm) vom Zuschauerraum aus Regie führte. Außerdem aber waren immer bereits zu den Proben interessierte Zuschauer zugelassen. Dem Schauspieler war beim Aufbau seiner Rolle immer das Publikum gegenwärtig. Damit scheint überhaupt ein neuer Theaterbrauch gegeben zu sein: aus der esoterischen Probenarbeit und -atmosphäre wird eine öffentliche; man gewährt zu jeder Zeit Einblick in die „Werkstatt" — „Theater" wird als ein künstlerischer Arbeitsprozeß gezeigt.

stande sind, sie zu beeinflussen, ganz und gar als ein Spiel..." (Org. § 24). Und so schließt die Aufführung des „Kaukasischen Kreidekreises" nicht nur mit den resümierenden Worten des Sängers, sondern auch mit dem Bild eines heiteren Umzugs der Spieler auf der Bühne.

2. RELATIVE SELBSTÄNDIGKEIT DER BÜHNENELEMENTE

Galt die Hauptaufmerksamkeit des Regisseurs Brecht dem verfremdenden Schauspieler, so bekamen doch auch die „Schwesterkünste der Schauspielkunst" besondere Aufgaben, die von der herkömmlichen Anwendung dieser Künste abweichen. „Die ‚Fabel' wird ... hervorgebracht ... vom Theater in seiner Gänze", sagt Brecht, „von den Schauspielern, Bühnenbildnern, Maskenmachern, Kostümschneidern, Musikern und Choreographen. Sie alle vereinigen ihre Künste zu dem gemeinsamen Unternehmen, wobei sie ihre Selbständigkeit freilich nicht aufgeben" (Org. § 70). Denn es ist „nicht ... ein ‚Gesamtkunstwerk'[56] herzustellen, in dem sie sich alle ... verlieren, sondern sie sollen, zusammen mit der Schauspielkunst, die gemeinsame Aufgabe in ihrer verschiedenen Weise fördern, und ihr Verkehr miteinander besteht darin, daß sie sich gegenseitig verfremden" (Org. § 74). In dieser relativen Selbständigkeit der Bühnenelemente dokumentiert sich wiederum ein epischer Formwille, das Wechselverhältnis von „epischer" Dramaturgie und Bühne.

a) Inkongruenz von Bühnenmusik und dramatischem Text

Zu fast allen Stücken Brechts (abgesehen von den frühesten) besteht auch eine Bühnenmusik. Eine so enge Zusammenarbeit des Dramatikers mit einem Komponisten hat das moderne Sprechtheater bisher nicht gekannt. Freilich beschränkt sich diese Zusammenarbeit bei Brecht nicht nur auf die Sprechbühne. Als Textdichter ist er auch für das Musiktheater bedeutend geworden, und nicht zufällig war sein erster — und bisher, der Wirkung nach, nicht übertroffener — Welterfolg die „Dreigroschenoper" (1928) mit der Musik von K. Weill. Weitere Opern sind „Aufstieg und Fall der Stadt Mahagonny" (1929) mit der Musik ebenfalls von Weill, und „Die Verurteilung des Lukullus" (1951) mit der Musik von P. Dessau. Gemeinsam mit K. Weill schrieb Brecht zwei Schulopern: „Der Jasager" und „Der Neinsager" (1932). Außer mit den beiden genannten Komponisten arbeitete Brecht bei einer Reihe von Theaterstücken mit H. Eisler und einmal auch mit P. Hindemith („Das Badener Lehrstück vom Einverständnis", 1929) zusammen.

Eine musikwissenschaftliche Untersuchung wird hier nicht angestrebt und kann hier auch nicht geleistet werden. Uns hat lediglich die dramaturgisch-bühnentechnische Funktion der Musik zu beschäftigen.

---

[56] Diese Wendung gegen das „Gesamtkunstwerk" ist weniger auf R. Wagners Theaterkonzeption als auf M. Reinhardts Inszenierungsstil zu beziehen. Zu M. Reinhardt vgl. den Abschnitt im III. Teil.

Die Komposition wird vor allem da wichtig, wo der dramatische Text selbst schon unmittelbar zur musikalischen Begleitung drängt: in den Songs oder Liedern. Brecht nennt diese Vertonungen auch „die musikalischen Adressen an das Publikum" (Org. § 71). Wir wiesen schon nach, daß die Songs die Handlung unterbrechen und bewußt als „Fremdkörper", als „Einlagen" in das dramatische Gefüge eingebaut und als solche wiederzugeben sind. Damit der Gesang dem Publikum deutlich vom übrigen abgesetzt erscheint, empfiehlt Brecht „eigene theatralische Maßnahmen, wie Beleuchtungswechsel oder Betitelung" (Org. § 71). In der Berliner „Courage"-Inszenierung ließen Brecht und Engel „jedesmal, wenn ein Lied kam, das nicht unmittelbar aus der Handlung hervorkam, oder, aus ihr herausgekommen, deutlich außen blieb, vom Schnürboden ein Musikemblem herunter, bestehend aus Trompete, Trommel, Fahnentuch und Lampenbällen, welche aufleuchteten". Außerdem waren die Musiker „sichtbar in einer Loge neben der Bühne untergebracht — welche Position ihre Darbietungen zu ... selbständigen Beiträgen" machte (Theaterarbeit, S. 274).

Dementsprechend hat auch die Musik selbst nicht die Aufgabe, den dramatischen Text zu schmücken oder mit ihren Mitteln emotional zu vertiefen. Der Musiker soll „nicht mehr Stimmungen schaffen, die es dem Publikum erleichtern, sich haltlos den Vorgängen auf der Bühne hinzugeben" (Org. § 72). Vielmehr hat er dem Zuschauer ein gewisses Unbehagen zu schaffen, ihn zu beunruhigen. Ebenso wie der „Sänger" nicht den Inhalt der Lieder „ausdrücken", sondern ihm als Kritiker und Entdecker gegenüberstehen soll[57], hat auch die Musik den Text nicht eigentlich zu begleiten, sondern sich ihm entgegenzusetzen. Sie soll nicht servieren, sondern vermitteln, nicht den Text steigern, sondern ihn auslegen, nicht illustrieren, sondern Stellung nehmen[58]. Dadurch bekommt die Musik (sowohl P. Dessaus wie H. Eislers) den Charakter des Nüchtern-Sachlichen, des Rationalen. Wird dieser Charakter noch akzentuiert — wie etwa im „Kaukasischen Kreidekreis" — durch eine „kalte und unbewegte Singweise des Sängers" (Org. § 71), so wird dem Zuschauer die Möglichkeit einer gefühlsmäßigen Identifizierung genommen. Die Bühnenmusik trägt wesentlich zu einer Unterkühlung der Aufführung und zur Distanzierung der Handlung bei.

Aber selbst wo sie einmal dem poetischen Gehalt einer Szene oder eines Liedes nachgibt — auch hier wird das Prinzip variiert —, entsteht durch eine an dieser Stimmung unbeteiligte gesangliche Vortragsweise ein ernüchterndes, fast maschinenmäßiges Gegengewicht. „Sie müssen den Rhythmus des elektrischen Klaviers betonen", sagte Brecht einmal einem „Sänger"[59]. Denn wie bei der klaren Trennung der bühnischen Elemente die Musik ihre Selbständigkeit erhält,

---

[57] Als Beispiel mag hier ein Vorfall während der musikal. Proben zum „Kaukasischen Kreidekreis" angeführt werden. Brecht beschäftigte sich ausführlich mit dem „Sänger" des Liedes, das des schweigenden Simons Antwort an Grusche wiedergibt (Vers. H. 13, S. 60). Besonders an der Stelle „Feuer schlugen sie aus meinem Nacken" (in der Bühnenfassung „aus meinem Nacken schlugen sie Feuer") war Brecht lange Zeit nicht zufriedenzustellen. Immer wieder vermißte er jene Nuance, mit der im Vortrag zugleich ein gewisser Unwille des „Sängers" über das Vorgetragene deutlich wurde. „Der Sänger selbst muß schon darüber staunen", sagte Brecht, „zum Feuerschlagen ist ja der Nacken nicht da".
[58] Vgl. Anm. zur Oper „Mahagonny", Stücke III, S. 268 f.
[59] Gesprochen auf einer Probe zum „Kaukasischen Kreidekreis".

so behauptet andererseits auch der singende Schauspieler seine Freiheit gegenüber dem Musiker. Er übernimmt und benutzt die musikalische Vorlage nicht sklavisch. „Der Takt ist ein annähernder Vorschlag des Komponisten."[60] Der „Sänger" soll ihm nicht in jedem Falle folgen, sondern gelegentlich seinen Gesang gegen die unterlegte Musik abheben. Auf diese Weise bekommt der Vortrag zuweilen etwas Synkopisches, wodurch der „Sänger" die distanzierend-verfremdende Funktion der Musik noch einmal merkbar heraustreibt.

So ist im ganzen die Bühnenmusik gekennzeichnet durch eine Inkongruenz ihrer Aussagen zu den Aussagen und emotionalen Qualitäten des dramatischen Textes. Indem die Musik die dramatischen Vorgänge versachlichen hilft, ist sie unterstützendes Element eines verfremdenden Aufführungsstils.

b) Das skizzierende Bühnenbild

Wie die Bühnenmusik keine Stimmungen erzeugt, so soll die Bühne im engeren Sinne: der Bühnenbau bzw. das Bühnenbild, nicht auf die Vorstellung einer vierten Wand und auf die Vortäuschung eines bis ins Detail realen Raumes eingerichtet werden. Der Bühnenbildner „bekommt... viel Freiheit, wenn er beim Aufbau der Schauplätze nicht mehr die Illusion eines Raumes oder einer Gegend erzielen muß. Da genügen Andeutungen, jedoch müssen sie mehr geschichtlich oder gesellschaftlich Interessantes aussagen, als es die aktuale Umgebung tut" (Org. § 72).

Über beispielhafte Bühnenbildkunst hat sich Brecht geäußert in seiner „Rede des Stückeschreibers über das Theater des Bühnenbauers Caspar Neher" (seines langjährigen Mitarbeiters)[61]. Diese „Rede" geht über den Rahmen eines bloßen Berichtes hinaus, weil sie zugleich die bildnerische Auffassung Nehers als die dem Brechtschen Drama und Bühnenstil angemessene autorisiert.

An Nehers Kunst fällt zunächst die gegensätzliche Behandlung der verschiedenen Gegenstände seines Aufgabenbereiches auf. Er „begnügt... sich stets mit Andeutungen bei allem, was ‚nicht mitspielt'" (164). Kriterium seiner Auswahl ist also, ob etwas jeweils eine Funktion hat oder nicht: jedes nur schmückende Appendix eines bildnerischen Gegenstandes bleibt ausgeschlossen. Dagegen kann, wenn notwendig, die Sorgfältigkeit so weit gehen, daß die „kleinen Gegenstände, die er den Schauspielern in die Hand gibt, die Waffen, Instrumente, Geldtaschen, Bestecke usw., ... immer echt" sind und „der genauesten Untersuchung" standhalten: „Viele der Requisiten sind Museumsstücke" (S. 163).

Diese zunächst überraschende Akribie wendet Neher vor allem zu, was in unmittelbarer Beziehung zum Menschen steht und somit dem Schauspieler als Hilfsmittel seiner verfremdenden Darstellung unerläßlich ist. Zwar soll die Aufführung als etwas Gemachtes, als „Theater" durchsichtig bleiben, aber Dinge, die der Schauspieler präsentiert oder die ihm die Figur präsentieren helfen, sollen nicht gerade aus Theaterpappe sein. *Die Dingwelt wird* nicht bagatellisiert oder gar von der Bühne eliminiert, sondern nur *auf ihren exemplarischen Wert hin sondiert.*

---
[60] Desgleichen.
[61] Theaterarbeit, S. 163 f. — Als zweiter bedeutender Bühnenbildner des Brechtschen Theaters ist Teo Otto hervorgetreten, als Bühnenbildner beim „Kaukasischen Kreidekreis" auch Karl von Appen.

Diese Sondierung bleibt auch künstlerisches Prinzip, wenn der Bühnenbildner großzügig verfährt und sich auf Zeichenhaftes beschränkt. „In der Architektur, das heißt wenn dieser Meister Innenräume oder Außenräume aufbaut, begnügt er sich mit Andeutungen, artistischen und poetischen Darstellungen einer Gegend oder einer Hütte ... Sie zeigen in schöner Vermischung seine Handschrift und die Handschrift des Stückeschreibers. Und es gibt bei ihm keinen Bau, Hof oder Werkstatt oder Garten, der nicht auch sozusagen noch die Fingerabdrücke der Menschen trägt, die da gelebt oder daran gebaut haben. Da werden handwerkliche Fertigkeiten und Wissen der Bauenden sichtbar und der Wohnenden Wohngewohnheiten" (S. 163 f.).

Im ganzen läßt sich dieses *Bühnenbild* als eine *Skizzierung räumlicher Wirklichkeit* bezeichnen. Dabei zeigt sich Nehers Bühnenbild in zweifacher Weise dem Bühnenstil Brechts verbunden. Einmal entspricht das betont und erkennbar artistische Gepräge seiner andeutenden bildnerischen Darstellung jener besonderen schauspielerischen Aktion, wodurch der Darsteller seine Doppelrolle: Zeigender und Gezeigter zu sein, künstlerisch kundgibt. Das sondierende, skizzierende (man darf nicht sagen: stilisierende) Bühnenbild enthält in seiner artistischen Zuspitzung die Mitteilung an den Zuschauer, daß es lediglich „bedeutet". Zum anderen begnügt sich das Bühnenbild nicht mit sondierender Wiedergabe von Realität, denn indem es außerdem noch die „Fingerabdrücke der Menschen", das „Wissen der Bauenden" und „der Wohnenden Wohngewohnheiten" sichtbar macht, legt es zugleich aus und nimmt Stellung — in ähnlicher Weise wie die Bühnenmusik.

Und in einer weiteren Hinsicht ist das im großen nur Andeutende der Neherschen Bühnenbildkunst dem dramatischen und schauspielerischen Stil Brechts angemessen. Wir unterschieden in unserer dramaturgischen Analyse zwei ästhetische Realitätssphären: die dramatische und die epische, und wir bezeichneten die epische als verhältnismäßig realitätsarm und daher als realisierungsbedürftig. Die Aufgabe einer imaginären Ergänzung sahen wir dem Publikum zugeschoben. In eben dieser Weise verpflichtet auch das — sinnliche Realität oft nur andeutende — Bühnenbild den Zuschauer. Nehers Darstellungen sind „Anregungen. Sie beleben die Fantasie des Zuschauers, welche durch ‚Vollständigkeit' gelähmt wird" (S. 164).

In diesem Sinne verstärkend wirkt noch ein technisches Moment, das ein hervorstechendes und dem epischen Theater eigentümliches Element der Aufführung darstellt: die totale Sichtbarkeit der Lichtquellen [62]. Dieses „offene Zeigen der Lampenapparatur" ist (zusammen mit einem auch anderswo üblichen Auf- und Abbau der Dekorationen bei offenem Vorhang) im Bereich der Bühne jene Markierung, wo sich das Theater so grell als „Produzent der Illusion" zu erkennen gibt, daß es sie nahezu aufhebt. Aber wenn es auch die „nicht gewünschte Illusion" verhindert, so argumentiert Brecht — „es verhindert kaum die gewünschte Konzentration" [63].

Überhaupt ist für Brechts Inszenierungen eine sehr helle Beleuchtung der Bühne bezeichnend. Alle Personen und Dinge sind in ein nüchternes, fast kaltes Licht getaucht, *die Vorgänge sind voll einsichtig*. Gefärbtes Licht wird nicht ver-

---

[62] Vgl. Anhang zu „Neue Technik der Schauspielkunst", Versuche, Heft 11, S. 97.
[63] Daselbst.

wendet. Für die Farben und Kontraste haben Bühnenbild und Kostüme zu sorgen. Die Kennzeichnung einer bestimmten Tageszeit erfaßt selten die ganze Bühne. So heißt es in den Notizen über die Züricher Erstaufführung des „Puntila" (1948): „Die Embleme der Sonne, des Monds und der Wölkchen ... hingen vor der hohen und breiten Wand aus Birkenrinde, die den Hintergrund der Puntilabühne bildete. Je nachdem es sich um Tag, Dämmerung oder Nacht handelte, war die Birkenwand stark, schwach oder gar nicht beleuchtet, während das Spielfeld stets voll beleuchtet war. Das Atmosphärische war so im Hintergrund etabliert und von der übrigen Darstellung getrennt." [64]

Zusammenfassend halten wir fest, daß die Reduzierung der Dingwelt, die volle Ausleuchtung der Bühne und die Eindämmung alles Atmosphärischen eine Konzentration und zugleich Entzauberung der Schauplätze bewirken und damit eine Art Experimentierboden schaffen. Die räumliche Realität wird durch das skizzierende Bühnenbild weitgehend *neutralisiert*.

c) *Relativierung des szenischen Raums durch Projektionen*

Die Tendenz zu einer gewissen Neutralisierung des Bühnenraums wird unterstützt durch eine bestimmte Einrichtung und Gliederung der Bühne, die — inzwischen international verbreitet — von C. Neher entwickelt wurde. „Es ist die Zweiteilung der Bühne, eine Anordnung, durch die vorn ein Zimmer, ein Hof, eine Arbeitsstätte halbhoch aufgebaut ist und dahinter projiziert oder gemalt eine weitere Umgebung, wechselnd mit jeder Szene oder stehend durch das ganze Stück. Dieses weitere Milieu kann auch aus dokumentarischem Material bestehen oder einem Bild oder Teppich" (S. 164).

Es handelt sich hierbei allerdings nur dann um eine Neutralisierung, wenn der Schauplatz durch Projektionen oder Prospekte nicht etwa einfach perspektivisch verlängert oder vertieft, sondern im Gegenteil beschnitten, besser: überwölbt wird, so daß er seine Aktualität mit einem anderen, wenn auch nicht bespielten „Schauplatz" zu teilen hat. Natürlich wird die projizierte Räumlichkeit immer in Beziehung zu der aufgebauten und bespielten stehen. Aber sie stellt nicht nur einfach einen zweiten Ort, sondern vor allem eine qualitative Erweiterung des szenischen Raums dar: sie öffnet den Blick auf Zusammenhänge, die der Schauplatz der Handlung in seiner Gebundenheit an die Maßstäbe der Bühne nicht sichtbar machen kann. Sie gibt einen umfassenderen Horizont frei, den Raum eines Bedeutungsgefüges, das dem des jeweiligen szenischen Vorgangs übergeordnet ist. So wurde in der Inszenierung der „Mutter" die kleine und ärmliche Stube der Wlassowa überragt von der Projektion einer mächtigen Fabrik, die das Leben der handelnden Figuren beherrscht. Und so wurden in der „Hofmeister"-Aufführung Projektionen verwendet, die von handkolorierten Stichen aus der 2. Hälfte des 18. Jh.s ausgingen und so Zusammenhänge der Zeit dokumentierten, in der das Stück spielt und entstand (S. 165).

Ist der Handlungsschauplatz durch die Projektion flächig gehalten — die Illusion des szenischen Raumes bekommt keine rechte Tiefe —, so wird er doch gleichzeitig auch auf den erweiterten, durch Projektion oder Prospekt vergegen-

---

[64] *Versuche*, Heft 10, S. 110.

wärtigten Geschehensraum hingeordnet. Wir sprechen deshalb hier besser von einer Relativierung als von einer Neutralisierung des szenischen Raums.

So erweist sich also die Zweiteilung des Raumes durch Projektionen (die auf den Rundhorizont oder, falls nicht vorhanden, auf eine Leinwand geworfen werden) als bühnenmäßige Entsprechung jenes zweifachen Horizonts im Drama und jener Relativierung der Handlung, die unsere dramaturgische Analyse hervorhob[65]. Sie ist zugleich eine bühnenbildnerische Vervollkommnung bzw. Konkretion jenes anderen — in bestimmten Stücken benutzten — Mittels der Relativierung: der Projektion von Szenentiteln oder Kommentaren auf eine Leinengardine.

*

Der Film wurde von Brecht nur sehr selten benutzt. Zwar waren Filme mit Aufnahmen der Wirklichkeit in Inszenierungen von „Mann ist Mann" und der „Dreigroschenoper" eingebaut[66], in jüngster Zeit ist aber nur in der „Mutter"-Inszenierung (des Berliner Ensembles) noch ein kurzer Film an den Schluß der Handlung gesetzt worden.

Offensichtlich hat sich Brecht im wesentlichen von diesem (vor allem von E. Piscator[67] praktizierten) Brauch des Jahrzehnts nach dem 1. Weltkrieg gelöst und auf ein theaterfremdes Mittel verzichtet, das nur verwirrende Überschneidungen schafft.

C. Die Einheit der Formgesetze von Drama und Bühne

Wir nehmen die zu Anfang des II. Teils gestellte Frage wieder auf und fassen die Übereinstimmungen unter drei Gesichtspunkten zusammen: 1. Personengestaltung und schauspielerische Aktion, 2. das Raumproblem, 3. der Entwurfcharakter von Drama und Bühnenkunstwerk.

1. Der Typisierung der Menschen auf ihr soziales Verhältnis zueinander entspricht eine Darstellungsart, welche die Persönlichkeitsaura des Schauspielers begrenzt und die Verhaltensweisen der dramatischen Figuren zu Gesten entwickelt[68].

Wie die dramatischen Personen über zwei verschiedene Möglichkeiten der Kommunikation verfügen, indem sie Partner ihrer Mitfiguren im szenischen Gefüge der Handlung, gelegentlich aber als „Sprecher" auch Partner des Publi-

---

[65] Da die dramaturgischen Bedingungen außerhalb des epischen Theaters sehr oft fehlen, spricht Brecht mit Recht davon, daß diese Zweiteilung der Bühne „ihres Sinns gemeinhin beraubt worden ist" (Theaterarbeit, S. 164).
[66] Vgl. E. Schumacher, a.a.O. S. 206.
[67] Zu E. Piscator vgl. den Abschnitt im III. Teil.
[68] Die typisierenden Züge in der Personengestaltung wurden unterstützt durch die Verpflichtung von Schauspielern, bei denen schon in der äußeren Erscheinung typenhafte Züge vorwalten. Ein Teil des Berliner Ensembles ist ausschließlich nach diesen Gesichtspunkten (und nicht eigentlich nach dem „Fach") ausgewählt.

kums sind, so befindet sich der verfremdende Darsteller grundsätzlich in einer Doppelrolle. Als Gezeigter ist er Figur im Bühnengeschehen, als Zeigender korrespondiert er mit dem Publikum.

Damit erscheint die Sprecher-Figur als dramatische Personifikation des schauspielerischen Verfremdungsprinzips bzw. die verfremdende Darstellung als bühnenmäßige Aktion der Personalität der Sprecher-Figur. Freilich bleibt das Hervortreten einer dramatischen Figur als Sprecher beschränkt durch die Bedingungen des Dramas, das primär ein sprachliches Handlungskontinuum ist. Dagegen bieten die Bedingungen der Bühne dem Schauspieler Mittel — nicht wortgebundene Mittel, immer wieder gleichzeitig Figur und Vermittler zu sein. Der verfremdende Schauspieler erreicht eine bühnenmäßige Verdichtung der dramatischen Stilmittel.

2. Der neutrale Standort, den die Sprecher-Figur inmitten der Räumlichkeit des Bühnenbildes markiert, kann vom Bühnenbauer nicht unmittelbar bezeichnet werden, es sei denn durch Embleme, wie sie etwa bei handlungsfremden Songs heruntergelassen werden. Aber in der bloßen Skizzierung von räumlicher Wirklichkeit, durch die helle Beleuchtung der Bühne und die Verbannung alles Atmosphärischen wird das zeitweilige Bestehen eines zweiten, neutralen Ortes vorbereitet, als Möglichkeit von vornherein mitgegeben.

Die Bedingungen der Simultanbühne, wie sie zuweilen im Drama ansatzweise vorliegen, kann der Bühnenbildner durch eine „Zweiteilung" der Bühne erfüllen: indem er hinter dem szenischen Schauplatz durch Projektion oder auch Prospekt einen weiteren Ort bildlich darstellt.

3. Dem fragmentarischen und offenen Gepräge der dramatischen Handlung entspricht der illusionsmindernde Charakter der gesamten Darstellung. Bühnenbild und Schauspieler unterstreichen das Modell- oder Gleichnishafte und heben zugleich das gesellschaftlich Exemplarische der Vorgänge hervor. Indem die Begebenheiten nicht als einmalige, sondern als wiederhol- und kritisierbare Geschehnisse gespielt werden, stellt die Bühne dem Publikum Wirklichkeit als veränderbare Wirklichkeit dar. Die publikumgerichtete Spielweise verstärkt die Auslösungs-Intention der offenen Dramaturgie Brechts.

Daß die Analogie der Formgesetze von Drama und Bühne im epischen Theater zu einer geradezu systematischen Einheit des Stils wurde, versteht sich vor allem aus der Vereinigung des Dramatikers und Regisseurs (bzw. Bühnenpraktikers) in einer Person.

Anhang

VERSUCH EINER TYPOLOGIE
DER SCHAUSPIELERISCHEN VERKÖRPERUNG

Wir gehen davon aus, daß jede schauspielerische Darstellung notwendig Darstellung mit dem eigenen Leib, also Verkörperung ist. Aber schon Plessner sieht „in ganz verschiedene Richtungen weisende Möglichkeiten eines und desselben Verhaltens"[69], eben der Verkörperung. Hier soll auch unsere Begriffsbildung ansetzen.

---

[69] Zur Anthropologie des Schauspielers, a.a.O. S. 183.

a) Repräsentation

Den Begriff „Repräsentation" schränken wir ein, um ihn nur für einen bestimmten Verkörperungstyp anzuwenden. Wir meinen also hier mit Repräsentation nicht jenes allgemeine Phänomen an der schauspielerischen Darstellung, wonach der Schauspieler die verkörperte Figur nur vergegenwärtigt, nur vertritt und „sie nicht einfach ist" (in diesem Sinne bleibt natürlich jede Verkörperung Repräsentation). Näher an unsere Einengung des Begriffs führt schon heran, was Plessner anläßlich des Puppen- und Marionettentheaters usw. (S. 186) sagt, nämlich „daß es bloße Figuren als Stellvertreter von Menschen zeigt, Repräsentanten von allem, was auf, über und unter der Erde ist". Repräsentation also so verstanden, daß durch das Wegfallen des Kriteriums der Augenscheinlichkeit ein entscheidender „Abstand der Figur zu dem, was sie vorstellt", gegeben ist.

Repräsentation in diesem Sinne liegt vor, wo Darsteller Dämonen, Götter oder Heroen, Gottes Sohn, Engel oder Personen der biblischen Geschichte, also Geheiligtes verkörpern, wo sie mythische und heilsgeschichtliche Begebenheiten vergegenwärtigen, aber auch, wo sie Macht und Glanz fürstlicher Personen anschaubar machen. Ähnlichkeit mit dem „Urbild" der Rolle ist nicht entscheidend, die Charakterisierung geschieht mit sparsamen Mitteln: es sind auch gar nicht Charaktere zu verkörpern, sondern Vorgänge zur Erscheinung zu bringen, die bereits fester Besitz der Vorstellungswelt von Darstellern und Publikum sind, oder Handlungen und Taten, die als Postulate gesellschaftliches Allgemeingut sind. Wie die Aufführung feier- und festgebunden ist, so bleibt der Darsteller (unter Umständen unter einer Maske verborgen) einem Ausdrucks- und Bewegungszeremoniell verpflichtet. Eine gewisse eigene Note wird der Repräsentierende freilich in die Darstellung hineintragen, aber ein betontes Heraustreten seiner Persönlichkeit würde nur stören. Der Darsteller hat nicht ein physisch oder gar psychisch differenziertes Abbild zu geben, sondern nur das göttliche bzw. außermenschliche Sein des „Urbilds" zu vergegenwärtigen und der Teilhabe des Zuschauers zugänglich zu machen. Der Darsteller leiht seinen Leib nur als Erscheinungsort her, er ist nicht Akteur, sondern nur Schau-Träger des Immer-Seienden, Gültigen. Er stellt lediglich seine Leib-Natur zur Verfügung.

Bei solcher Art der Darstellung kann das Moment der Schulung, der jahrhundertelangen Weitergabe traditioneller Formen und Regeln (in bezug auf Gebärden usw.) maßgebend sein, wobei der Symbolgehalt bestimmter Bewegungen und Gesten als dem Publikum vertraut vorausgesetzt wird.

Die Frage, wie weit sich der Darsteller mit seiner Rolle identifiziert oder nicht bzw. wie weit er in seiner Eigenschaft als Repräsentant hinter dem Verkörperten verschwindet oder nicht, ist noch gar nicht wesentlich, geschweige denn alternativ zu verstehen. So werden bei mittelalterlichen geistlichen Spielen oft mehrere Darsteller für eine Rolle eingesetzt. Denn Illusion wird nicht angestrebt; sie ist nicht nötig, wo Darsteller und Publikum in gleicher Weise Ergriffene und Teilhabende des erscheinenden Seins werden, wo Darsteller und Zuschauer nur zwei graduell verschiedene Möglichkeiten von Aneignung des Re-präsentierten ausmachen, nicht aber die einen „Produzenten" und die anderen „Konsumenten" sind. Die Tiefe, welcher die Handlungen entsprechen, ist bereits gegeben durch den Anlaß der Aufführung, ist schon Voraussetzung, nicht erst Erzeugnis der Darstellung.

So ist dieser Typ der Darstellung, der Verkörperung als Repräsentation, durchaus voräsfhetisch — oder aber, als ästhetisches Phänomen, gekennzeichnet durch eine Heteronomie der schauspielerischen Aktion. Anthropologisch gesehen, wird der Darsteller hier nicht mit seinem Leib sein eigenes Mittel, sondern sein Leib dient als Mittel einer außer ihm liegenden und zugleich ihn ergreifenden ernsthaften Gestimmtheit und eines kultischen, religiösen oder gesellschaftlich-festlichen Vorgangs.

b) Figuration

Die fortschreitende Emanzipation des Darstellers zum „Künstler" und schließlich zum uns bekannten Schauspielertyp ist nicht zu trennen von der allmählichen Herauslösung der Kunst (des Dramas und des Theaters) aus der unmittelbar kultisch-religiösen oder gesellschaftlichen Gebundenheit. Sie ist ebensowenig zu denken ohne die Entdeckung des Individuums und ohne das Ideal einer freien Entfaltung der Persönlichkeit.

Je mehr sich die künstliche Welt der Bühne von der profanen des Publikums abhebt, je eigenständiger sie wird — je mehr selbsttätige Suggestivkraft auch wird vom Schauspieler verlangt. In dem Maße, wie der freie Spielraum des Ästhetisch-Künstlerischen wächst, in dem Maße auch wächst die Notwendigkeit, diesen Spielraum auszufüllen. Nicht umsonst wurde der Schauspieler so zum Idol der bürgerlichen Gesellschaft: nirgendwo in der Kunst verbanden sich wie auf der Bühne Möglichkeit und Notwendigkeit, sich als „Genie" und „Künstler" vor allen Augen zu bewähren — „sich selbst zu übertreffen".

Denn innerhalb der Grenzen, die der Rolle — wie Plessner sagt — „durch die Deutlichkeit der dichterischen Absicht und den Zeitgeschmack" gezogen sind, „ist Raum genug für die Originalität und Unwiderstehlichkeit persönlicher Verkörperung ... Die Verwandlung bleibt durch die Persönlichkeit getragen" (S. 181). Der Schauspieler kann seine ganze Individualität in der Rolle entfalten und — eben „sich selbst übertreffend" — zugleich darin verschwinden lassen.

Die Tiefe, welcher die Handlungen entsprechen, ist der Aufführung nicht mehr vorgegeben (weder durch die Entrichtung eines Eintrittsgeldes noch durch das Tragen gepflegter Kleidung oder die Vorerwartung eines ästhetischen Vergnügens). Die Tiefendimension ist erst zu erzeugen, und das kann sie nur in Form einer „Illusion der Tiefe". Nicht mehr der Schauspieler steht im magischen Kraftfeld einer Publikum und Bühne umgreifenden sakralen und festlichen Handlung, sondern das Publikum (und weithin selbst die Bühne) liegt im magischen Kraftfeld des Schauspielers. Der Darsteller ist eine Art Magier von eigenen Gnaden.

Die Aufgabe der Verkörperung einer Figur ist dementsprechend anders: differenzierter, eigenschöpferischer, selbstherrlicher. Der Darsteller repräsentiert nicht mit seinem persönlichen Körper die Rolle, sondern er bildet sie mit seiner leibhaften Persönlichkeit. Er gibt alle seine mimisch-stimmlichen Fähigkeiten und den vollen Ausdruck psychischer Qualitäten in das Bild der Rolle hinein. Er verkörpert die Rolle mit der Summe seiner und ihrer Möglichkeiten — gleich, ob mehr bewußt oder mehr unbewußt, ob mehr „von innen nach außen oder von außen nach innen". Er interpretiert, übernimmt die Rolle und verwandelt sie auch: er gestaltet, er figuriert [70] sie mit seinem gesteigerten Sein.

Verkörperung als Figuration bedarf des Moments der Augenscheinlichkeit: äußerster Ähnlichkeit des Abbilds mit dem vorgestellten Urbild, weil die ihrerseits notwendige Illusion es verlangt. Die „Maske" ist nicht mehr starr, fixiertes Wesenssymbol des Repräsentierten, sondern äußerst beweglich, Zusammenwirken eigentlich zweier Gesichter: des Figurierenden und des Figurierten. Es ist dabei gleich, ob des Darstellers eigenes Gesicht hinter dem des Figurierten verschwindet oder mit im Bilde bleibt. Es besteht ohnehin Übereinkunft zwischen dem Schauspieler und dem Zuschauer, daß der Figurierende nicht der Figurierte ist; entscheidend ist deshalb nur, daß er es „auf ein Haar" sein könnte. Der Schauspieler stellt nicht eigentlich seinen Leib der Rolle zur Verfügung, sondern sein Körper — als sein eigenes Mittel — verfügt weitmöglichst über die Rolle. Dem Typ der Verkörperung als Figuration eignet eine relative Autonomie der künstlerisch-schauspielerischen Aktion.

Von hier aus ist es nur ein Schritt zur „Illusion des Schauspielers, der sich selbst verkörpert". Dahin hat es nach Plessner (S. 182) tatsächlich der Film gebracht, der den Bühnenrahmen sprengt, die Szene vernichtet und „den Zuschauer mitten in die Ereignisse" versetzt: die Rolle wird „zum bloßen Vorwand und Hilfsmittel der Darstellung einer Person ..., deren Charme sie zum Star stempelt".

c) Präsentation

Die Entwicklung und technische Vervollkommnung des Films verweist das Theater auf nur ihm eigene Möglichkeiten. Nachdem der Filmschauspieler — vom Filmpublikum aus gesehen — schon den äußersten, den Grenz-Fall der Verkörperung als Figuration erreicht und herausgebildet hat, kann der Bühnenschauspieler andere Wege der Darstellung suchen. Und nachdem die Filmkamera dem Zuschauer schon die weitmöglichste Illusion des Dabeiseins vermittelt, kann der Bühnenregisseur — frei vom Zwang eines ohnehin ungleichen Wettbewerbs — seine Inszenierung ohne entscheidende Rücksicht auf diese Illusion konzipieren.

Es scheint, daß heute die Schauspielbühne allgemein Bedingungen bietet für einen dritten Verkörperungstyp, der eine jeweils verschiedene Ausprägung schon in dem komischen Theater früherer Zeiten erfahren hat, der als Grundform schon in der antiken Komödie und in den komischen Spielen des Mittelalters anzunehmen ist, sich aber in der Commedia dell'arte erst zur Kunstfertigkeit entwickelt und auf dem Volkstheater weitergelebt hat. Es ist dies ein Typ, der weder ein absolutes außermenschliches Sein noch unabänderliche, mit Notwendigkeit sich vollziehende menschliche Schicksale und Lebensabläufe vergegenwärtigt, der weder repräsentiert noch figuriert, sondern immer etwas vom Charakter des „Nur-als-ob", also die Haltung des Spiels bewahrt. Er kann auch für das „ernste" Theater möglich werden, sofern sich das Drama von einer tragischen Grundhaltung und von den „aristotelischen" Regeln entfernt.

---

[70] Lat. figurare = gestalten, bilden (spät- und mittellat. auch im Sinne von: schmücken).

In der zeitgenössischen Dramatik finden sich Rollen von Sprechern, welche einerseits außerhalb der Handlung stehen, andererseits aber in sie eingreifen können. Gemeint sind jene Dramen, für die das Grundgesetz einer offenen Dramaturgie bestimmend ist, und Rollen wie die des Spielleiters, Sängers, Ansagers usw.[71]. An den Bedingungen der spezifisch neuzeitlichen Bühne und der geschlossenen Dramaturgie gemessen, tritt hier eine neue Aufgabe und Forderung an den Schauspieler heran. Hier wird keine mit ganzer physisch-psychischer Individualität erfüllte Gestaltung von ihm verlangt, die Rolle bietet nicht einmal die Möglichkeit dazu. Denn er hat hier keine Figur, sondern eine künstlerisch-gesellschaftliche Funktion zu verkörpern: er vermittelt zwischen Bühne und Publikum.

Also hat er auch nicht zu repräsentieren. Denn hier ist kein mythisch-geheiligtes „Urbild", kein (wie auch immer verstandenes) göttlich-außermenschliches Sein zu vergegenwärtigen. Er selbst ist es ja, der das Dargestellte immer wieder als ästhetisches Sein dekuvriert: als eine zu glossierende, zu handhabende und auch abänderbare Welt der Imagination, als eine gemachte und zu machende Welt.

Nun sind freilich diese Sprecher und die sie verkörpernden Schauspieler immer nur Randerscheinungen, „Randfiguren", nicht eigentlich Träger der Bühnenhandlung. Und dennoch bestimmen sie, agierende Spieler immer wieder als so oder so zu lenkende Figuren ironisierend, weithin die Aufgabe, die dem Schauspieler eines solchen Theaters überhaupt gestellt ist.

Weil das wirkliche Sein der Rollenfigur immer wieder unterbrochen und gebrochen wird, weil er so offensichtlich etwas Gegängeltes, Abhängiges, nicht Unabänderliches verkörpert, kann seine Darstellung auch nicht jene Verbindlichkeit erreichen, die von einer so und nicht anders zu denkenden Figur ausgeht. Da das zu Verkörpernde während der Aufführung gleichsam noch gemacht, das Spiel noch arrangiert wird, wie könnte er da das magische Kraftfeld einer „originellen" und „unwiderstehlichen" Rollenverkörperung um sich ziehen? Wie soll seine Darstellung den Anschein der Ähnlichkeit „auf ein Haar" und des Fertig-seins erwecken, wo das zu Verkörpernde selbst durchaus noch als unfertig erscheint[72]? Und wie schließlich könnte sich hier noch die Illusion des „sich selbst verkörpernden" Schauspielers einstellen, wo die Rolle gar nicht nach ihrem eigenen Willen handelnd wird, wo daher so augenscheinlich auch über den Einsatz des Schauspielers, über sein Mittel, den Leib, verfügt wird?

Schauspieler und Rolle sind offensichtlich etwas Getrenntes. Der Darsteller kann die Rolle nur mitteilen, vorzeigen, gleichsam zur Wahl stellen, vorführen. Der Darsteller präsentiert die Rollenfigur.

Verkörperung als Präsentation läßt nicht nur den Darsteller als „Produzenten der Illusion" mit im Bild, sondern treibt sogar diese seine Eigenschaft scharf heraus. Die Illusion bleibt fragmentarisch und zugleich flächig. Denn die Tiefe, der die Handlungen entsprechen, ist für den Zuschauer unmittelbar lot- und erreichbar, etwa wenn in Wilders „Kleiner Stadt" aus der Mitte des Publikums Fragen an die Spieler gestellt werden. Durch direkte Wendungen ans

---

[71] Vgl. hierzu die Abschnitte über Th. Wilder und P. Claudel im III. Teil.
[72] Es versteht sich, daß damit für den Schauspieler nicht die Notwendigkeit entfällt, eine saubere, durchgearbeitete, fertige darstellerische Leistung zu bieten.

Publikum bleibt die Handlung — bildlich gesprochen — an der Rampe. Die Illusion der Tiefe einer Handlung bleibt im Mitbestimmungs-Bereich des Publikums.

Stärker als bei der darstellerischen Figuration und erst recht Repräsentation offenbart sich an der Präsentation die „exzentrische Position" des Schauspielers. Denn indem er als der wirkliche Schauspieler X sich selbst als die beliebig auf- und abgerufene Figur Dr. Gibbs sieht, steht er zugleich mit aller Eindeutigkeit seinem Körper als bloß Machendem, Artifizierendem, Imaginierendem: eben seinem Körper als Instrument und Mittel gegenüber. Wenn diese Künstlichkeit der Rollenfiguren, wie in Wilders „Kleiner Stadt", noch betont ist durch das bloß imaginäre Vorhandensein, d. h. die Entstofflichung der Dinge (der Requisiten) und durch das pantomimische, „imaginäre" Tun der Figuren, so wird damit gleichzeitig die exzentrische Position des Schauspielers künstlerisch manifest.

Verkörperung als Präsentation bedeutet Entlastung: sie führt den künstlerischen Vorgang auf den ohnehin unverhüllbaren Tatbestand einer Zweipoligkeit des Theaters zurück und läßt das Trennende und das Einende, das Eigenständige und das Aufeinander-Angewiesensein der Bereiche Bühne und Publikum gelten. Sie sucht die Darstellung von den einfachen Daseinsbedingungen der Kunstform Theater her künstlerisch zu versachlichen und gewinnt so die Freiheit des Theaterspiels.

Ein Rückblick auf Brechts Verfremdungs-Effekt macht deutlich, daß Brecht mit seiner „Neuen Technik der Schauspielkunst" einen besonderen, an gesellschaftskritische Aufgaben gebundenen Stil dieser Grundform Präsentation entwickelt hat.

Dritter Teil

AUSWERTUNG
UND ENTWICKLUNGSGESCHICHTLICHE
EINORDNUNG

1. DAS VERHÄLTNIS DER REALITÄTSKREISE
BÜHNE UND PUBLIKUM

Endgültig in die Mitte unseres Blickfeldes ist nun der Zuschauer gerückt. Unsere Beobachtungen zur offenen Dramaturgie und zur publikumgerichteten Spielweise machten ja vor allem eins deutlich: daß dem Zuschauer im Theater Brechts eine wichtige Rolle zugewiesen wird.

Nun ist eine Untersuchungsmethode, wie sie bei Drama und Bühne angebracht war, für das Publikum nicht möglich. Das jeden Abend wechselnde und in seiner Zusammensetzung immer andere Publikum, gar Brechts Theaterpublikum schlechthin ist eine Größe, deren Struktur genau nicht festzulegen und also nicht zu analysieren ist. Psychologische bzw. sozialpsychologische Definitionen des „Publikums" führen hier nicht weiter, da sie nichts über die besondere Stellung des Zuschauers im epischen Theater auszusagen vermögen.

Wir können das Publikum nur in seinem Verhältnis zu Drama und Bühne erfassen, genauer: aus dem Verhältnis, das Drama und Bühne zu ihm suchen. Diese Intentionen haben wir in den beiden vorangegangenen Teilen der Untersuchung aufgezeigt. So hätten wir also jetzt nur noch zusammenzufassen. Eine solche Zusammenfassung würde aber — weit mehr, als es bisher der Fall war — ohne entwicklungsgeschichtliche Aspekte konturlos bleiben. Das Verhältnis von Drama und Bühne zum gleichsam anonymen Publikum gewinnt erst Umrisse, wenn wir aus dem historischen Wechsel heraus und gegen verschiedene Möglichkeiten einer Schwerpunktbildung abgrenzend das besondere Verhältnis fixieren.

So bleibt unser Kapitel über den Zuschauer im epischen Theater einmal den beiden voraufgegangenen analytischen Teilen eng verbunden, indem es sie auswertet, gehört aber zum anderen dem entwicklungsgeschichtlichen Teil an, weil es schon die Sonderform des epischen Theaters historisch einordnet.

a) Abriß der Entwicklung bis zum 20. Jahrhundert

Einheit der Realitätskreise

Es ist klar geworden, daß bei Brecht mit der Teilnahme des Zuschauers an der theatralischen Aktion nicht etwa seine Reaktion durch den Applaus gemeint ist. Ebensowenig besteht diese Teilhabe in einer wesentlich passiven Haltung des Miterlebens und Miterleidens oder in einem Prozeß der Läuterung, Befreiung, Entladung der Gefühle, kurz: der aristotelischen Katharsis.

Andererseits wird sich zeigen, daß mit dem um die Jahrhundertwende aufgekommenen schlagwortartigen Begriff vom „Zuschauer als Mitspieler" für das Theater Brechts nur sehr bedingt etwas anzufangen ist. Denn trotz aller Beziehungspunkte hebt es sich deutlich ab von jenen Bestrebungen der ersten Jahrhunderthälfte, die mit der Erneuerung antiker oder mittelalterlicher Bühnenideen zugleich die Grenze zwischen Bühne und Zuschauerraum aufzuheben trachteten.

Diese Grenze wird zwar bei Brecht immer wieder durchbrochen, aber nicht eben ausgeschaltet. Und wenn, dann nur in einem Sinne, der erst genauer bestimmt werden kann, wenn wir uns noch einmal dem Realitätsproblem zuwenden — diesmal vom Publikum und Zuschauerraum her gesehen. Denn das Spannungsverhältnis zwischen der Lebensrealität des Zuschauers und der ästhetischen Realität des Schauspiels, das nach Frey für die Entwicklungsmöglichkeiten des Dramas von entscheidender Bedeutung ist, bezeichnet ja auch die jeweils besondere Stellung des Publikums.

In der griechischen Antike bilden, gemäß dem kultisch-religiösen Charakter und Ursprung der Tragödie, „Zuschauer, Chor und Schauspieler eine untrennbare Einheit, sie gehören der gleichen Realitätssphäre an"[1]. Kennzeichnend für das Mittelalter ist nach Frey ein „labiles Verhältnis der Realitätssphären"[2]. Das mittelalterliche Theater bedarf nicht der Illusionswirkung. „Gegenwärtig ist für den Zuschauer nur, was jeweils ‚agiert' oder für die Aktion notwendig ist." Dabei kann der Zuschauer immer wieder, durch Anreden der Schauspieler oder durch Teilnahme an der Handlung, vorübergehend selbst „gegenwärtig und damit zum ‚Mitspieler' werden." Der sinnbildliche Gehalt des dramatischen Vorgangs und seiner Personen wird als wahres Sein erlebt. Der Zuschauer „ist nicht nur ästhetischer Betrachter..., er hat ebenso an der Welt des Kunstwerkes unmittelbaren Anteil, wie umgekehrt das Kunstwerk... durchaus der Umwelt seiner persönlichen Existenz angehört"[3]. Schauspieler und Zuschauer in den geistlichen wie in den weltlichen Spielen sind durch ihre gemeinsame Zugehörigkeit zur kirchlichen Gemeinde bzw. Berufskorporation aufs engste miteinander verbunden.

Gegen diese Labilität der Realitätssphären mit ihrer immer wieder „unmittelbar erlebten Bindung und Einheit von konkretem Da-Sein und sinnbildlicher Bedeutung"[4] setzt in der Neuzeit eine Entwicklung zu jener Trennung von Bühnenwelt und Welt des Zuschauers ein, die wir schon erläuterten. Sie verwirklicht sich recht eigentlich erst in der sog. „Guckkastenbühne" des 19. Jh.s. Im Renaissance- und Barocktheater überschneiden sich noch mittelalterliche und neuzeitliche Bestrebungen. Das Barocktheater[5] ist einerseits gekennzeichnet durch äußerste Illusionistik der Bühne, andererseits aber durch eine fortdauernde Einbeziehung des Publikums. Denn die zeremoniellen und gesellschaftlichen

---

[1] D. Frey, a.a.O. S. 170.
[2] Daselbst, S. 178.   [3] Daselbst.   [4] Daselbst.
[5] Vgl. hierzu vor allem H. Tintelnot, Barocktheater und barocke Kunst. Die Entwicklungsgeschichte der Fest- und Theater-Dekoration in ihrem Verhältnis zur barocken Kunst, Berlin 1939.

Kräfte des höfischen Lebens verlangen, daß die theatralischen Vorgänge auf das Publikum bezogen bzw. die gesellschaftlichen Kreise an den Vorgängen beteiligt bleiben. Sie verlangen also noch eine weitgehende Einheit beider Realitätssphären. Die theatralischen Veranstaltungen sind in erster Linie höfisch-gesellschaftliche Ereignisse[6], bei denen z. T. sogar die Fürsten als Mitspieler unmittelbar teilnehmen. Noch in den spätbarocken Privat- oder Liebhabertheatern ist die gesellschaftliche Bindung von Darstellern und Zuschauern ähnlich eng und intim wie bei den Spielen des Mittelalters.

Die Einheit der Realitätskreise wird auch in der Architektur mancher Barocktheater noch bewahrt, wo — bis in die Dekoration hinein — die Bühne nur als ein Teil des Saals bzw. der Zuschauerraum nur als Fortsetzung der Bühne erscheint. Tintelnot sagt: „Der Existenzraum des Zuschauers wurde unmittelbar in den Aktionsraum übergeleitet."[7] Die Einheit verrät sich ebenfalls an weit zum Publikum vorragenden Proszenien (in England bis ins Hochbarock hinein anzutreffen) oder darin, daß der Zuschauerraum während der Vorstellung erleuchtet bleibt. Schließlich dokumentiert sie sich auch in dem Vorhandensein von Zuschauern auf der Bühne.

Trennung der Realitätskreise

Überwiegt im Barock noch die gesellschaftliche Funktion des Theaters die künstlerisch-ästhetische oder zumindest: halten sich beide die Waage — so verschiebt sich dieses Verhältnis entscheidend im spezifisch neuzeitlichen Theater des 19. Jh.s, wo sich die ästhetische Realität der Bühne so konsequent von der konkreten des Publikums loslöst, daß sie Selbstzweck-Charakter erhält.

Schon im Barock hatten die sog. Wanderbühnen, die zwischen den Städten bzw. Höfen hin- und herwechselten, ausgesprochen professionelles Gepräge. Eine Einheit von Darstellern und Publikum, zwischen Fahrenden und Bürgern bzw. Hofangehörigen war gesellschaftlich ausgeschlossen. Das Prinzip der Arbeitsteilung sowie des „Verkaufs" und „Kaufs" von Kunst gliederte das Theater bereits eindeutig in zwei Sphären.

Diese Linie eines Theaters, das in starkem Maße ökonomischen Gesetzen und dem Wechselverhältnis von Angebot und Nachfrage unterworfen ist, setzt sich im 19. Jh. in den freiwirtschaftlichen städtischen Theatern fort und führt hier, unter dem Bann der wirtschaftlich-industriellen Evolution, zu einer weitgehenden Kommerzialisierung des Theaters.

Gegenüber dieser Entwicklung stellt das — zunächst noch gewichtigere — Theater der deutschen Residenzen ein beharrendes Element dar. Die restaurative staatsrechtliche Neuordnung Deutschlands nach 1815, die wieder stärkere Konzentration der Machtbefugnisse in den Händen der einzelnen Landesherren greift formbestimmend auch in die Gebiete des künstlerischen Lebens über und bildet — für die deutschen Residenzstädte so ziemlich allgemeinverbindlich —

---

[6] Vgl. die Aufsätze von R. Alewyn: Der Geist des Barocktheaters = Weltliteratur, Festschr. f. Fr. Strich, Bern 1952, S. 16—38; Feste des Barock = Neue Rundschau, Jg. 1955, S. 667—678 (jetzt auch in: Aus der Welt des Barock, Metzlersche Verlagsbuchhandlung, Stuttgart 1957, S. 101—111); Das weltliche Fest des Barock = Festschr. f. K. Arnold, Köln u. Opladen 1955, S. 1—22.

[7] H. Tintelnot, a.a.O. S. 114.

einen ganz eigenen Typus von Theater heraus: das „Hoftheater". Konnte von einer festen Hofschauspielbühne erst gegen Ende des 18. Jh.s die Rede sein und verpflichtete oder konzessionierte man meist nur reisende Schauspieltruppen, so werden nun die Hoftheater, unter Verpflichtung fester Ensembles, voll auf den Hofétat übernommen. Die Bindung des Theaters an den Hof ist eine andere geworden — enger als am Ausgang des 18. Jh.s, aber weniger eng als im Barock. Denn eine unmittelbare Teilnahme höfischer Kreise am theatralischen Vorgang liegt nicht mehr vor, die fluktuierende Grenze zwischen Darstellern und Zuschauern hat sich verfestigt. Die Welt des ästhetischen Scheins hat sich als eine eigene konstituiert; die Welt des Publikums mit ihren höfischen, ständischen, beruflichen oder welchen Pflichten des Alltags auch immer ist eine andere. Die Realitätskreise sind klar geschieden. Das Publikum bleibt von der Sphäre der Bühne ausgeschlossen.

Eher kann man von einem Übergreifen des Theaters in die Sphäre des Publikums sprechen. Denn so sehr die unmittelbare Unterstellung unter den Souverän eine streng hierarchische Struktur des Hoftheaters zur Folge hat und so sehr das Theater auch *Ort fürstlicher Repräsentation* bleibt, ebensosehr ergibt sich eine Durchdringung des höfisch-gesellschaftlichen Lebens mit Elementen, die der Sphäre der Bühne entstammen. Der Posten des Theaterleiters, in der Regel mit Adligen besetzt, ist zugleich Hofcharge oder auch Oberhofcharge. Bei Hoffesten mit künstlerischer Note fällt daher mancherorts dem Intendanten die Rolle eines Hofmarschalls oder Zeremonienmeisters zu. Schauspieler und Sänger sorgen für eine künstlerische Ausschmückung, werden begehrte Teilnehmer von Hoffesten. Auch insofern bleibt das Theater höfisch-gesellschaftlich gebunden wie im Barock — aber die Akzente haben sich verlagert. Nicht mehr sind die Könige zugleich „Künstler", sondern die Künstler sind zugleich „Könige" — gesellschaftliche Leitbilder, die man verehrt und denen man sich im Rahmen seiner ständischen und beruflichen Pflichten anzupassen sucht. Ein Zug zur Theatralisierung des öffentlichen Lebens zeichnet sich ab, wie er schließlich in der Figur des Kaisers Wilhelm II. markant wird[8]. So hat der Schauspieler-Künstler, durch die Errichtung fester Hoftheater zum Hofdienst „geadelt", sich aus einer bloß akkreditierten sehr bald eine beherrschende Stellung geschaffen. Das schauspielerische Virtuosentum des 19. Jh.s ist nur ein Ausdruck dieses kraftgespannten Vorgangs seiner Emanzipation. Seine Entwicklung ist aber in weitem Umfange bezeichnend für die Schwerpunktveränderung innerhalb des Theaters überhaupt.

In der 39. seiner „Regeln für Schauspieler" schreibt noch Goethe vor, daß die Darsteller „nie im Profil spielen, noch den Zuschauern den Rücken zuwenden" sollen[9]. Darin ist noch der Gedanke des Barock vom Theater als ge-

---

[8] Diese Theatralisierung des öffentlichen Lebens ist die Kehrseite eines anderen soziologischen Motivs der spezifisch deutschen Entwicklung des neuzeitlichen Theaters, auf das E. Catholy hingewiesen hat (Karl Philipp Moritz. Ein Beitrag zur „Theatromanie" der Goethezeit, in: Euphorion, Bd. 45, Heft 1, 1950, S. 100—123). Gemeint ist das Motiv einer Ersatzfunktion des Theaters, der Kunst. In einer sozialen Situation, die durch Kleinstaaterei und fürstliche Unterdrückung gekennzeichnet ist, nehmen die „um eine Auswirkung in der Realität gebrachten Antriebe ... die Wendung ins Ästhetische" (S. 122).

[9] Goethe, Werke, Weimarer Ausgabe, I, 40, S. 154.

sellschaftlicher Veranstaltung wirksam. Dagegen ist für die Guckkastenbühne, wie D. Frey bemerkt, „gerade die Rückenstellung als ein den Bühnenraum gegen den Zuschauer abschließendes Motiv bedeutsam"[10]. Ging im Barock die Vorstellung bei voller oder höchstens gedämpfter Beleuchtung des Zuschauerraums vor sich, so wird im 19. Jh. das Publikum in volle oder nahezu volle Dunkelheit getaucht. Dieser Gegensatz veranschaulicht treffend einen Wandel in der Bewertung und Stellung des Zuschauers. Das Publikum ist nunmehr als mitentscheidender Faktor ausgeschaltet, in die Rolle einer nur betrachtenden Menge gedrängt; es versinkt in Anonymität. Freilich wäre auch das Publikum gar nicht mehr in der Lage, aus einer geschlossenen Vorstellungswelt oder aus ständischer Gemeinsamkeit heraus in einer ganz bestimmten, unterschiedslosen Weise am theatralischen Vorgang teilzunehmen, „mitzuwirken". Selbst die Hoftheater sind ja — der Befugnis nach — allen gesellschaftlichen Schichten geöffnet.

Eine Bindung des Publikums in sich und an den theatralischen Vorgang erfolgt nun durch die verstärkten, einschmelzenden künstlerisch-ästhetischen Mittel der Bühne. Kann der dramatische Vorgang ohne weiteres nicht mehr als wirkliches Sein erlebt werden, muß die Illusion einer Wirklichkeit geschaffen bzw. gesteigert werden. Das ist nur möglich, indem das Publikum als scheinbar gar nicht vorhanden erachtet wird.

So kapselt sich die Bühne völlig gegen das Publikum ab. Der auffallende, feste Rahmen der Guckkastenbühne umgibt nur eine Art Fenster, durch das der Zuschauer in eine zweite, nach eigenen Gesetzen sich bewegende Wirklichkeit schaut. Hier agieren leidend oder triumphierend Helden und Schurken mit so viel überzeugender Gewalt, daß auch die Unvollkommenheiten des Raums den Zuschauer nicht in der Illusion einer tatsächlichen zweiten Wirklichkeit stören.

Aber selbst im Bühnenbild verrät sich der Wille nach Verselbständigung der ästhetischen Realität in einer immer sorgfältigeren Imitation tatsächlicher Räumlichkeit, sowohl im Sinne von (naturalistischer) Milieutreue wie von historischer Echtheit. Im Meininger Theater des Herzogs Georg II., von dem vor allem in Rußland Stanislawski lernt[11], erreicht die Illusionsbühne des 19. Jh.s ihre erste vollkommene Ausprägung. Der Realitätskreis Bühne führt seine eigene Existenz, er hat sich endgültig von der Welt des Publikums emanzipiert.

Ja, die — ästhetische — Realität des Bühnenvorgangs gewinnt sogar eindeutiges Übergewicht. Denn gegenüber dem in Dunkelheit und in passiver Hingegebenheit sitzenden Publikum tritt die Bühne, auf die das Theater in seiner Gänze hingeordnet erscheint, nicht zu Unrecht mit dem stärkeren Wirklichkeitsanspruch hervor. Sie entfaltet ein Höchstmaß von Aktivität und Magie, sie erzwingt Schweigen und Ehrfurcht, sie heiligt sich selbst. „Man könnte mit einer leichten Überspitzung sagen", meint Frey, „die Zuschauer sind für das Schauspiel da, ... sie haben ihre eigene Existenz zu vergessen und in ihm aufzugehen."[12] Drama und Bühne sind so expansiv, daß da — wie Strindberg wünschte — keine Augenblicke bleiben, „in denen der Zuschauer Zeit zum Reflektieren bekommt"[13].

---

[10] D. Frey, a.a.O. S. 198.
[11] Vgl. K. S. Stanislawski, a.a.O. S. 213—217. [12] D. Frey, a.a.O. S. 197.
[13] A. Strindberg, Abhandlung zu „Fräulein Julie", in: Elf Einakter, deutsch von E. Schering, München und Leipzig 1917, S. 317.

Damit hat die ästhetisch-künstlerische Funktion des Theaters Vorrang vor der gesellschaftlichen bekommen. Die Entwicklung des neuzeitlichen Theaters hat sich zugespitzt auf eine „Ausschaltung" des Zuschauers.

b) Der Zuschauer als „Mitspieler"
Max Reinhardt

Auch der Naturalismus, der — sozialkritischen Gehalten seines Dramas entsprechend — das Theater wieder zu einem unmittelbar gesellschaftlichen Vorgang hätte machen sollen, änderte nichts. Im Gegenteil, er entwickelte die Illusionsbühne weiter. Der naturalistischen Grundkonzeption zufolge war aber dies auch der einzig mögliche Weg. Das Programm einer naturgetreuen Abschilderung der Wirklichkeit, die Akribie des „Sekundenstils" verlangte als Bühnenprinzip notwendig die totale Illusion. Damit war eine Wiedereinsetzung des Zuschauers in eine mitbestimmende Stellung, sein Dazwischentreten mit einem anderen Wirklichkeitshorizont nicht zu vereinbaren. Das angeführte Zitat von Strindberg verdeutlicht es. So wurden dem Publikum weiterhin, ja mehr noch als bisher — um Brecht zu wiederholen — „die Empfindungen, Einblicke und Impulse der Hauptpersonen aufgezwungen" (Org. § 34). Des Zuschauers Rolle blieb rezeptiv.

Als Reaktion hierauf erhebt sich nun der Ruf nach dem „Zuschauer als Mitspieler". Diese Gegenbewegung, ansatzweise schon im 19. Jh. vorhanden, verdichtet sich von der Jahrhundertwende ab zu einer Reihe von neuartigen Theaterbauentwürfen und Bühnenexperimenten. Alle diese Bestrebungen und Experimente, ob sie von mehr künstlerischen oder mehr kultischen bzw. sozialen Vorstellungen ausgehen, geben sich künstlerisch am vollendetsten kund in den Versuchen Max Reinhardts.

Reinhardt will die Trennung der Bereiche Bühne und Publikum ausmerzen. Deshalb läßt er Schauspieler über den sog. „Blumensteg" durch das Publikum hindurch auftreten. Oder er dekoriert den Zuschauerraum — in Anlehnung an Übereinstimmungen im Barock — entsprechend dem bühnischen Schauplatz, wenn er ihn etwa im Berliner Großen Schauspielhaus zur Aufführung von „Hoffmanns Erzählungen" (1931) als Alt-Berlin ausstattet. In demselben Theater, dem ehemaligen Zirkus Schumann, benutzt er bei der Ödipus-Aufführung (1910) die Arena als antike Orchestra und als Spielfeld. Durch dergleichen Mittel will Reinhardt dem Zuschauer „die Suggestion aufoktroyieren, daß er in innigem Zusammenhang mit dem, was auf der Bühne vorgeht, steht, und daß er seinen Teil an der Entwicklung der Vorgänge hat"[14].

Aber Begriffe wie „Suggestion" und „aufoktroyieren" zeigen schon, daß der Grundsatz „Mitwirkung des Publikums" hier im Grunde nur als eine Erweiterung, als ein letztes Raffinement des neuzeitlichen Prinzips der Illusion zu verstehen ist. In der Tat ist M. Reinhardt viel zu sehr Komödiant, viel zu sehr Theatermagier, um es mit der Kräftigung eines tätigen Elementes Publikum ernst zu meinen. Der Zuschauer ist auch von seinen Schaustellungen eher be-

---

[14] M. Reinhardt, im „Hannoverschen Anzeiger", 31.1.1928, zitiert nach D. Frey, a.a.O. S. 204.

nommen als angespornt. Das unverwechselbare Kriterium der Reinhardtschen Inszenierungen: seine Kunst, Atmosphäre, märchen- und zauberhafte Atmosphäre, zu schaffen, der kongruente Einbau von Musik und Tanz im Sinne eines „Gesamtkunstwerks", die betäubende Wirkung seiner Aufführungen versetzt den Zuschauer gerade in jenen Zustand völliger Identifikation, der eine Selbsttätigkeit, ein „Mitspielen" am wenigsten möglich macht. In Max Reinhardts Bühne kulminiert das neuzeitliche Theater, hier erst wird es wirklich autonom. Hier überwältigt die ästhetische Realität der Bühne den Zuschauer ganz.

Deshalb muß — bei Anerkennung aller Parallelen — B. Fleischmanns These von Reinhardts „Wiedererweckung des Barocktheaters"[15] widersprochen werden, zumindest ist sie einzuschränken. Die sozialen Bedingungen sind zu verschieden, die Funktion der beiden Theater ist geradezu gegensätzlich. Deshalb aber gehen überhaupt alle Bemühungen, den Zuschauer als Mitspieler einzusetzen — ob sie ihn nun in den Illusionsraum der Bühne mit einbeziehen oder das Spiel in den Zuschauerraum hineintragen wollen —, von fiktiven Voraussetzungen aus. Sie alle streben nach der Verschmelzung der beiden Realitätsbereiche und lassen außer acht, daß die Bedingung hierfür: die Geschlossenheit und Homogenität der Gesellschaft im Theater — wie sie im Mittelalter und auch im Barock noch bestand — nicht mehr vorhanden ist (vom Laientheater natürlich abgesehen).

Erwin Piscator

Auf eine Verschmelzung beider Realitätsbereiche laufen auch die zeitweilig sensationellen Aufführungen Erwin Piscators[16] hinaus. Sein „proletarisches" bzw. „politisches Theater" in Berlin steht, der Zielsetzung und Kunstauffassung nach, in äußerstem Widerspruch zu Reinhardts Bühne. Der Autonomie setzt Piscator die radikale Zweckgebundenheit des Theaters entgegen. Er strebt eine — wie er in seinem Buch „Das politische Theater" schreibt[17] — „viel engere Verbindung mit dem Journalismus, mit der Aktualität des Tages" (S. 40) an, er will „das Wort ‚Kunst' radikal" verbannen und unmittelbar „‚Politik treiben'" (S. 36). Trotz dieses Gegensatzes aber treffen sich Reinhardt und Piscator in dem Grundanliegen der Zeit vor und nach dem 1. Weltkrieg: den Zuschauer als Mitspieler zu gewinnen.

Piscator proklamiert eine „*revolutionäre* Kunst ... aus dem Geist der revolutionären Arbeiterschaft" (S. 37), die „Unterordnung jeder künstlerischen Ab-

---

[15] B. Fleischmann, Max Reinhardt, Die Wiedererweckung des Barocktheaters, Wien 1948.

[16] Ausdrücklich sei darauf hingewiesen, daß sich die folgenden Ausführungen lediglich mit Piscators Bühnenwirken vor seiner Rußlandreise bzw. vor seiner Emigration (1932) befassen. Seine augenblickliche Regietätigkeit nach der Rückkehr aus den USA (1951) liegt noch nicht im Blickpunkt dieser Untersuchung. — Vgl. zu Piscator den Abschnitt bei Schumacher, a.a.O. S. 125—140, und vor allem K. Schulz: Das „politische Theater" Erwin Piscators, Diss. (Masch.), Göttingen 1956. Schulz würdigt zum Schluß auch die Regietätigkeit Piscators nach dem 2. Weltkrieg am Beispiel der Bearbeitung und Inszenierung von Tolstois „Krieg und Frieden". — Vgl. außerdem P. Kupke: Piscator und sein politisches Theater = Theater der Zeit, Jg. 1957, Beilage zu Heft 11, S. 9—28.

[17] Berlin 1929. — Seitenzahlen der Zitate eingeklammert im Text.

sicht dem revolutionären Ziel: bewußte Betonung und Propagierung des Klassenkampfgedankens" (S. 36). Es geht ihm darum, in der Geschichte die „materialistischen Triebkräfte zu erfassen". Er fordert das episodenhafte, die „Wurzel des Falles" bloßlegende „epische Drama", das „marxistische Drama" (S. 57). Er verwendet Projektionen, die der Bühnenhandlung lehrhafte Texte beigeben; er ersetzt (in der Schwejk-Inszenierung) einen Teil der Schauspieler durch Marionetten bzw. marionettenhafte Typen; er benutzt vor allem den Film, und zwar nicht nur in lehrhafter oder kommentierender, sondern auch in szenischer Funktion (d. h. als Szenenersatz). Die Simultanbühne wird von ihm ausgiebig praktiziert, alle verfügbaren technischen Mittel werden herangezogen [18]. „Wesentliche Verbesserungen der Apparatur" werden nach Piscator notwendig durch „das neue dramaturgische Prinzip mit seiner Erweiterung der Stoffe in Raum und Zeit hinein" (S. 136).

Daß Piscator dem Theater der zwanziger Jahre wesentliche Anregungen entnommen und mehr noch gegeben hat, ist nicht wegzuleugnen (hier wurde E. Schumachers scharfe Verurteilung Piscators inzwischen von K. Schulz und P. Kupke auf das rechte Maß hin berichtet). Es fehlte ihm zunächst auch nicht der Beifall der besten Kritiker. Vor allem seine Inszenierung des „Schwejk" (1928, nach dem Roman Jaroslav Hašeks), mit Max Pallenberg in der Hauptrolle, bleibt ein bedeutsames Ereignis der Theatergeschichte. Aber im ganzen, da ihm ein wirklicher Dichter fehlt, bleibt sein „politisches Theater" ein mit bühnischen Mitteln ausstaffierter Journalismus [19].

Auf das Realitätsproblem selbst deutet Piscator in einem Brief an die „Weltbühne" [20], wenn er sagt: „Wir wollen nicht Theater, sondern Wirklichkeit."

Piscator geht davon aus, daß „die Zeit selber, das Schicksal der Massen ... der *heroische Faktor der neuen Dramatik*" (S. 131) sein müsse. Das Publikum (von ihm als Masse verstanden) soll im Drama und auf der Bühne selbst zu Wort kommen. Erkenne es sich so in seinen aktuellen Leiden und Sehnsüchten wieder, so werde es nicht länger passiv bleiben können. In der „Revue Roter Rummel" (1924) sucht Piscator die „Mauer zwischen Bühne und Zuschauer-

---

[18] Was für Deutschland sensationell war an Piscators Bühne und Regie, war schon im nachrevolutionären Rußland mehrfach erprobt worden. Hinzuweisen ist vor allem auf Meierhold, über den H. Hieber in seinem Aufsatz „Theater in Moskau" (Die Weltbühne, Berlin 1927, 1. Halbjahr, S. 869) schreibt: „Der Herold der neuen Zeit ist Meierhold ... Er hat den Konstruktivismus rücksichtslos durchgeführt und alles von der Bühne entfernt, was an die höfisch-bürgerliche Epoche erinnerte: Vorhang, Rampe, Dekorationen, Kulissen, Hintergrund ... der Kinematograph wird herangezogen zur Unterbrechung der körperlichen Bilder ... Dynamik ist alles: die Mauern der Stadt bewegen sich ..., die Bühne rollt, dreht sich, arbeitet wie eine Maschine."

[19] Die „Weltbühne" schreibt in einer Antwort an Piscator 1928: „Ein Theater, das Abend für Abend ohne eigene Phantasiezugabe paukt, was in Zeitungen und Meetings auch gepaukt wird, das ist ein Theater ohne Fluidum, ohne Schwingung und ohne Strahlung, ein Theater nicht zum Mitgerissenwerden, sondern zum Abgewöhnen ... Hauen Sie die Bürger ruhig in die Pfanne, provozieren Sie Ihr Parkett, daß es heulend sein Geld zurückverlangt, aber lassen Sie das durch einen Dichter besorgen, nicht durch Maschinerie und Parteiphrase." (1928, 1. Halbjahr, S. 387 f.) Alfred Polgar, ebenfalls in der „Weltbühne", spricht von der „Plakatwirkung" des Piscatorschen Zeittheaters. „Tendenz erhält der Zuschauer als Fertigware" (1931, 1. Halbjahr, S. 146).

[20] 1928, 1. Halbjahr, S. 386.

raum" „mit Eisenhämmern" und durch „ein Trommelfeuer von Beispielen" einzureißen (S. 60 f.). J. Altmeier berichtet über die Aufführung: „Das Publikum spielt mit. Hei, wie sie da pfeifen, schreien, toben, anfeuern, die Arme schleudern und in Gedanken mithelfen ... unvergeßlich!"[21] Zu einer Aufführung des dokumentarischen Dramas „Trotz alledem" (1925) schreibt Piscator: „Die Masse übernahm die Regie ... Das Theater war für sie zur Wirklichkeit geworden und sehr bald war es nicht mehr: Bühne gegen Zuschauerraum, sondern *ein einziger* großer Versammlungssaal, *ein einziges* großes Schlachtfeld, *eine einzige* große Demonstration" (S. 69 f.).

Piscator übersieht hier, daß ein solchermaßen sich identifizierender Zuschauer und spontaner „Mitspieler" der theatralischen Aktion mehr oder weniger das Gefühl haben muß, bereits an einer tatsächlichen politischen Aktion teilzunehmen. Der Zuschauer muß seinen und der Masse Aktivitäts-Rausch schon für die Revolution selbst halten. Die aufgeputschte politische Aktivität wird auf dem „einzigen großen Schlachtfeld", in der „einen einzigen Demonstration", also von der „erlebten Wirklichkeit" selbst schon wieder aufgesogen. Es handelt sich im Grunde nur um eine Abwandlung der aristotelischen Katharsis: um eine Entladung und Befreiung, d. h. um ein Abreagieren der politischen Gefühle.

Damit kehrt sich Piscators prätentiöse Konzeption gegen sich selbst. Das Theater, das Lebenswirklichkeit sein will, macht die Lebenswirklichkeit erst recht zum „Theater". Das neuzeitliche Bühnenprinzip der Illusion überschlägt sich. Piscator geht jenen Schritt über Reinhardt hinaus, der nur noch von einer unkünstlerischen Grundposition her möglich ist.

Über die spezifisch neuzeitliche Entwicklung hinausweisend ist sein Vorhaben, die Bühne wieder auf die Welt des Zuschauers hinzuordnen. Aber er übersteigert dieses Vorhaben, indem er ausgeht auf eine Eroberung der Bühne durch die aktuelle Lebenswirklichkeit des Publikums, genauer: durch eine reportagehaft und tendenziös zugeschnittene Wirklichkeit. Eine solche Überwältigung der Bühne muß notwendig jede Realitätsgrenze aufheben[22], so daß nicht mehr auszumachen ist, wo die konkrete Realität des Publikums aufhört und die ästhetische der Bühne anfängt (bzw. umgekehrt). Der Zuschauer wird im Ungewissen gelassen. Die Vermischung der Realitätsbereiche bei Piscator führt zu einer Entwertung sowohl des Künstlerisch-Ästhetischen wie auch des Publikums.

Piscator hat eine Reihe von Berührungspunkten mit Brecht. Während Brecht seine Theorie des „epischen Theaters" zu entwickeln beginnt, „paukt" Piscator das „epische Drama" schon über die Bühne. Es wird im einzelnen kaum zu bestimmen sein, was Brecht von Piscator bzw. Piscator von Brecht übernahm. Sicherlich hat sich Brecht manche Erfahrung der Piscator-Bühne zunutze gemacht. Aber die Frage der Priorität ist letztlich wenig von Belang. Denn was

---

[21] In: E. Piscator, „Das politische Theater", S. 61.

[22] In dieselbe Richtung einer Aufhebung der Grenzen weist auch der Entwurf eines „Totaltheaters", den Walter Gropius für Piscator anfertigte, der aber nicht zur Ausführung kam. Gropius schreibt dazu: „das ziel dieses theaters besteht ... nicht in der materiellen anhäufung raffinierter technischer einrichtungen und tricks, sondern sie alle sind lediglich mittel und zweck, *zu erreichen, daß der zuschauer mitten in das szenische geschehen hineingerissen wird* ..." (in: E. Piscator, Das politische Theater, S. 127).

bei Piscator Reportage blieb, wird bei Brecht Dichtung. Während Piscator seiner Bühne nur die Etikette eines neuen Theaters aufdrückte, strukturiert Brecht das Theater systematisch um.

Das Verdienst, Brechts Bedeutung im ganzen Umfang zuerst erkannt zu haben, kommt Herbert Ihering zu (der auch Brecht 1922 den „Kleistpreis" für „Trommeln in der Nacht" zuerkannte). Während Piscator noch 1929 vom „heroischen Faktor der neuen Dramatik" spricht, schreibt Ihering zu Brechts Münchener Inszenierung seines „Eduard II" (1923): „Er verkleinerte die Menschen nicht. Er atomisierte die Figuren nicht." Aber „keine Gefühlsmogelei wurde geduldet". „In einer Zeit, in der die Größe des Individuums selbst fraglich geworden war, konnten Postamente nicht helfen ... Brecht setzte für Größe: *Distanz*. Das ist seine theatergeschichtliche Tat."[23]

c) Die Rolle des Zuschauers im Theater Brechts
Die kontrollierbare Labilität im Verhältnis der Realitätssphären

Wenn wir uns jetzt dem Zuschauer im Theater Brechts zuwenden, so bleibt dabei zunächst das Spannungsverhältnis der beiden Realitätssphären Bühne und Publikum im Mittelpunkt der Betrachtung. Der schon angeführte Satz aus der „Neuen Technik der Schauspielkunst": „Die im Publikum vorhandenen Teilungen läßt er (der Schauspieler) bestehen" beweist, daß Brecht die Heterogenität des modernen Theaterpublikums erkennt und berücksichtigt. Das soziozentrische Motiv in seiner Konzeption hat weder etwas gemein mit dem Anachronismus vom Theater als Raum eines kultischen Gemeinschaftserlebnisses oder gesellschaftlichen Festes noch mit der Vorstellung vom Theater als politischer Arena. Die nicht mehr mögliche Einheit der Realitätskreise wird also gar nicht gewollt. Der Degradierung des Zuschauers tritt Brecht nicht dadurch entgegen, daß er ihn nunmehr richtungslos im „Niemandsland" zwischen beiden Sphären herumirren läßt. Der Ort des Publikums ist festgelegt, er wird ihm immer wieder durch dramaturgische und bühnenmäßige Mittel zugewiesen.

Jetzt erst zeigt sich ganz, wie notwendig es war, in der dramaturgischen Analyse den „Realitätscharakter der Aufführung" zu entwickeln, der „weitgehend in der Dichtung begründet"[24] ist. Denn erst daraus läßt sich der in unverwechselbarer Weise geplante Realitätskreis Publikum im epischen Theater bestimmen.

Wir hatten erkannt, daß die ästhetische Realität des dramatisch-bühnischen Vorgangs nicht einheitlich durchgebildet, sondern von der Rivalität zweier Realitätssphären durchdrungen ist: der dramatisch-ästhetischen und der episch-ästhetischen. Und es ergibt sich als erstes, daß eine Überwältigung des Publikums (wie bei M. Reinhardt) durch eine hier in sich selbst widersprüchliche ästhetische Realität ausgeschlossen ist. Es wird keinerlei Versuch unternommen, den Zuschauer im Bewußtsein seiner eigenen Existenz zu schwächen.

Wir sagten weiter, daß für den Schauenden und Hörenden die episch-ästhetische gegenüber der dramatisch-ästhetischen Sphäre verhältnismäßig realitätsarm und daher realisierungsbedürftig ist, daß sie den Zuschauer beansprucht.

---

[23] H. Ihering, Die zwanziger Jahre, Berlin 1948, S. 166.
[24] D. Frey, a.a.O. S. 222.

Hieraus wird der Gegensatz deutlich, in dem Brecht zu den zahlreichen Bestrebungen steht, die sich unter den Ruf nach dem „Zuschauer als Mitspieler" stellen. Sie kommen dem Publikum entweder mit der Illusion entgegen, indem sie das Publikum mit hineinziehen — oder mit dem Spiel, indem sie es in den Zuschauerraum hineintragen. Beide Male wollen sie den Zuschauer als Mitspieler „ködern", indem sie ihm etwas Zusätzliches *geben*. Brecht dagegen *nimmt* dem Zuschauer etwas, um ihn beweglich zu machen.

Das Verfahren, dem Publikum wahrnehmbare Realität vorzuenthalten, sie ihm zu „nehmen", geht indes noch einen Schritt weiter. Wir sahen, daß durch den epischen Pol der ästhetische Realitätskreis nicht nur in seiner Realitätsfülle gemindert, sondern auch in seiner Scheinhaftigkeit enthüllt wird. Diese Entzauberung bedeutet nicht eine Verneinung der ästhetischen Realität an sich (dem Spiel werden genug Entfaltungsmöglichkeiten gelassen), sondern nur eine Verneinung ihres etwaigen Anspruchs, schon die Wirklichkeit selbst zu sein. Sie betont, verstärkt durch die verfremdende schauspielerische Aktion und die illusionsmindernden Mittel der Bühne, den Gleichniswert der ästhetischen Realität. Damit wird zugleich die Grenze zwischen konkreter und ästhetischer Realität abgesteckt und dem Identifizierungsverlangen des Zuschauers der Realitätsbereich der Bühne entzogen. Die Grenze schafft Distanz (wie auch das Lachen, das Satire und Komik hervorrufen, Distanz schafft). Sie konfrontiert die Welten miteinander.

Dennoch ist hier Grenze nicht gleichbedeutend mit Schranke (in diesem Falle wären eine offene Dramaturgie und eine publikumgerichtete Spielweise nicht denkbar). Dramatische Figuren, zu Sprechern werdend, korrespondieren über die Grenze hinweg mit dem Publikum, indem sie etwa das Verhalten handelnder Figuren verdächtig machen oder den Zuschauer zu einer kritischen Beurteilung der Vorgänge und Situationen anregen. Wir erkannten eine — freilich immer nur punktuelle — Hinordnung der Bühnenwelt auf die Welt des Zuschauers: die episch-ästhetische Sphäre kann in die Lebenswirklichkeit des Zuschauers hineinweisen. Von einer Schranke zwischen beiden Realitätsbereichen kann also nicht die Rede sein.

Brecht steht vor einem nicht einfachen Problem. Einerseits soll eine Einheit der Realitätskreise (die ohnehin nur als eine Pseudoeinheit möglich ist) vermieden werden und der Zuschauer seiner selbst bewußt bleiben. Also muß die Trennung akzentuiert werden. Andererseits hat die Trennung der Realitätskreise eine Selbstentäußerung des Zuschauers zur Folge gehabt. Also muß der Abstand verringert werden. Mit diesem Widerspruch wurden die Vorgänger Brechts, die das Publikumselement im Theater stärken wollten, letztlich nicht fertig.

Brecht bemächtigt sich dieses Problems, indem er den Widerspruch selbst in seine Konzeption mit hineinnimmt und ihn hier sich austragen läßt. Die Geschiedenheit der Realitätsbereiche bleibt grundsätzlich gewahrt. Ja, er akzentuiert sie — aber dadurch, daß die ästhetische Realität (ohne aufgehoben zu sein) in sich gebrochen und so gegen die Lebenswirklichkeit als ihr bloßes Gleichnis abgehoben wird. Die Trennung ist also beibehalten, doch ihrer üblichen Begleiterscheinung entledigt: jener Illusion, die der Selbstentäußerung des Zuschauers Vorschub leistet.

Zum anderen wird aber der Abstand zwischen den Realitätskreisen, als Abstand zweier verschiedener Welten, verringert. Durch die episch-ästhetische Realitätssphäre erhält die Bühnenwelt Kontakt mit der Welt des Zuschauers, wird die ästhetische überschnitten von den Belangen der Publikumswirklichkeit. Trotzdem kommt keine Einheit der Realitätskreise zustande: sie treten nur in Korrespondenz miteinander.

Ist somit nicht von einer Einheit der Bereiche zu sprechen, so aber auch nicht von einer absoluten Trennung. Der theatralische Vorgang stellt sich sowohl als Konfrontation wie als Korrespondenz der Bereiche dar. Es findet immer wieder auch ein Verkehr beider statt über eine Grenze, die offen: also nicht starr, sondern beweglich gehalten ist (ohne indessen verwischt zu werden). Daraus ergibt sich eine kontrollierbare Labilität im Verhältnis der Realitätssphären.

Der Zuschauer als „Gegenspieler"

Diese Labilität dient der Stärkung eben jenes Elements im Theater, auf das es Brecht ankommt: des Publikums. Sie macht den Zuschauer beweglich. Entscheidend ist jedoch, daß sie ständig kontrolliert bleibt. Wäre sie es nicht, würde der Zuschauer vorübergehend als Mitspieler in der theatralischen Aktion aufgehen und „untertauchen".

Dafür aber sind keinerlei Voraussetzungen vorhanden. Man kann ein Publikum nicht gut zum Mitspielen in einer Handlung auffordern, indem man sie ihm verfremdet. Deshalb ist die Frage nach der Rolle des Zuschauers genauer zu stellen.

Durch die offene Dramaturgie wird der Zuschauer immer wieder unmittelbarer Adressat von Mitteilungen, die zwar handlungsbezogen, aber nicht handlungseigen sind. Diese Mitteilungen machen den Zuschauer auf die Verhaltensweisen von Figuren oder auf Vorgänge zwischen den Figuren, kurz auf gesellschaftliche Vorgänge aufmerksam. Diese Aufmerksamkeit erhält den Charakter der Unruhe, wenn der Zuschauer nicht etwa durch direkte Stellungnahmen befriedigt, sondern durch die differenziertesten Formen des Kommentars irritiert und nachdenklich gemacht wird. Er kann nicht spontan, sondern nur kritisch reagieren (was nicht ausschließt, daß er mit dieser oder jener Figur sympathisiert). Er wird instandgesetzt, Unstimmigkeiten in den Beziehungen der Figuren zu entdecken und Möglichkeiten zu (er)finden, sie abzustellen. Vorgänge bieten sich als korrigierbare, abänderbare Vorgänge an. Sein „Mitspielen" hat die Aufgabe eines fiktiven Veränderns. Dem Zuschauer ist die Rolle eines Gegenspielers zugewiesen.

Dieses Gegenspiel hat zugleich jene „Lücke" im theatralischen Vorgang auszufüllen, die sich durch die offene Dramaturgie und die publikumgerichtete Spielweise ergibt. Das Publikum steht etwas Fragmentarischem gegenüber. Es hat, was Drama und Darstellung auslösen, zu übernehmen und abzuschließen.

Die Verweisung ins Zukünftige

Immer wieder bringen die mit dem Publikum korrespondierenden Sprecher bzw. Schauspieler den Zuschauer zum Bewußtsein seiner eigenen Existenz. Das dramatische Gleichnis, also das Vergleichende demonstrierend, weisen sie zugleich auf das Verglichene: den Zuschauer und seine Wirklichkeit. Dieser Hergang hat nichts mit einem etwaigen Prozeß der Verschmelzung zweier heterogener Bereiche zu tun. Er bereitet nur dem Zuschauer die Möglichkeit, das parabolische Sein an seiner eigenen Lebenswirklichkeit zu messen.

So wird der Zuschauer nicht nur mit der gleichnishaften Realität, sondern durch sie zugleich auch mit seiner eigenen Realität konfrontiert. Unterscheiden wir klar: diese Konfrontierung erfolgt grundsätzlich nicht „direkt" (wie bei Piscator), sondern nur angedeutet. Diese Gegenüberstellung kann nicht zu einer Begegnung führen, die sich im Theater austragen und erledigen läßt. Es findet keine „Revolution" im Theater statt — allenfalls ein Gericht (worauf die Vorliebe Brechts für Gerichtsszenen deutet). Vom Theater kann „kein rechter Schluß"[25] geliefert werden. Das Publikum wird aus dem Theater entlassen mit der Aufforderung, sich „selbst den Schluß"[26] zu suchen.

Dieses dem Zuschauer überantwortete Ende ist aus dem Bereich ästhetischer Realität ausgesperrt. Das zu vollendende Drama, der komplexe theatralische Vorgang wird zu gestaltende Wirklichkeit. Nicht das Theater ist Wirklichkeit (wie Piscator glaubte), sondern es plant sie, es möchte Wirklichkeit werden. (Es bleibt Sache des Zuschauers, ob er diesen Plan übernimmt und was er aus ihm macht.) *Die „Einheit der Realitätskreise", nur außerhalb des Theaters zu finden, ist etwas Zukünftiges.*

Damit weist das epische Theater über sich selbst hinaus. Es will erst zum Ganzen werden durch ein Stück Lebensrealität: durch ein tätiges Verändern der Gesellschaft. Was es selbst hierbei leisten will, ist: *in Form von Experimenten* — in diesem Sinne sind alle künstlerischen Bemühungen Brechts wirklich nur „Versuche" — die *Realität zu provozieren*[27].

*

An diesem unmittelbaren Hineingreifen des epischen Theaters in Zusammenhänge des Lebens werden nun klare Umrisse seiner Affinität zum mittelalterlich-frühneuzeitlichen Theater sichtbar. Diese von K. Ziegler schon hervorgehobene Affinität, die zunächst als Hypothese zu übernehmen war, diente ja der Untersuchung als Ausgangspunkt. Freilich sind auch Merkmale deutlich geworden, die wesentliche Unterschiede anzeigen. So konnte zwar, in Übereinstimmung mit dem mittelalterlichen Theater, eine Labilität im Verhältnis der Realitätssphären festgestellt werden, aber eben doch für Brechts Theater eine immer kontrollierbare. Während für das mittelalterliche Publikum „im Spiel die Grenzen zwischen Darstellung und Wirklichkeit verschwammen"[28], bleiben sie im epischen Theater Brechts immer überprüft. Kommt dort das labile Verhältnis der Bereiche durch ein Symbole realisierendes religiöses Gefühl zustande, so wird es hier rational geschaffen und beherrscht.

Bevor nun dieser Vergleich fortgesetzt und im einzelnen durchgeführt werden kann, ist Brechts Theater noch einmal abzugrenzen im Rahmen einer bestimmten Entwicklungslinie des modernen Dramas.

---

[25] Brecht, Versuche, Heft 12, S. 106.   [26] Daselbst.
[27] Vgl. Brecht, Der Dreigroschenprozeß (ein soziologisches Experiment), Versuche, Heft 3, S. 301.
[28] E. Hartl, Das Drama des Mittelalters, in: Deutsche Philolog. i. Aufr., 13. Lieferg., S. 920.

Exkurs: *Zur Gesellschaftsdramatik von Ibsen bis Brecht*

In seinem Aufsatz „Soziale Thematik und Formwandlungen des Dramas"[29] zeigt F. Martini an vier Stücken beispielhaft eine Entwicklungslinie des modernen Dramas auf, die mit Ibsens „Gesellschaftsdramatik" einsetzt. Er sieht diese Linie in Deutschland vorbereitet durch einen dramatischen Typus mit sozialkritischer Tendenz, der von Lessing an über den Sturm und Drang, den jungen Schiller, Büchners „Woyzek" und Hebbels „Maria Magdalena" zu erkennen ist[30]. Erst „Ibsen vollzog mit seinem Gesellschaftsdrama in radikaler Programmsetzung die Wendung vom Geschichtlichen zum Zeitgenössisch-Aktuellen, ... vom Ästhetischen zur Kritik und Erkenntnis" (S. 74 f.). Nach Martini ist hier „das Ziel des Dramas ... nicht mehr primär das Kunstwerk als eine Leistung der Dichtung, sondern das ‚Leben' und eine rücksichtslose Wahrhaftigkeit seiner Aussprache" (S. 75). Das Drama — Martini analysiert Ibsens „Volksfeind" — wird „aus der Geschlossenheit des ästhetisch in sich vollendeten Kunstwerks herausgehoben ... es tritt aktivierend und reformierend in das konkrete Leben hinein, um sich in ihm unmittelbar fortzusetzen" (S. 78). Als Beleg dazu führt Martini eine Bemerkung Ibsens aus einer Rezension (1857) an: „... nicht mit einem Fallen des Vorhangs im fünften Akt endet das Stück — der wirkliche Schluß liegt außerhalb des Rahmens. Der Dichter hat die Richtung angedeutet, in der dieser Schluß zu suchen ist; und nun ist es unsere Sache, ihn mitdichtend zu finden, jeglicher für sein Teil." (R. Woerner: Henrik Ibsen, 2 Bde, München 1900, II. Bd., S. 125.)

Dieser Satz könnte vorbehaltlos auch in die Theorie des epischen Theaters übernommen werden. Es ist aber zu fragen, ob sich dieser künstlerische Wille Ibsens auch eine adäquate Form schafft oder ob er nicht doch unverwirklicht, bloße Intention bleibt.

Schon Martini selbst stellt fest, daß sich Ibsen an klassische Traditionen in Einzelheiten der Technik noch anschließt, sie zugleich radikalisierend. Und bei G. Hauptmann, durch dessen „Weber" er die Entwicklungslinie weiterhin markiert sieht, ist für ihn der Tatbestand eines „sozialpolitischen Dramas" überhaupt nicht gegeben. Er spricht von Hauptmanns bloßem „Fatalismus des Mitleids" (S. 99). In G. Kaisers „Gas" erblickt er wiederum einen Rückgriff auf Ibsen, eine „außerordentliche Radikalisierung des dramatischen Prozesses und eine vehemente Steigerung seiner aktivierenden Wirkung", zugleich aber den — für den Expressionismus weitgehend bezeichnenden — Versuch, „die typisierende, monumental-statuarische und konzentrierende Form des klassischen Dramas ... zurückzugewinnen" (S. 87 f.)[31].

Auch nach Martini bliebe also das Drama mit sozialer Thematik bzw. das gesellschaftskritische Drama bei allen Formwandlungen — bis zum Expressionismus einschließlich — doch dem Typus des neuzeitlichen Kunstdramas verpflichtet. Das gilt allerdings zum Teil schon nicht mehr für F. Wedekind, den Martini in diese Entwicklungsreihe nicht mit aufgenommen hat. Wedekind

---

[29] In: Der Deutschunterricht, 1953, Heft 5, S. 73—100.
[30] Von dieser Überlieferung spricht auch K. Ziegler in seinem an gleicher Stelle erschienenen Aufsatz „Das Drama des Expressionismus" (S. 57—72), S. 67.
[31] In diesem Zusammenhang zu G. Kaiser wichtig auch der Aufsatz von K. Ziegler: Georg Kaiser und das moderne Drama, Hebbel-Jahrbuch 1952, Heide i. Holst., S. 44—68.

steht Brecht schon nahe mit seinen Versuchen einer schonungslosen Ideologie-Entlarvung. In der Demaskierung sexueller Lügen übertrifft er an Aggressivität alle seine Vorgänger. Vor allem auf Brecht verweist er in der Auflösung bzw. Durchbrechung einer geschlossenen Dramaturgie. Moralisierende Aussagen werden oft in direkter Weise vorgetragen, ohne aus der Handlung selbst hervorzugehen. Prologe, liedhafte Einlagen und zuweilen versifizierte Prosa bereiten schon dramaturgische Formen Brechts vor. Trotzdem ist Martini zuzustimmen: Brecht — dessen „Puntila" er abschließend bespricht — hat „durch die Wendung des Dramas und der Bühne vom Dichterisch-Ästhetischen als autonomer Seinsweise zur Praxis des Lebens" nicht nur „den von Ibsen begonnenen Weg zu seinen bisher radikalsten Konsequenzen geführt", sondern ihn zugleich auch „eingreifend umgelenkt" (S. 93). Aber eben diese „Umlenkung" der Formentwicklung bedarf noch einer Darlegung, welche die trennenden Momente schärfer bezeichnet.

Denn tatsächlich liegt bei Brecht nicht nur eine Umlenkung der Entwicklungslinie vor, sondern zugleich ein entscheidender Bruch mit ihr. Hier zeigt sich erneut das Ungenügende einer Betrachtung, die zu ausschließlich vom Drama als Dichtung bzw. Text ausgeht und zu wenig das Drama als Aufführung berücksichtigt. Bei der darstellerischen Verwirklichung aber, an der Tendenz des Dramas auf eine bestimmte Versinnlichung durch die Bühne wird erst jener Einschnitt in der Entwicklung von Drama und Theater in seinem ganzen Umfang sichtbar.

In der Ibsenschen Dramatik wird die Bühne ganz von der Dingwelt erobert. Der Raum und sein Inventar, die kleinen Gegenstände (Requisiten), die Vergangenheit des Raums, das „Milieu" im engsten und zugleich umfassendsten Sinne spielen entscheidend mit. Zu dieser lückenlosen Wiedergabe der Umwelt und des Körperlichen — auch des menschlich Körperlichen und seiner Geschichte (Vererbung) — tritt die sorgfältigste Abschilderung der Innenwelt des Menschen: der Psychologismus Ibsens läßt nicht den leisesten Verdacht einer Unwahrscheinlichkeit im Handeln der Menschen zu. Die Summe des äußeren und inneren Details ergibt eine perfekte Welt, die keiner Vervollständigung mehr bedarf: sie genügt sich selbst, sie ist ein in sich selbst ruhender Mikrokosmos. Dem entspricht ein photographisch getreuer Raum der Illusionsbühne und ein Schauspieler, der ganz in diese Welt eingeht, indem er sich bis aufs Haar in seine Figur verwandelt.

In seiner Bühnenform also ist dieses Drama keineswegs — wie Martini meint — „aus der Geschlossenheit des ästhetisch in sich vollendeten Kunstwerks herausgehoben", sondern im Gegenteil gerade in sie hineingeführt. Damit entkräftet Ibsen selbst seine frühen Bemerkungen. Denn er sucht keine dramaturgisch-bühnenmäßigen Lösungen für das Problem, wie „der wirkliche Schluß" hinter das „Fallen des Vorhangs" verlegt und wie es zur Sache des Publikums gemacht werden könne, diesen Schluß „mitdichtend zu finden".

Freilich darf und soll hier nicht vereinfacht werden. Immer heißt Enthüllen zugleich schon: den Anstoß zum Verändern geben. Und Ibsens Analysen der Gesellschaft, die unbarmherzige Entlarvung ihrer Unmoral, haben die Gesellschaft tatsächlich schockiert und provoziert.

Dennoch erfolgt diese Wirkung ausschließlich durch das Medium einer ungebrochenen und verselbständigten ästhetischen Wirklichkeit. Ibsens Anknüpfung an „klassische Traditionen" ist nicht zufällig. Auch ihm geht es noch um die

Autonomie des Menschen (Martini spricht von Ibsens „Pathos der Selbstverwirklichung" aus den Idealen „des bürgerlichen Humanismus", S. 77), um ihre Durchsetzung *gegen* die Macht der Gesellschaft — wie es ebenso Hauptmann und Kaiser noch „um die Befreiung des Menschen gegen die soziale Welt" (S. 89) geht.

Erst *Brecht vollzieht die Wendung vom individuumsbezogenen zum gesellschaftsbezogenen sozialen Drama.* Er sagt jenes Ja zur Gesellschaft als Institution, durch welches das Nein gegenüber der bürgerlichen Gesellschaft so unmittelbar aggressiv wird. Er sieht die Gesellschaft nicht mehr durch das Mittelglied des Menschen, sondern den Menschen durch das Mittelglied der Gesellschaft: er geht „nicht von ihm, sondern auf ihn" aus (Org. § 46). Und der Abstand der dramatischen Technik und Bühnenform Brechts zu der Ibsens ist bezeichnet durch den ganzen Unterschied zwischen offener und geschlossener Dramaturgie[32].

2. ENTSPRECHUNGEN ZU FORMEN DES MITTELALTERLICH-FRÜHNEUZEITLICHEN THEATERS

a) Dramaturgie

Ein Vergleich des „Epischen Theaters" mit dem vor- oder frühneuzeitlichen Theater übersieht nicht die großen Unterschiede im formalen Rang der Gestaltung und in der Beschaffenheit der dramatischen Inhalte. Natürlich erscheinen Drama und Bühne des 20. Jh.s gegenüber denen des 15. und 16. Jh.s durch eine Reihe künstlerisch-ästhetischer Formwerte bereichert, die ihnen aus der neuzeitlichen Tradition der Zwischenzeit zugefallen sind und die nicht einfach aufgegeben werden können. Alle Vergleiche zielen deshalb auf Analogien, durch die das jeweils Besondere nicht angetastet wird.

Das Vorkommen epischer Züge im neuzeitlichen Kunstdrama, vor allem beim atektonischen Typus, hat die betreffenden Dichtungen immer wieder dem Vorwurf mangelnder dramatischer Konzentration ausgesetzt. Trotzdem ist das neuzeitliche Kunstdrama, im ganzen gesehen, gekennzeichnet durch eine relativ klare Dominanz der dramatischen Gattungsidee. Jedenfalls hat es das vorzüglich epische Moment, eine Begebenheit als vergangen vorzutragen, grundsätzlich ausgeschaltet und deshalb — von Ausnahmen[33] abgesehen — die Figur des nur vermittelnden Erzählers verbannt. Das Streben nach einer Autonomie der dramatischen Welt erscheint also gekoppelt mit dem Bemühen um eine möglichst reine Ausprägung des Gattungshaften. Dagegen gilt für eine offene Dramaturgie eine relative „Sorglosigkeit" gegenüber den Gattungsgesetzen: sie neigt zu

---

[32] In diesem Sinne ist auch A. Beiss' These, daß „das sogenannte ‚epische Theater' nur eine Entwicklungstendenz des neuzeitlichen Dramas konsequent zu Ende gedacht" habe, einzuschränken. Vgl. A. Beiss, Das Drama als soziologisches Phänomen, Braunschweig 1954, S. 60.

[33] Vgl. als Beispiel den heiligen Bonifatius in L. Tiecks „Leben und Tod der heiligen Genoveva".

Mischformen. So könnte der Begriff „episches Theater" als Paradigma stehen für ein Drama (Theater), das seine dramaturgischen Gesetze nicht mehr nur aus sich selbst entwickelt.

Die Markierung des Epischen innerhalb des Dramas durch lediglich vermittelnde und zugleich kommentierende Organe, wie den Erzähler, ist ein auffälliges gemeinsames Merkmal des Brechtschen und des mittelalterlich-frühneuzeitlichen Dramas. Prologe, Epiloge und Zwischenansprachen an das Publikum finden sich dort wie hier in erklärender und deutender Funktion. Brechts Verwendung des Knittelverses bei Prolog und Epilog unterstreicht noch diese Beziehung zur mittelalterlichen Formenwelt [34]. Der auf eine Leinengardine projizierte Kommentar ist nur eine technische Abwandlung dieser Formen. Dagegen stellt der für Brecht eigentümliche Song eine formal-ästhetische, dialektische Verfeinerung dar. Natürlich sind auch die übrigen Publikumsansprachen durchweg einer primitiven Lehrhaftigkeit enthoben.

Der Funktionalisierung von Figuren, sofern sie zu Sprechern und Publikumspartnern werden, entspricht hier wie dort eine durchgehende Entpersönlichung der dargestellten Menschen. Noch die Personen des frühneuzeitlichen Dramas (ja, auch des Barockdramas) sind weithin nur Manifestation überpersönlicher Wirklichkeitsgefüge, haben nicht eigentliche Eigenschaften, sondern zeigen nur religiös zu verantwortende, standes- oder situationsgebundene Verhaltensweisen [35]. Eine „heteronome" Personalitätsstruktur kennzeichnet auch die Figuren Brechts. Seine Gestalten sind nicht durch den „Charakter", sondern durch Kreatürlichkeit, Situation und gesellschaftlichen Gestus geprägt.

Übereinstimmung liegt ebenso in Gliederung und äußerem Aufbau des Dramas vor: in dem lockeren Nacheinander einzelner Szenen. Die Fünfaktigkeit des Dramas wurde noch im 16. Jh. weitgehend „als zufällige Äußerlichkeit empfunden" [36].

Auch Brechts häufige Verwendung von Gerichtsszenen bedeutet eine Wiederaufnahme einer beliebten mittelalterlich-frühneuzeitlichen Form. Wir kennen viele Fastnachtspiele aus dem 15. Jh. in Gestalt von Gerichtsverhandlungen. Die meisten Dramen des 16. Jh.s enthalten „in irgendeiner Form die Darstellung eines Gerichts" [37].

Das publikumverpflichtende Moment solcher Gerichtsszenen ist schon dargelegt worden. Der Zuschauer wird zum abwägenden, urteilenden Zeugen einer Auseinandersetzung bestimmt. In einer Reihe von weltlichen Spielen dieser Art zeigt sich sogar eine totale Offenheit des Schlusses, indem am Ende kein eigentliches Urteil gesprochen wird [38]. Das Spiel bleibt ebenso fragmentarisch, wie es für Brechts „Guten Menschen von Sezuan" der Epilog ausspricht [39].

---

[34] Solche Gemeinsamkeiten weist auch K. Königshof nach: Über den Einfluß des Epischen in der Dramatik = Sinn und Form, 7. Jg., Heft 4, 1955, S. 578—591. — Vor allem vgl. R. Grimm, a.a.O. S. 77—84.

[35] Vgl. E. Wagemann, Die Personalität im deutschen Drama des 16. Jh.s, Diss. (Masch.) Göttingen 1952.

[36] K. Ziegler, Das dt. Drama der Neuzeit, a.a.O. S. 990.

[37] E. Wagemann, a.a.O. S. 25.

[38] Vgl. A. v. Keller, Fastnachtspiele aus dem 15. Jh. = Bibl. d. Litt. Vereins in Stuttg., Band 28—30 Stuttgart 1853, Band 46 Stuttgart 1858. Hier wird in den Spielen Nr. 10, 27, 42, 102 die Entscheidung aufgeschoben bzw. das Gericht vertagt, nachdem mehrere Schöffen ihre Meinungen kundgegeben und die verschiedensten Urteilsmög-

Im Zusammenhang mit Brechts sog. Lehrstücken (Der Flug der Lindberghs, Das Badener Lehrstück vom Einverständnis, die Schulopern Der Jasager und Der Neinsager, Die Maßnahme, Die Mutter, Die Ausnahme und die Regel, Die Horatier und die Kuriatier) hat E. Schumacher (a.a.O. S. 290 f.) bereits darauf hingewiesen, daß Dichtungen lehrhaft-pädagogischen Charakters vom Mittelalter bis ins 18. Jh. angetroffen werden, besonders beim humanistischen und deutschen Schuldrama.

Von solchen Verzweigungen abgesehen, hat aber das didaktische Theater seinen Schwerpunkt um die Wende vom Mittelalter zur Neuzeit. Schon das Spätmittelalter weist über eine allegorisierende auch eine wachsende Tendenz zur Lehrhaftigkeit auf [40]. Die dramatische, geistliche Aufführung hat etwa die Aufgabe eines Lehrgottesdienstes. Diese didaktische Tendenz tritt dann im 16. Jh. verstärkt hervor, indem sie nun im Dienst der großen, alle Lebensbereiche durchdringenden konfessionellen Auseinandersetzung steht. Vor allem das Reformationstheater hat moraltheologischen, streitbaren und kanzelhaften Charakter.

Dabei führt die konfessionelle Bindung des Dramas im 16. Jh. zu einer bestimmten Ausprägung des Didaktischen, die P. Böckmann aufgezeigt hat [41]. Nachdem die Einheit des kirchlichen Lebens verlorengegangen ist, nachdem verschiedene Auslegungen bzw. verschiedene lebensmäßige Verwirklichungen von Lehren der Heiligen Schrift möglich wurden, sind zugleich biblische Erzählungen und Vorgänge in ganz anderer Weise handhabbar geworden als im Mittelalter. So werden sie nun in protestantischen Dramen auf die Glaubenssätze und Ziele der Reformation bezogen. Ein parabolischer Dramenstil setzt sich durch. Die

---

lichkeiten angedeutet haben. In den Spielen 69 und 87 werden überhaupt nur einige unterschiedliche Schöffenurteile zur Wahl gestellt. Eine gewisse Affinität zum urteilslosen Gericht und zum Entschwinden der Richter (Götter) in Brechts „Gutem Menschen" ist nicht zu verkennen. Freilich ist die Funktion des völlig offenen Schlusses in beiden Fällen kaum die gleiche. Geht es in den Fastnachtspielen wohl auch darum, den Gericht-Charakter des Spiels nicht zum absoluten Ernst zu treiben, so sucht Brecht durch das Fehlen des Schlusses gerade den Ernst des Spiels zu steigern. Immerhin bleibt es hier wie dort dem Zuschauer überlassen, ein gerechtes Urteil selbst zu finden bzw. auszuwählen. Außerdem tritt zu aller Scherzhaftigkeit und Obszönität der Fastnachtspiele doch auch ein moralisch-lehrhaftes Moment.

Solch „unbefriedigender" Ausgang gerichtsnotorischer Fälle läßt an G. Hauptmanns Diebskomödie „Der Biberpelz" denken. Auch hier wird das Urteil offengelassen, allerdings, weil der Amtmann Wehrhahn den Schuldigen nicht einmal hat entdecken können. Immerhin kennt der Zuschauer den Dieb und wird nach dem Fallen des Vorhangs in einer Art Richterrolle zurückgelassen. Das Stück hat also, auch im Sinne einer offenen Dramaturgie, durchaus einen offenen Schluß (was Hauptmann vielleicht dazu veranlaßte, den Lebensweg der Mutter Wolffen weiterzuverfolgen im „Roten Hahn"). So darf der „Biberpelz" als das Stück gelten, in dem Hauptmann — freilich ohne sonstige Konsequenzen — dem Prinzip einer offenen Dramaturgie am nächsten kommt.

[39] Zum offenen Charakter von Dramen im 16. Jh. vgl. auch H. Brinkmann, Anfänge des modernen Dramas in Deutschland. Versuch über die Beziehungen zwischen Drama und Bürgertum im 16. Jh., Jena 1933; besonders S. 50.
[40] Vgl. E. Hartl, a.a.O. S. 914.
[41] Formgeschichte der deutschen Dichtung, 1. Band, Hamburg 1949.

biblische Erzählung weist zwar gleichnishaft auf die Gnade und Liebe Gottes hin, soll aber zugleich „zur Veranschaulichung der neuen Glaubenslehre dienen"[42] und das Leben der Menschen im Sinne der Reformation umgestalten helfen. Ausgesprochen kämpferische Akzente fehlen nicht, wenn in Vorreden oder Kommentaren der Gegensatz zu Papst und Katholizismus hervorgehoben wird. Überhaupt haben handlungsfremde Personen (etwa Herold, Aktor, Prologus und Exodus), aber auch dramatische Figuren selbst die Aufgabe, dem Publikum in direkter Anrede das Gleichnis zu deuten.

Auch das katholische Drama ist weitgehend vom theologischen Gegensatz der Zeit geprägt[43]. Aber selbst dort, wo es dieser Auseinandersetzung fernsteht, läßt es gleichnishafte Strukturen erkennen. C. Heselhaus hat betont, daß noch bei Calderon das Theologische „als Lehre und als Parabel auftrat"[44].

Setzt man für die theologisch-konfessionelle Gebundenheit die gesellschaftskritische Verbindlichkeit des Parabelspiels, so sind weitere gemeinsame Strukturzüge des frühneuzeitlichen Dramas und des epischen Theaters nachgewiesen. Hier wir dort soll das Drama, Exemplarisches vorführend, in glaubens- bzw. lebensmäßige Bereiche hineinwirken.

b) Bühne und Spielweise

Ein Wiederanknüpfen an Formen vergangener Epochen, wie es dem Drama möglich ist, kann die Bühne nicht in demselben Maße mitvollziehen. Die Entwicklung des Theaters (als Bühne) vom Mittelalter bis zur Gegenwart hat zu ungleich festeren und deshalb unbeweglicheren Ausformungen geführt als die des Dramas. Das Theater ist vom anlaßgebundenen Spiel zur *Institution* geworden. Die Aufführung wanderte aus dem Freien, aus Kirche, Rathaus, Gasthaus oder Schule in einen eigenen Raum, das „Theater", und hat hier nun den Ort, der den verschiedensten Anforderungen eines umfangreichen Stückrepertoires einzig angemessen ist. Die Schauspieler sind nicht mehr Laien, sondern berufsmäßige Künstler, die man im wesentlichen nicht mehr entbehren kann. Und das Publikum ist nicht mehr eine gestaltete Gruppe und außerdem Veranstalter selbst, sondern eine wechselnde und amorphe, Eintritt zahlende Zufallsgruppe.

Damit ist jene unmittelbare Einbettung der Bühne in den Zusammenhang eines vorgegebenen, Spieler und Publikum umschließenden Kreises heute nicht mehr vorhanden und nicht mehr erreichbar. Die offene Dramaturgie wird also bühnisch zu einem ganz anderen Problem. Um aus seinem Entwurfcharakter zum Ganzen hin vervollständigt zu werden, braucht das Drama eine Bereitschaft des Publikums, die sich nicht mehr aus dem Impuls einer unmittelbar „eigenen Sache" ergeben kann, sondern erst geweckt werden muß. Die offene Dramaturgie bedarf in gesteigertem Maße der Unterstützung durch die Bühne. Es ist also höchste Kunst vonnöten.

---

[42] Daselbst, S. 301.
[43] Vgl. K. Ziegler, D. dt. Drama d. Neuz., a.a.O. S. 984 und 987.
[44] C. Heselhaus, Calderon und Hofmannsthal. Sinn und Form des theologischen Dramas, in: Arch. f. d. Stud. d. neueren Sprach., 106. Jg., 191. Bd., 1955, S. 3—30 (Zit. S. 29).

Ohne den gewichtigen Unterschieden ihre Bedeutung zu nehmen, kann man aber mit einer Reihe von Vergleichsmomenten Entsprechungen auch für Bühne und Spielweise belegen. Wie auf dem mittelalterlichen Theater wird auch bei Brecht keine Illusionswirkung der Bühne angestrebt[45]. Freilich liegt dieser Übereinstimmung doch eine unterschiedliche Einstellung zur theatralischen Täuschung zugrunde. Im Mittelalter ist die Illusion in ihrem spezifisch ästhetischen Sinne noch gar nicht bekannt. Dagegen hat Brecht, jenseits der neuzeitlichen Illusionsbühne stehend, sich gerade mit einem vorhandenen Illusionsbedürfnis auseinanderzusetzen und ihm entschieden entgegenzuwirken.

Brechts Minderung der Illusion ist der romantisch-ironischen Illusionszerstörung, etwa bei L. Tieck (Der gestiefelte Kater, Die verkehrte Welt, Prinz Zerbino) nur scheinbar verwandt. Denn dort gründet das verwirrende, in allen Brechungen schillernde Spiel, ja Jonglieren mit der Illusion im Prinzip der unbeschränkten Freiheit des Spiels und zielt auf eine Apotheose des Scheins, während bei Brecht die Desillusionierung im Dienst einer gleichnishaften Hinordnung des poetischen Seins auf die Welt des Publikums steht. Man wird auch bei A. Schnitzlers „Der grüne Kakadu" (eine Groteske, 1898) und „Zum großen Wurstel" (eine Burleske, 1904) und mehr noch bei L. Pirandellos „Sechs Personen suchen einen Autor" (1921, deutsch 1925) eher an Tieck als an Brecht denken. Brecht betont wohl die Spielhaftigkeit, aber er treibt nicht wie sie ein Spiel mit der Spielhaftigkeit des Bühnenvorgangs. Wenn Pirandello das Entstehen eines Bühnenstücks und das Werden der Dramenfiguren schildert, so läuft die totale Desillusionierung der Bühne hier zugleich auf ein verwirrendes „Spiel mit dem Realitätsbewußtsein"[46] hinaus.

Im 20. Jahrhundert bildet wohl P. Claudels „Seidener Schuh" (1919) den ersten eigenständigen und entscheidenden Versuch einer Illusionsbrechung zu außerästhetischem Zweck. Claudel hebt die poetische Geschlossenheit des dramatischen Vorgangs auf, um den Belangen christlich-katholischer Religiosität stärkere Geltung zu verschaffen.

Die Abkehr von der Illusionsbühne schafft wieder Bedingungen der mittelalterlich-frühneuzeitlichen Simultanbühne. Hier geht Brecht allerdings weniger weit als vor ihm Piscator, der das Prinzip der Simultaneität von Schauplätzen ausgiebig praktiziert. Ebenso verlangt schon ein Stück wie F. Bruckners „Verbrecher" (1928) ausdrücklich ein Nebeneinander von Schauplätzen. In den Parallelszenen englischer—spanischer Hof in „Elisabeth von England", wobei zwei Schauplätze zugleich bespielt werden, geht Bruckner — ähnlich wie fast ein Jahrhundert vorher Nestroy in der Posse „Zu ebener Erde und erster Stock" — auch über mittelalterliche Formen von Anwendung der Simultanbühne hinaus.

Brecht vermeidet den Aufbau mehrerer Spielorte. Projektionen erweitern zwar den Bühnenraum in die Dimension umfassenderer Zusammenhänge und

---

[45] Wie fremd noch dem frühneuzeitlichen Theater die Illusion ist, zeigen Einleitungen zu Dramen des ausgehenden 16. Jahrhunderts, wo — ähnlich wie heute in Th. Wilders „Kleiner Stadt" — Rufe aus dem Publikum und Zwiegespräche zwischen Spielern und Zuschauern vorgesehen sind. Vgl. J. Müller, Das Jesuitendrama in den Ländern deutscher Zunge vom Anfang (1555) bis zum Hochbarock (1665), Augsburg 1930, 2 Bde; Bd. I, S. 25 f.
[46] J. Voigt, Das Spiel im Spiel. Versuch einer Formbestimmung an Beispielen aus dem deutschen, engl. und span. Drama, Diss. (Masch.) Göttingen 1954, S. 168.

sorgen so für eine „Zweiteilung" der Bühne, aber der Bühnenbau kennzeichnet immer nur *einen* szenischen Raum. Dennoch sind die Unterbrechungen der Handlung, bei denen der Ort des Bühnenbilds und die auf ihm vorhandenen Personen vorübergehend unwirksam werden, der Vorstellungsweise jener mittelalterlich-frühneuzeitlichen Spiele verwandt, wo eine Person durch einige Schritte einen räumlich-zeitlichen Sprung andeuten und auch anwesende Personen oder etwaige Dekorationsstücke unwirksam machen kann. Hier wie dort ist nur gegenwärtig, was jeweils in Aktion ist oder zu ihr gehört — alles andere hat als nicht vorhanden zu gelten.

Was die Spielweise im engeren Sinne betrifft, so ist für Brechts Theater eher eine Entsprechung zu den weltlichen als den geistlichen Spielen des Mittelalters anzunehmen. Denn bei den kirchlichen Spielen und dem hier herrschenden religiösen Andachtsgefühl muß dem Zuschauer das Bewußtsein von der Existenz einer schauspielerischen Person weitgehend abhanden kommen. Der Darsteller bedeutet nichts, das von ihm Verkörperte alles. Weniger ausgeprägt dürfte diese Nichtigkeit der schauspielerischen Person schon in den drastisch-komischen Szenen geistlicher Spiele gewesen sein. Sicherlich aber ist bei den weltlichen Spielen der Darsteller mit im Bild geblieben. Der magische Bann religiöser Symbole fehlt hier, der Rollenträger bleibt mit einem Teil seiner Existenz für den Zuschauer immer der Zunftgeselle X oder Y, den man kennt und im Spiel auch durchaus wiedererkennen darf. Dieses Sich-Wiedererkennen und die Übereinkunft, daß alles nur Spiel ist: Teil eines Festes wie etwa der Tanz, wird nicht unwesentlich gewesen sein für die Freude der Spieler wie der Zuschauer. Dabei wird auch der lehrhafte Ton eines Spiels mit Vergnügen vernommen. Bei allem sind Magie und Illusion gleich fern.

Auch der Schauspieler jener weltlichen Spiele zeigt seine Rolle nur vor. Eine häufig vorkommende — wenn wohl auch frühe — Form dieser Spiele, die sog. „Revue"[47], verlangt einzelnes Vor- und Zurücktreten der Figuren bzw. Spieler. Die Darstellung im ganzen muß mehr in erzählender als agierender Haltung vor sich gegangen sein, zumal durch Wendungen zum Publikum immer wieder ein demonstrativer, erklärender oder belehrender Gestus der Darstellung gefordert wird. Der Schauspieler ist weitgehend bloßer Vermittler.

Wenn zu Beginn der Aufführung weltlicher Spiele die Darsteller unter Leitung eines Sprechers (der unter den verschiedensten Bezeichnungen vorkommt) aufziehen und dieser Sprecher nach erster Kontaktaufnahme dem Publikum Titel oder Inhalt des Spiels bekanntgibt, so wird auch bei Brecht gelegentlich ein solcher Aufzug der Spieler dem eigentlichen Stück vorangesetzt. Das Vorspiel zum „Kaukasischen Kreidekreis" zeigt die Darsteller noch als dörfliche Gruppe, die das Stück lediglich einstudiert hat. Im Vorspiel zur Parabel „Die Rundköpfe und die Spitzköpfe" ziehen die Spieler auf und übernehmen ihre Rolle erst auf der Bühne. Im Lehrstück „Die Maßnahme" erscheinen zu Anfang vier Agitatoren, um sich zu rechtfertigen. Dabei spielen sie unter vielfachem Rollenwechsel Begebenheiten ihres Berichts vor.

Es soll nicht vergessen werden, daß sich der Einzug oder Aufzug der Spieler, wie er in den Texten mittelalterlich-weltlicher Spiele festgelegt ist, aus der ein-

---

[47] Vgl. V. Michels, Studien über die ältesten deutschen Fastnachtspiele, Straßburg 1896, S. 104.

fachen Notwendigkeit herleitet, den jeweiligen Raum überhaupt erst einmal als Spielstätte zu kennzeichnen: das Spiel unterbricht meist nur einen schon laufenden festlichen Vorgang, wie auch das Spiel oft mit einer Aufforderung zum Tanz schließt. Dennoch haben Aufzug und Vorstellung der Spieler im Mittelalter und bei Brecht ein gemeinsames Wesensmerkmal. Sie zeigen die Schauspieler zunächst als Menschen, die sich von den Zuschauern nicht eigentlich unterscheiden, die aus dem Publikum-Status nur heraustreten, um hier eine besondere Aufgabe zu übernehmen: nämlich die Darstellung einer Rolle, eines Spiels. Aber was damals aus den Bühnen- und Aufführungsverhältnissen selbst hervorging, muß heute das Theater durch Kunst zu erkennen geben und bewußt machen.

Zu einer publikumgerichteten Spielweise zwingen die Aufführungsbedingungen des gesamten mittelalterlich-frühneuzeitlichen Theaters (und weitgehend noch des Barocktheaters), die eine Trennung der Bühne von den Zuschauern nicht zulassen[48]. Ansprachen ans Publikum finden sich in den Texten bis ins Barock hinein.

Zusammenfassung und Abgrenzung

Es wäre unzulässig, etwa das epische Theater Brechts als eine Wiedererweckung des mittelalterlichen oder frühneuzeitlichen Theaters zu kennzeichnen. Dazu sind die künstlerischen und gesellschaftlichen Bedingungen des heutigen und des frühen Theaters zu verschieden.

Vergleichsmöglichkeiten bieten sich in der Personengestaltung. Die Menschen sind eingebunden in überpersönliche Beziehungsgefüge und nicht in einen tragischen Versuch der Selbstverwirklichung gestellt. Während aber die Personen des vorbarocken Dramas ganz aus ihren religiösen oder ständischen Bezügen zu erfassen sind, entspricht den viel mehr differenzierten Lebens- und Bewußtseinsvorgängen des 20. Jh.s auch eine mehrschichtige Personalität der Figuren Brechts und eine Vielgestaltigkeit der dramatischen Situationen. Das Soziologische ist nicht der ausschließliche, sondern ein vorwaltender Aspekt, nicht schon Sinnganzes, sondern nur Schlüssel zu einer Bestimmung des Menschen[49]. Und immer begegnet bei Brecht „der besondere Mensch", der „schließlich zu mehr passen muß als nur zu dem, was geschieht" (Org. § 65).

Eine deutliche — gleich, ob bewußte oder unbewußte — Wiederanknüpfung an formale Elemente mittelalterlich-frühneuzeitlicher Dramatik liegt vor, wenn Brecht Prologe, Epiloge, handlungsfremde Vorspiele, Zwischenansprachen ans Publikum, Gerichtsszenen oder den Parabeltypus aufnimmt und die Handlung zu keinem organischen Abschluß führt. Aber die primitive Belehrungstendenz

---

[48] Eine publikumbezogene Spielweise hat sich, durch Bewahrung von Traditionen des Barock, vor allem der „tragédie classique", in der Comédie française bis auf den heutigen Tag erhalten. Sie war weitgehend auch für die Aufführungen der deutschen Hoftheater im 19. Jh. noch bestimmend. — Natürlich ist auch das Volkstheater — im Sinne wirklicher Theaterkunst das Wiener Volkstheater Raimunds und Nestroys — einer publikumgerichteten Spielweise verbunden geblieben.

[49] In solcher Einschränkung kann man mit V. Klotz (a.a.O. S. 123) „im ‚Verhör des Lukullus', in ‚Mutter Courage', im ‚Kaukasischen Kreidekreis', im ‚Guten Menschen von Sezuan' das Soziologische als eine Repräsentanz für tiefer liegende Grundbefindlichkeiten im Verhältnis Mensch und Welt" ansehen.

der früheren Formen ist bei Brecht fast immer zu einem abgestuften, teilweise ironisch gebrochenen Lehrmodus verfeinert (die Lehrstücke, die aus unserer Untersuchung ausgeschlossen blieben, nicht gerechnet). Das Drama ist nicht mehr dramatisierter Lehrgehalt, sondern Kunstwerk mit sublimierten Lehrbezügen.

Vollends im Bereich der Bühne und Darstellung werden Unterschiede sichtbar, die eine Übereinstimmung doch entscheidend eingrenzen. Die Darstellung liegt nicht mehr bei Laien, sondern bedarf der Fachleute, der Künstler. Hier wird allerdings der Abstand verringert, wenn wir von der Entwicklung des deutschen Theaters absehen und uns an Berührungspunkte der Spielweise Brechts mit der Commedia dell'arte erinnern. Die Kunst der italienischen Komödianten hatte ihren ersten Höhepunkt bereits im 16. Jh. Aber die italienische Renaissance hat hier mittelalterliche Traditionen zu einer Kunstform umgebildet, die dem Formtypus des mittelalterlich-frühneuzeitlichen Theaters nicht mehr unterzuordnen ist und als die reinste Verwirklichung des Theatralischen, des Schau-Spielmäßigen einer Epocheneinordnung überhaupt widerstrebt. So entzieht sich die Spielweise Brechts in ihrer artistischen Vervollkommnung dem Vergleich mit der dürftigen Technik mittelalterlichen Spielens. Dennoch stehen auch die Entsprechungen zur Commedia dell'arte in einem Zusammenhang mit dem vorbarocken Theater. Sie unterstreichen — trotz späterer Zugeständnisse der italienischen Komödianten an den barocken Bühnenbild-Illusionismus — Gemeinsamkeiten im Bereich der Darstellung: die typisierende, nicht-psychologische Personengestaltung und -verkörperung und den Gegensatz zur neuzeitlichen Illusionsbühne.

3. ZEITGENÖSSISCHE ANALOGIEN

Die aufgezeigten Entsprechungen zum früh- oder gar vorneuzeitlichen Theater wären weniger von Belang, wenn sie innerhalb des zeitgenössischen Bühnenschaffens für Brechts Theater allein zuträfen. Tatsächlich gelten sie aber auch für einen großen Teil der bedeutenden europäischen und amerikanischen Dramatik unserer Zeit, worauf K. Ziegler am Ende seiner Geschichte des deutschen Dramas der Neuzeit[50] hinweist. Mit der dargelegten müssen also auch bestimmte Entsprechungen zwischen Brechts Theater und dem übrigen zeitgenössischen Theater im Zusammenhang stehen[51].

Nun ist es nicht möglich, die gesamte, mehr oder weniger in Frage kommende zeitgenössische Dramatik hier zum Vergleich heranzuziehen. Eine solche ver-

---

[50] A.a.O. S. 1293 ff.

[51] In seinem Aufsatz „Dramatische Stile" (Deutsche Literatur im zwanzigsten Jahrhundert, 23 Darstellungen, hrsg. v. H. Friedmann und O. Mann, Heidelberg 1954, S. 353—380) deutet Otto Mann auf solche gemeinsamen Stilelemente, wenn er zu J. Anouilhs „Antigone" schreibt: „Die Illusion des ganzheitlichen und einschichtigen Bühnenvorgangs wird auch hier häufig zerbrochen zugunsten einer sachlichen und distanzierenden Demonstration eines episch bildhaften Vorgangs. Anouilh schaltet einen Sprecher ein, der die auf der Bühne schon versammelten Personen kennzeichnet, das ihnen bevorstehende Schicksal nennt und das Geschehen laufend kommentiert." (A.a.O. S. 379)

gleichende Betrachtung bedürfte eines weiteren Rahmens; sie muß eingehenden Einzeluntersuchungen überlassen bleiben. Die Analogie soll hier lediglich an zwei instruktiven Beispielen erhärtet werden. Dafür wurden mit je einem Stück zwei Dramatiker gewählt, die in ihrer Dramaturgie die deutlichsten Übereinstimmungen mit Brecht erkennen lassen: Thornton Wilder und Paul Claudel. Auch für ihre Bühnenstücke findet man häufig den Begriff „episches Theater" verwendet. Die Analogie ist um so bemerkenswerter, als die weltanschaulichen Standorte der beiden Dramatiker grundlegend verschieden sind von dem des Marxisten Brecht.

a) *Thornton Wilder*

Im Schauspiel „Unsere kleine Stadt" (Our town)[52], zuerst erschienen 1938, erinnert schon äußerlich der Spielleiter an den Sänger im „Kaukasischen Kreidekreis". Wie dieser tritt er als Erzähler und Regisseur auf, wird aber auch zum tatsächlichen Mitspieler, indem er die Rollen des Drugstore-Inhabers und des Geistlichen übernimmt. — Zur Ordnung weiterer Beobachtungen bieten sich die fünf Kategorien unseres dramaturgischen Teils an.

1. Relativierung der Handlung. Die szenischen Vorgänge werden immer wieder auf das ganz bestimmte Lebens- und Weltbild des Spielleiters und damit auf Anschauungen hinbezogen, die im Handlungsgefüge explizite nicht hervortreten. Der Horizont des Spielleiters und — da dieser mit dem Publikum korrespondiert — des Zuschauers bleibt immer ein anderer als der innerhalb des szenischen Geschehens. Die Handlung hat sowohl musterhaften wie zufälligen Charakter. Es wird das Leben der kleinen Stadt gezeigt, aber in einem Ausschnitt, wie er sich in anderen Familien der Stadt ebensogut oder doch sehr ähnlich auch ergeben könnte. Wir verfolgen (etwa im 1. Akt) den 7. Mai 1901, aber es handelt sich eben nur um „einen Tag in unserer Stadt" (S. 4): die anderen Tage sehen auch nicht viel anders aus. Eine einmalige, unwiederholbar-unverwechselbare Begebenheit rollt hier nicht ab. Die szenischen Vorgänge wie die Handlung insgesamt haben lediglich Modell- oder Gleichniswert. Einige Fälle menschlichen Zusammenlebens mit mehr oder weniger beliebigen Figuren werden aus einer Fülle von Möglichkeiten herausgewählt, an ihnen wird die Lebensalltäglichkeit einer kleinen Stadt demonstriert.

2. Unterbrechung der Handlung. Der Zuschauer kann sich in die Vorgänge und Figuren nicht einfach hineinversetzen, denn das dramatische Geschehen wird immer wieder unterbrochen. Der Spielleiter gibt Kommentare, die auch durch Sachverständigen-Berichte ergänzt werden können. Das Zusammenleben der Menschen, die allgemeinen gesellschaftlichen Bedingungen des Stadtwesens werden genau, z. T. sogar wissenschaftlich erläutert. Freilich kann und soll der Zuschauer nicht alle Deutungen vorbehaltlos übernehmen. Nicht alles ist bare Münze. Eine Ironie kommt manchmal zum Vorschein, die ein Mißtrauen nicht nur gegen die Zwangsläufigkeit der szenischen Vorgänge, sondern auch gegen die Unbedingtheit der belehrenden Anmerkungen wachruft. Der Zuschauer bekommt nicht einfach Meinungen oder absolute Maßstäbe aufgezwungen, er hat sie sich selbst zu bilden.

---

[52] Bei S. Fischer, Frankfurt a. M. 1953, in der Übersetzung von Hans Sahl.

3. Distanzierung der Handlung. Alle dramaturgischen Mittel, den Zuschauer ins richtige Verhältnis zum Drama und — im engeren Sinne — zur Handlung zu setzen, sind letztlich verbunden mit der Aufgabe und Tätigkeit des Spielleiters. Er ist es, der dem Publikum die Begebenheiten präsentiert, der die Figuren herbeiholt und einsetzt. Als unmittelbarer Partner des Publikums hat er seinen Platz vorwiegend an einem Proszeniumspfeiler oder in der Mitte der Rampe. Er ist der — von wenigen Ausnahmen abgesehen — große Unbeteiligte, der nur das Spiel auf der Bühne dirigiert. Ohne seinen Willen geschieht nichts. Von vornherein auch den Ausgang der Handlung wissend, verfügt er über das gesamte dramatische Geschehen. Er geht, von keinerlei Rücksichten gegen die Bedingungen der dramatisch-ästhetischen Wirklichkeit gehindert, auf der Bühne hin und her, ordnet an und unterbricht nach Belieben. Er schaltet mit den Szenen unabhängig von ihrer zeitlichen Kontinuität; die Szenen können ebensogut vertauscht werden. Verschiedene Zeitdimensionen überschneiden sich. Und obwohl die Gestalt des Spielleiters (Erzählers) ebenso wie die „szenische Erzählung" eine dichterische Fiktion ist, bleibt ein ständiger Widerspruch unaufgelöst. Einerseits sind die szenischen Vorgänge „leibhaftige" Gegenwart, sind da (wenn auch nur mit einem minderen Grad von Realität, weil außer den Menschen fast alles nur imaginär vorhanden ist und also vom Zuschauer hinzugedacht werden muß). Andererseits aber wird diese greifbare Wirklichkeit vom Spielleiter immer wieder der Vergangenheit zugewiesen, ihres Gegenwärtigkeits-Charakters beraubt.

4. Entschlüsselung der Handlung. Ist die Handlung nur ein Modellfall, ein Gleichnis für das alltägliche, einfache Leben einer Stadt, so hat sie doch auch einen genaueren Bezug, der schon im Titel des Stückes angekündigt wird. Dieser Titel lautet: „Our town", *unsere* Stadt — und gibt zu verstehen, daß es hier sehr wohl auch um die Stadt der Aufführung und des Publikums geht. Außerdem wird durch Anfragen, die aus dem Zuschauerraum selbst kommen (S. 17 f.), eine Zuständigkeit, eine Art demokratischer Mitverantwortlichkeit des Publikums betont. Schließlich bedeutet der Spielleiter gelegentlich dem Publikum, daß die szenischen Vorgänge nichts wesentlich anderes sind als das, was der Zuschauer in seinem eigenen Leben ja kennt bzw. bemerken sollte[53]: „Und jetzt werde ich Ihnen einiges sagen, das Sie wahrscheinlich schon wissen. Aber ... Sie beschäftigen sich nicht oft damit" (S. 55), oder „Sie wissen, wie's ist" (S. 41) und „wie Ihnen selbst damals zumute war ... Bitte, vergessen Sie das nicht" (S. 41). Das Gleichnis steht also für den „Circulus vitiosus" (S. 33) des Lebens nicht nur in Grover's Corners, sondern in jeder beliebigen Stadt. Es wird auf das Dasein des Zuschauers selbst entschlüsselt, der Zuschauer wird also mit seiner eigenen, im ganzen doch unscheinbaren und ruhmlosen Lebenswirklichkeit konfrontiert.

---

[53] Hier werden trotz aller Gegensätze in der Technik z. T. auch naturalistische Grundsätze weitergeführt. Vgl. W. Kayser, Zur Dramaturgie des naturalistischen Dramas = urspr.: Monatshefte (Madison, Wisconsin/USA), Vol. XLVIII, Nr. 4, April-Mai 1956, jetzt in: Die Vortragsreise. Studien zur Literatur, Bern 1958, S. 214—231. „Wir empfinden das amerikanische Drama als eine Fortsetzung der aus dem Stoff der Umwelt gebildeten Dramatik Ibsens, Tolstois, Gerhart Hauptmanns und der Max Halbe, Sudermann, Dreyer und wie sie alle heißen, — kurz: des sogenannten naturalistischen Dramas." (S. 214)

5. *Fortsetzbarkeit der Handlung*[54]. Wenn es letztlich die eigene Realität ist, die dem Zuschauer an einem Modell demonstriert wird, so kann die Handlung nicht das festumrissene Ende eines einmaligen, nunmehr abgeschlossenen und unabänderbaren Geschehens oder Vorgangs haben. Denn das Publikum tritt ja beim Verlassen des Theaters durchaus wieder in seine Lebenswirklichkeit hinaus. Es muß also über den Schluß des Spiels hinaus noch die Möglichkeit bleiben, die Vorgänge zumindest denkend weiterzuführen. Es darf gewissermaßen das letzte Wort noch nicht gesprochen sein. Andererseits muß die Handlung als Modell des Lebens wiederum doch eine eindeutige Begrenzung haben, denn jedes Leben endet einmal unwiderruflich mit dem Tod. Da das menschliche Leben mit seinen verschiedenen Stadien den Aufbau des Dramas bestimmt: die drei Akte sind bezeichnet durch Emily Webbs Jugend, Ehe und Kindbett-Tod, so müßte von daher gesehen die Handlung auch ein abgerundetes, in sich geschlossenes Gefüge sein. Trotzdem besteht ein Widerspruch nur scheinbar. Denn es geht hier keineswegs nur um den Fall des Emily Webbschen Lebensschicksals (es wäre auch nicht bedeutend genug). Nicht *ein* Mensch ist hier Hauptperson, sondern ein gesellschaftlicher Verband (von Familien, ja, einer Stadt) — und das Leben dieses Verbandes, „unserer Stadt", ist im konkreten Sinne ohne Anfang und ohne Ende. Deshalb hat das Stück keinen rechten Beginn, keine „Exposition". Es blendet an einem beliebigen Tag in dieses gesellschaftliche Leben ein, orientiert sich an gewissen Fakten eines einzelmenschlichen Lebens (ohne sich an die zeitliche Kontinuität dieser Fakten zu halten) und blendet wieder aus, nachdem es an Hand einer einzelnen die Lebensführung der übrigen ausgemessen hat. Aber das Leben des gesellschaftlichen Verbandes hört damit nicht auf: „Unten auf dem Bahnhof hat Shorty Hawkins soeben den Zug nach Albany passieren lassen" (S. 70), berichtet der Spielleiter am Ende. Es kann nicht nur, es muß fortgesetzt werden. Auch das Publikum hat sein Leben weiterzuführen, und es nimmt aus der Schlußszene als Frage und als Herausforderung jene letzten Worte der Toten mit, die eigentlich ihm gelten (von den Lebenden in Grover's Corners werden sie nicht gehört): „Nicht wahr, sie verstehen nicht?" —„Nein, Liebes, nicht sehr viel" (S. 69). Da bleiben noch Entscheidungen zu treffen, da will in mancher Hinsicht noch das Leben in anderer Weise ergriffen werden als bisher.

*

Diese Analyse mag wie eine nachträgliche Demonstration der Dramaturgie Brechts wirken. Die gesetzmäßigen Übereinstimmungen sind auffallend. Sie zeigen, daß die konsequente Absage an die Illusionsbühne auch von einem Theater geteilt wird, das in seiner Zielsetzung so ganz anders ist als das Brechtsche, ja in einem gewissen Gegensatz zu ihm steht. Die offene Dramaturgie ist hier wie dort bestimmend, ohne daß die Intentionen in Hinsicht auf das Publikum die gleichen wären. Die unterschiedlichen Erwartungen beider Autoren lassen sich schon äußerlich aus dem Epilog zum „Guten Menschen von Sezuan" und den Schlußworten des Spielleiters bei Wilder ablesen. Bei Brecht heißt es

---

[54] Offenkundiger als hier ist das Moment einer Fortsetzbarkeit der Handlung bei Wilders Schauspiel „Wir sind noch einmal davongekommen", wo zum Schluß Sabina vor die Rampe tritt und erklärt, daß die Spieler noch ewig weiterspielen müßten und daß der Schluß des Stückes noch nicht geschrieben sei.

u. a.: „Der einzige Ausweg wär aus diesem Ungemach: Sie selber dächten auf der Stelle nach" und „Verehrtes Publikum, los, such dir selbst den Schluß!" Wilders Spielleiter sagt: „Es ist elf Uhr in Grover's Corners. — Sie müssen sich jetzt auch ausruhen. Gute Nacht" (S. 70).

Natürlich hat diese Bemerkung nur bedingt Vergleichswert. Aber die gemütlich-beruhigende Aufforderung des Spielleiters entspricht doch im ganzen der weitaus geringeren Intensität, mit der Wilder auf die Gesellschaft, vertreten durch die Gesellschaft im Zuschauerraum, einwirken will. Ja, die bestehende gesellschaftliche Ordnung wird von ihm überhaupt nicht angetastet. Auf eine Anfrage aus dem Publikum, ob denn niemand in der Stadt „gegen soziale Ungerechtigkeit und wirtschaftliche Ausbeutung ist", antwortet der Redakteur und Sachverständige: „O ja, gewiß, alle sind dagegen — das ist etwas Schreckliches. 's scheint, sie hätten den ganzen Tag nichts anderes zu tun, als sich darüber zu unterhalten, wer arm ist und wer reich" (S. 18). Wilders konservative Grundeinstellung, ausgesprochen durch den Spielleiter, hat nichts gemein mit der aggressiven Haltung Brechts, der die Gesellschaft durchgreifend ändern will. Wilder lehrt den Menschen das Leben, wie es sich bietet, besser verstehen und würdigen: „Man muß das Leben lieben, um es zu leben, und man muß das Leben leben, um es zu lieben" (S. 33). Und er stellt das Leben des Einzelnen, das Leben des gesellschaftlichen Verbandes der Stadt Grover's Corners und das Leben des Publikums vor den Hintergrund einer fünftausendjährigen Menschheitsgeschichte und der Ewigkeit. Babylon, die klassische Antike, Shakespeare und der Lindbergh-Flug werden beschworen (S. 22 f.) und „etwas, das ewig ist. Und ... das ist nicht die Erde, und das sind nicht einmal die Sterne ... ein jeder spürt es in seinen Knochen" (S. 55).

Also im ganzen ein traditionell, metaphysisch und auch christlich gebundener Humanismus, der dem revolutionären, auf durchgreifende gesellschaftliche Veränderungen gerichteten Humanismus Brechts sehr fern steht. Dort eine relativ quietistische, hier eine provokatorische Intention gegenüber Publikum und Gesellschaft. Und doch sind beide in der Anwendung gleicher dramaturgischer Mittel miteinander verbunden [55].

Diese Übereinstimmung über weltanschauliche oder glaubensmäßige Trennungen hinweg ist jetzt am 2. Beispiel weiterzuverfolgen.

b) Paul Claudel

Auf Wunsch von Max Reinhardt schrieb Paul Claudel 1927 die Oper „Christoph Columbus" (Musik: Darius Milhaud), deren Uraufführung 1930 in der Berliner Staatsoper erfolgte. Diese Oper arbeitete Claudel später zum Schauspiel „Das Buch von Christoph Columbus" (Le Livre de Christophe Colomb) um, das 1953 bei den Festspielen in Bordeaux unter der Regie von Jean Louis

---

[55] Die Frage nach der Priorität ist müßig. Dennoch sei hier aus einem Aufsatz des Schweizer Dramatikers Max Frisch zitiert, der zeigt, „was wir Brecht an Stil-Versuchen verdanken, an Stil-Eroberungen. Man lese die ‚Maßnahme': ein Lehrstück kommunistischer Partei-Doktrin, nachgerade bekannt; aber was bleibt: das Grundmuster des modernen Theaters. Thorton Wilder gilt ja als Revolutionär, vor diesem literarischen Dokument enthüllt sich seine glorreiche Nachahmung." (Zeitungsaufsatz, „Brecht als Klassiker", Weltwoche, Zürich, 1.7.1955.)

Barrault uraufgeführt wurde. Die deutsche Erstaufführung fand 1954 im Berliner Schiller-Theater statt[56]. Unser Deutungsversuch bezieht sich auf dieses Schauspiel „Das Buch von Christoph Columbus"[57], zu dem D. Milhaud eine neue Musik schrieb.

Auch hier wird dem Publikum das szenische Geschehen über die Gestalt eines Erzählers, über den „Ansager" vermittelt. Sein Platz ist an einem Pult, das in der Berliner Inszenierung auf einer Vorbühne in der Nähe der ersten Parkettreihen aufgebaut war; auf dem Pult liegt ein Buch mit der Geschichte des Amerikaentdeckers.

Erst das 4. Bild führt Columbus selbst ein, und zwar als alten Mann auf seinem Sterbelager in einer ärmlichen Herberge in Valladolid. In der nächsten Szene wird Columbus auf die Vorderbühne, auf einen Platz neben dem Ansager zitiert, von wo aus er bis gegen Ende des Stückes sein „eigenes Leben", seine „Geschichte" (S. 652) betrachtet. Auf der Bühne agiert währenddessen ein zweiter Columbus. Der Columbus der Vorderbühne, in der 5. und 6. Szene vor das Gericht der Nachwelt gestellt, bleibt dem Columbus der Handlung gegenübergesetzt.

Auch an diesem Stück sollen zunächst noch einmal die Gesetze einer offenen Dramaturgie bestätigt werden:

1. Ansager und Chor (Verteidiger und Gegenspieler des Columbus sind Mitglieder des Chors) relativieren die Handlung immer wieder auf das Bewußtsein der Nachwelt. Die Bühne als Raum des szenischen Geschehens wird auf die Vorbühne als Ort der kritisierenden Gegenwart bezogen. Aber zugleich erhält diese Relativierung noch eine andere Instanz. An den Anfang ist ein Gebet gestellt, nicht ein handlungseigenes, sondern ein den gesamten Handlungskomplex mit einschließendes Gebet. Es macht deutlich, daß dieses Bühnenspiel keinen vollen Eigenwert besitzt, sondern einem christlich-sakralen Vorgang untergeordnet wird. Auch für die Personalität der dramatischen Figuren ist diese Zuordnung bestimmend. Und der Ansager ist letztlich — trotz aller ironischen Brechungen im Rahmen seiner „Spielmacher"-Funktion — nichts anderes als ein Priester, der an der Geschichte dessen, der Amerika zu entdecken berufen war, dem Publikum aller Menschen „Berufung für die andere Welt" demonstrieren will, der das zeitliche Leben des Columbus wie des Publikums auf das Leben „in der Ewigkeit" projiziert. Das Handlungsgeschehen ist nur Gleichnis eines heilsgeschichtlichen Vorgangs. Die Taube, als Symbol für den Geist Gottes, erscheint nach der 3. Szene, der Szene vom Anfang der Schöpfungsgeschichte, durch das ganze Stück hindurch.

2. Damit die Handlung mit ihren Spannungsmomenten nie Selbständigkeit gewinnt, unterbricht man sie immer wieder. Einmal, um den Spiel-Charakter des bühnischen Geschehens zu betonen: wie zu Anfang die Spieler in der Art einer „Prozession" aufziehen, so schalten sich auch nachher die Choristen mit rein technischen Fragen und Protesten ein. Zum anderen, um das Publikum, über Rede und Gegenrede auf der Vorbühne, zu kritischen Einwänden oder

---

[56] Vgl. hierzu Programmheft des Schiller-Theaters, Heft 40, 1954/55.
[57] Zitiert nach: P. Claudel, Gesammelte Werke, Band III (Dramen II. Teil), Heidelberg/Einsiedeln/Zürich/Köln (1958), S. 645—703 (deutsche Übertragung von E. M. Landau).

zustimmenden Gedanken anzuregen: um der „Diskussion" Raum zu geben. Schließlich dient die Unterbrechung der Handlung dazu, dem Publikum den „eigentlichen", transzendenten Vorgang immer wieder bewußt zu machen.

3. Das Prinzip einer Distanzierung der Handlung wird am sinnfälligsten in dem doppelten Vorhandensein des Columbus. Dieser künstlerische Vorwurf des sich selbst zuschauenden Spielers mutet wie eine dramatisch-figurenhafte Konkretion des Brechtschen Verfremdungseffekts an. Jedenfalls wird hier der Columbus der Nachwelt, der Columbus in der Vorstellung des Publikums, mit dem Columbus der Handlung konfrontiert. Indem der eine in der Nähe des Publikums sitzt, wird zum anderen jene Distanz geschaffen, die ihn der nur ästhetisch-empfangenden Hingabe des Publikums entzieht. Der in Handlungsraum und -zeit stehende Columbus ist nur über den auf einer „neutralisierten" Raum-Zeit-Ebene stehenden Columbus zu erreichen. In jeder Hinsicht wird die Columbus-Handlung distanziert, besser: degradiert. Sie nimmt schon umfangmäßig nur einen sehr beschränkten Teil des Stückes ein, sie kommt überhaupt zu keiner rechten Entfaltung. Die Vorbühne und das Prinzip einer ständigen Relativierung beschneiden sie aufs äußerste. Trotzdem ist hier ein Widerspruch nicht zu übersehen. Die Handlung wird andererseits reichlich mit Schaubarem, mit sinnenfesselnder Pracht ausgestattet. Auch die dauernde Überblendung durch Filmprojektionen wirkt in diesem Sinne. Das Relativierende löst sich ins Wunderbare auf und ergreift auch das Relativierte, die Handlung, sie zugleich überwuchernd[58]. Die Distanzierung wird wieder aufgehoben. Das Schauspiel wird zum Mirakel.

4. Bevor sich der Columbus der Handlung wieder mit dem der Vorbühne vereinigt, ruft er von seinem Sterbelager aus diesem zu: „Christoph Columbus, warum hast du mich verlassen?" (S. 696). Die Übereinstimmung mit den verzweiflungsvollen Worten des gekreuzigten Christus ist nicht zu überhören. Sie wird um so bedeutungsvoller, als der Columbus der Vorbühne nicht nur der „Nachwelt" zugehört, sondern zugleich als Verkörperung des göttlichen Auftrags an Columbus zu betrachten ist (in der Szene der Matrosen-Meuterei wies der Admiral Columbus zur Vorbühne: „Er ist es, der mir keine Ruhe ließ, der mich bis hierher schleppte!" S. 677). Der verzweifelte Ruf des sterbenden Columbus entschlüsselt also die Geschichte des Amerika-Entdeckers als einen Bestandteil der christlichen Heils-Geschichte, derzufolge die Erlösung der Menschheit an die Bedingung des Leidens geknüpft ist. Mit derselben Notwendigkeit des Leidens rechtfertigt auch „der Erneuerer der Sklaverei" (S. 689), Columbus selbst, die „schrecklichen Repressalien" (S. 679) der Eroberer. Die Übel dieser Welt sind letztlich als von Gott verhängte Prüfungen hinzunehmen. „Die Welt der Finsternis zu entreißen", bedeutet nicht, „sie dem Leiden zu entreißen" (S. 689). „Recht" und „Unrecht" sind bezogen auf die christliche Heilsordnung, für die oder gegen die sich der Zuschauer zu entscheiden hat, will er über Columbus richten. In vielen Fällen wird wie hier — vor allem durch den Ansager, durch den Verteidiger und Gegenspieler, aber auch durch die dramatischen Figuren selbst — das Handlungsgeschehen auf christliche Glaubensaxiome entschlüsselt.

---

[58] Die Berliner Aufführung bestätigte diesen Eindruck. Das Schauspiel glich manchmal einer verwirrenden, bunt zusammengesetzten Revue.

5. Der Teil-Charakter der dramatischen Handlung wird schon dadurch deutlich bezeichnet, daß sie erst in der 4. Szene beginnt und in den letzten beiden Szenen des Stückes bereits in einen mysteriösen Vorgang übertragen ist. Wenn die Handlung selbst mit derselben Szene beginnt (I, 4) und aufhört (II, 6), so ist sie deshalb nicht im Sinne eines Organismus in sich gerundet und abgeschlossen. Im Gegenteil: sie hat eigentlich keinen Anfang und kein Ende und ist aus sich heraus nicht lebensfähig. „Nein, nein! Es kommt noch eine Szene", ruft jemand, der hinter dem Vorhang hervortritt, nachdem der Ansager das Ende der Columbus-Geschichte verkündet hat. Die Handlung ist also fortsetzbar. Sie kann es sein, weil sie nur „Vorwand", nur Anstoß ist für jene andere, sakrale „Handlung": „Denn nicht er allein", d. h. Columbus, „sondern alle Menschen tragen die Berufung für die andere Welt in sich und für das jenseitige Ufer. Möge es Gott in seiner Gnade gefallen, daß wir dort hingelangen", betet der Ansager zu Beginn vor dem Publikum. Diese „Handlungslinie", zwischendurch immer wieder auftauchend, wird in den letzten beiden Bildern entschlossen und total wieder aufgenommen. Die Columbus-Handlung öffnet sich in die Welt christlicher Glaubensgeheimnisse. Die Pforten des ewigen Lebens, der Gemeinschaft der Heiligen oder wie immer man jenes letzte christliche Mysterium benennen will, „haben sich aufgetan", und der Ansager ruft dem Publikum zu: „Wir sind angelangt" (S. 702). Auf der Leinwand erscheint das Bild des Hl. Jakobs, und „flimmernd erkennt man das Bild der Jungfrau mit dem Kind im Arme" (S. 702). Das Licht nimmt zu, man sieht, wie sich eine Taube von der Erdkugel loslöst und davonfliegt, und „auf dem Hintergrund erkennt man Knie und Brust eines gigantischen Pontifex, in Gold gehüllt, mit Stola und Chasubel" (S. 703). Der Chor schließt mit einem dreifachen, triumphierenden Alleluja. Der theatralische Vorgang ist umgemünzt in einen Vorgang, den das Theater nicht mehr fassen kann. Symbolisch erreicht ist der Punkt, der für den gläubigen Christen bedeutet: angelangt sein im nie aufhörenden Vorgang der göttlichen Gnade.

*

Die Affinität zu mittelalterlich-frühneuzeitlichen geistlichen Spielen ist offenbar, bei allen dramaturgisch-technischen Differenzierungen des Stückes. Tatsächlich knüpft Claudel auch in den Bezeichnungen mancher seiner Stücke bewußt an jene Tradition an: „Die Geschichte von Tobias und Sara" (L'histoire de Tobie et Sara) ist ein geistliches Spiel in 3 Akten, „Mariä Verkündigung" (L'Annonce faite à Marie) ein geistliches Stück in 4 Akten und einem Prolog.

Die Übereinstimmung dramaturgischer Gesetzmäßigkeiten bei Claudel und Brecht rückt das Claudelsche Schauspiel aber noch unter einen besonderen Aspekt. Die Gemeinsamkeit einer gebundenen Ästhetik und der offenen Dramaturgie verbirgt ja nicht den tiefen Gegensatz, der durch die verschiedenartige Relativierung des Dramas Claudel von Brecht trennt. Dieser Gegensatz ist derart exemplarisch, daß Claudel und Brecht als die beiden Pole des Theaters der letzten Jahrzehnte anzusehen sind [59]. Einer Entpersönlichung der Figuren bei Claudel und Brecht liegen doch zwei entgegengesetzte Entwürfe menschlichen

---

[59] a) Ich verweise in diesem Zusammenhang auf meine beiden Aufsätze „Brecht und sein Publikum" (Frankfurter Hefte, 9. Jg., Heft 12, Dezember 1954, S. 938—940) und „Das Drama am Scheideweg? Claudel und Brecht. Zur Situation der dramatischen

Seins zugrunde. Während der Mensch bei Claudel vor allem Wirklichkeit hat durch Bezüge, die von Gott her und zu Gott hin bestehen, ist der Mensch bei Brecht vor allem existent in seinen zwischenmenschlichen Beziehungen und Verhaltensweisen. Theozentrische und soziozentrische Weltdeutung stehen einander gegenüber. Dabei wird deutlich, wie sehr Claudel mittelalterliche Vorstellungsgehalte für das moderne Bewußtsein wiederzugewinnen sucht — während umgekehrt Brecht durch die Ausklammerung des Transzendenten einen unendlichen Abstand zur mittelalterlichen Welt herstellt und die neuzeitliche Linie einer innerweltlich bestimmten Problemgestaltung konsequent weiterführt.

Darüber kann nicht hinwegtäuschen, daß Brecht wiederholt Themen übernommen hat, die der christlichen Überlieferung entstammen, daß er Fragen aufwirft, „die den Christen wirklich angehen"[60] — etwa im „Guten Menschen" die Frage, wie Nächsten- und Selbstliebe zugleich möglich seien. Immer sind die Antworten bei Brecht — von der „Heiligen Johanna der Schlachthöfe" bis zum „Guten Menschen" — auf das Handeln im zwischenmenschlichen Bereich verwiesen, nicht aber in Richtung auf eine göttliche Instanz. Grusche, die Pflegemutter des „hohen Kindes" im „Kaukasischen Kreidekreis", wurzelt im christlichen Glauben; u. a. auch aus christlichem Antrieb rettet sie das Kind. Doch das Religiöse ist in dieser Geschichte aus „alter Zeit" als eine tatsächliche Größe in den Lebenszusammenhängen erfaßt, nicht als Sinngebung gedacht. Religiosität und Christentum werden von Brecht wohl als historisch und real wirksame Kräfte erkannt, aber immer in ihrer gesellschaftlichen Verbindlichkeit gewertet.

Umgekehrt übernimmt ebenso Claudel in seine Konzeption Fragen der Wirtschaft, Fragen nach der gesellschaftlichen Seinsweise des Menschen. Zu dem göttlichen Auftrag, aus dem heraus Columbus nach Westen fährt, kommen bald die sehr materiellen Aufträge, dem spanischen Reich neue Quellen des Reichtums zu erschließen. Und die Enttäuschungen sind groß. „Warum? Die neuentdeckten Länder brachten kein Gold" (S. 679). „Um diese ungesunde Erde zu bebauen, mußte man erneut die Sklaverei einführen"(S. 679 f.). Weil Columbus „mit irgend

---

Dichtung" (Dt. Universitätszeitung, Göttingen, 10. Jg., Nr. 7/8, 18. 4. 1955, S. 18—20). In beiden Aufsätzen sind einige der folgenden Gedanken schon angedeutet. —

b) Da es hier um einige bestimmte Aspekte des Claudelschen Werkes geht, muß der an sich notwendige Vergleich mit Calderon einer besonderen Untersuchung überlassen bleiben.

[60] K. Thieme, a.a.O., S. 413.

Über „sprachliche Figuren aus dem biblischen Umkreis" bei Brecht vgl. V. Klotz, a.a.O., S. 93—96, zu den „Passionsbezügen" im Werke Brechts A. Schöne, a.a.O., S. 291 bis 295. Schöne sieht von der Aufnahme jener Worte, Bilder und Szenen her, die in der Bibel vorgeprägt sind, einen Zuwachs an Wirkungsgewalt und Überzeugungskraft, „welche die Distanzhaltung des rauchend beobachtenden Zuschauers überwinden". Um die Figur des Richters Azdak im „Kaukasischen Kreidekreis" beispielsweise legen sprachliche Assoziationen „die Aura einer messianischen Gestalt", so daß sie „die Gültigkeit des Exemplarischen" gewinnt, „die von keiner Verfremdung mehr abgefangen werden kann" (S. 295). — In solcher Entschiedenheit läßt sich diese These, wenn man von den Wirkungsvoraussetzungen der Aufführung ausgeht, nicht immer bestätigen. Beim Azdak etwa veranschlagt Schöne die verfremdende Wirkung der niederen Züge in dieser Figur zu gering. Dem grusinischen Richter fehlt jegliche Spur des Erhabenen — jenes auch im Leiden gewahrten Adels, der gerade durch die Bibel unabdingbar zum Bild des Heilsbringers gehört.

etwas" seine „habgierigen Gläubiger bezahlen" mußte, versuchte er, Indianer „in Sevilla als Sklaven zu verkaufen" — er hat „mit Menschenseelen bezahlt" (S. 689). Man sieht, Claudel spricht hier wichtige gesellschaftliche Fragen an. Nur sucht er sie im Sinne der Theodizee zu beantworten. Und wie man bei Brecht von einer „negativen Christologie"[61] gesprochen hat, so könnte man bei Claudel von einer „negativen Soziologie" sprechen.

Jedenfalls verrät die christliche Konzeption Claudels eine Anlehnung an die Erwerbs- und Eigentumsprinzipien der bürgerlichen Gesellschaft, die ihn auch in einen politischen Gegensatz zu Brecht stellt. Das macht Claudel und Brecht zu zwei Exponenten jener großen, fast alle Bereiche menschlichen Lebens umgreifenden Grundspannung unserer Epoche: zwischen christlich-bürgerlichem und sozialistischem Prinzip.

Nun ist schon angedeutet worden, daß sich ein ausgeprägter Antagonismus auch im frühneuzeitlichen Drama abzeichnet, wo sich das Theater in den Dienst konfessioneller Kämpfe stellt und erkennbar in ein protestantisches und ein gegenreformatorisches Theater teilt. Dabei werden die Bestrebungen des katholischen Dramas nach der Gründung des Jesuitenordens (1534) vor allem vom Jesuitentheater getragen. Natürlich kann jene konfessionelle Spaltung mit dem Grundgegensatz unserer Epoche nur bedingt verglichen werden: schließlich blieb eine gewisse Einheit doch gewahrt durch den gemeinsamen christlichen Gott und Erlöser. Dennoch ist unter dem Blickwinkel der jeweiligen Zeit der Gegensatz so einschneidend, daß eine Analogie zwingend wird.

Es erscheint also auch aus der Affinität der geschichtlichen Situation berechtigt, vom Gegensatzpaar Brecht-Claudel Bezüge zum streitbaren Theater des 16. und noch des 17. Jh.s herzustellen. Und tatsächlich ergeben sich Parallelen, die unsere Beobachtungen zu den Gemeinsamkeiten des Brechtschen und des frühneuzeitlichen Theaters noch einmal stützen.

Wenn in den Merkmalen des parabolischen Stils und der nüchternen Aggressivität eine Verwandtschaft des Brechtschen Theaters zum Reformationstheater festgestellt wurde, so lassen sich ebensowohl Übereinstimmungen des Claudelschen mit dem gegenreformatorischen, vor allem dem Jesuitentheater belegen. Auch das frühe Jesuitendrama übernimmt neben der allgemeinen christlich-erzieherischen die weitere Aufgabe, die „der Mutter Kirche schon entfremdeten Einwohner"[62] aufzurütteln. Wenn dabei zu dem geistlichen Spiel eine rationalistischere Form szenischer Darbietungen, der apologetisch-polemische „Dialog" tritt, so zeigt etwa der „Columbus" Claudels eine Vereinigung von entsprechenden Elementen beider Formen. Sieht man die Entwicklung des Jesuitentheaters im ganzen, werden die Analogien noch deutlicher. Hier wie dort nähert sich das Drama dem Oratorium, wenn nicht gar der Oper. Chöre, Tänze (bei Claudel im 6. und 8. Bild, I. Teil, und im 7. Bild, II. Teil) und ein wesentlicher Anteil der Instrumentalmusik sind nicht fortzudenken. Szenisch-ausstattungsmäßiger Reichtum und technische Effekte befriedigen hier wie dort die Schaulust des Publikums. Die Massenwirkungen des Jesuitentheaters weiß auch Claudel hervorzurufen: etwa in der Prozession zu Anfang des Stückes oder in der

---

[61] W. Dirks, a.a.O., S. 66.
[62] W. Flemming, Geschichte des Jesuitentheaters in den Landen deutscher Zunge, Schr. d. Ges. f. Theatergesch. Bd. 32, Berlin 1923, S. 3.

Hafenszene, wo immer neue Gruppen hervortreten. Alles in allem enthält das Claudelsche Schauspiel ebenso wie das Jesuitendrama sehr viele spezifisch barocke Elemente (was auch Max Reinhardt als den kongenialen Regisseur der Urfassung des „Columbus" erscheinen läßt). Aber der Aufwand von Wunderbarem und von Magie kann niemals einen gleichzeitig lehrhaft-pädagogischen Charakter des Theaters verdecken.

Es versteht sich, daß auch hier Analogien nur skizziert werden konnten. Immerhin geben sie dem Verhältnis Claudel-Brecht schärfere Umrisse. Die polaren Möglichkeiten eines „kämpferischen" Theaters tragen dort, wo sie aus einer äußerst antagonistisch gefügten geschichtlichen Situation heraus ergriffen werden, bestimmte und wiederkehrende Züge zweier verschiedener erzieherischer Methoden. So strebt das katholisch-jesuitische Theater durch einen apologetischen und glorifizierenden Charakter zur Einschmelzung aller erreichbaren Künste, zur Befriedigung der Schau- und Sinnenfreude, zu dekorativer Prachtentfaltung, zu Verzauberung und Massenwirkung. Dagegen sticht das Reformationstheater durch seine aggressive und die neue Lehre exemplifizierende, asketisch-nüchterne und kanzelhafte Prägung ab. So führt das Motiv der christlich-katholischen Theodizee bei Claudel zu oratorienhafter Einkleidung des Dramas und zum Einbruch von Magie und mysteriösen Erleuchtungen, während eine sozialkritische Absicht bei Brecht zu einer dramatischen Form exemplarischen Zeigens, zu spröder Schönheit und absoluter Einsichtigkeit der Bühnenvorgänge strebt. Einem verklärenden steht ein benennender Stil gegenüber.

*

Ein zusammenfassender Rückblick ergibt, daß sich die beträchtlichen glaubensmäßigen bzw. weltanschaulichen Unterschiede, wie sie zwischen Wilder und Brecht bestehen, bei Claudel und Brecht zu scharfen Gegensätzen erweitern. Dennoch folgen — bei aller Variationsbreite — die drei Dramatiker gleichen dramaturgischen Grundsätzen, jenen Gesetzen, die an vier Stücken, aber auch aus den theoretischen Schriften (vor allem dem „Kleinen Organon") Brechts entwickelt wurden. Damit erweisen sich Begriff und Kategorien der „offenen Dramaturgie" als gültig für die Dramatik einer bedeutsamen Entwicklungslinie des Theaters der letzten Jahrzehnte.

Schlußteil

FORMANTRIEBE DES „EPISCHEN THEATERS"

1. DAS DIALEKTISCHE VERHÄLTNIS VON THEATER UND FILM

Um die Jahrhundertwende entstand eine neue Kunstform, die sehr schnell in ein Rivalitätsverhältnis gerade zum Theater rückte: der Film[1]. Aus dem Theater hervorgegangen oder zumindest anfangs — als „photographiertes Theater" — sich eng daran anlehnend, hat der Film bald seine eigenen Gesetze entwickelt. So haben wir heute neben der eigentlichen Dramaturgie (nämlich des Theaters) eine andere: die Filmdramaturgie[2]. Zweifellos besteht trotz der Verselbständigung des Films gegenüber dem Theater ein Wechselverhältnis zwischen beiden, das sich aus den mancherlei Berührungspunkten beider Kunstformen ergibt. Deshalb kann eine Untersuchung zur offenen Dramaturgie nicht abschließen, ohne zu fragen, wie weit etwa künstlerische Ausdrucksmittel und -formen des Films auf das Theater gewirkt haben können: als Anregungen zur Entwicklung neuer, zwar theatereigener, aber dem Film entsprechender Formen. Die Frage lautet also: Welche dem Film eigentümlichen Strukturzüge könnten als Formmotive auf die Herausbildung einer offenen Dramaturgie Einfluß gehabt haben?

Um Mißverständnisse auszuschalten — die Frage meint nicht jenes Phänomen, daß Filmstreifen in die Bühnenhandlung eingeblendet werden (das sind äußerliche und z. T. fragwürdige Beziehungen des Films zum modernen Theater). Vielmehr ist ein Einfluß des Films von daher anzunehmen, daß durch den Film eine neue Art des Sehens, eine Erweiterung selbstverständlicher Erwartungen des Publikums geschaffen und so dem Theater eine neue Freiheit in der Wahl von Ausdrucksmitteln gegeben worden ist.

---

[1] Von den zahlreichen Veröffentlichungen über den Film kann als das beste theoretische Werk gelten: B. Balázs, Der Film, Werden und Wesen einer neuen Kunst, Wien 1949. — F. Stepun, Theater und Film, München 1953, gibt für das vorliegende Problem, obwohl es der Titel vermuten ließe, keine wesentlichen Anregungen. — Immer noch beachtenswert R. Arnheim, Film als Kunst, Berlin 1932. — Die letzte bedeutendere Veröffentlichung: E. Iros, Wesen und Dramaturgie des Films, neue, bearbeitete Ausgabe, Zürich (1957).

[2] Die Dramaturgie des Hörspiels bzw. — in jüngster Zeit — des Fernsehspiels hat in unserem Zusammenhang kaum schon Bedeutung.

a) Allgemeine Unterscheidungen

Nennen wir zunächst Kriterien des Theaters, die eine allgemeine Abgrenzung gegen den Film ermöglichen[3]:

1. Im Theater sieht der Zuschauer die Szene ungeteilt. Der Bühnenrahmen umschließt für die Dauer der Szene dasselbe Bild (Grenzfälle liegen vor, wo die Bühne nur punktweise beleuchtet ist und der Scheinwerfer wandert).

2. Der Zuschauer sieht die Szene aus einer bestimmten, unveränderten Entfernung. Seine Perspektive bleibt die gleiche. Die Bewegung erfolgt im Bild.

3. Der Zuschauer sieht den Schauspieler leibhaftig vor sich, er begegnet ihm als realem Menschen.

Für den Film gelten dagegen folgende Merkmale:

1. Der Zuschauer sieht die Gesamtszene aufgeteilt in Detailbilder (sofern es sich nicht lediglich um photographiertes Theater handelt).

2. Der Zuschauer sieht die Szene aus wechselnder Entfernung, aus wechselnder Perspektive: mittels der schwenkenden Kamera, mittels Nahaufnahmen usw. Das Bild folgt der Bewegung.

3. Der Zuschauer sieht nur das Abbild des Schauspielers (wie des Raums), er begegnet nicht dem leibhaftigen Schauspieler. Dafür kann aber der Filmschauspieler durch die Nah- und Großaufnahme der Mimik, feinster Bewegungen usw. weitaus suggestiver wirken als der Bühnenschauspieler.

Das Spezifikum des Films war der „Schnitt" oder die „Montage". Der Film kennt ja keine Pausen wie die Theateraufführung. Außerdem brauchen die einzelnen Szenen und Bilder nicht in der Reihenfolge aufgenommen zu werden, wie sie — aneinandergefügt — nachher im laufenden Film erscheinen. R. Arnheim definiert deshalb die Montage als „Aneinanderkleben von Aufnahmen mit verschiedener räumlicher und zeitlicher Situation"[4]. Dies ist die einfache und im Frühstadium des Films einzig bekannte Form der Montage. Seitdem aber — zuerst in den USA — die Gesamtszene in Detailbilder aufgeteilt wird, ist von dieser einfachen Art „zu unterscheiden die Montage eines raumzeitlich zusammenhängend gedachten Vorgangs"[5]. Die äußerste — in Sowjetrußland zuerst erprobte — Anwendung der Montage liegt vor, wenn ein szenisches raumzeitliches Kontinuum unterbrochen wird zur Einschaltung handlungs- und raumfremder Bilder, die nur in sehr entferntem (gedanklichem oder stimmungshaftem) Zusammenhang mit der Szene stehen. Berühmt geworden ist das Beispiel aus Pudowkins Film „Die Mutter", wo — zur Kennzeichnung der „Freude des Gefangenen" — von einem lächelnden Gesicht und von der raumzeitlichen Welt der Szene plötzlich abstrahiert wird, indem die Aufnahme zu einem Frühlingsbächlein, dann zum Spiel von Sonnenstrahlen, darauf zum Spiel von Vögeln in einem Dorfweiher und schließlich zu einem lachenden Kinde springt[6].

---

[3] Vgl. B. Balázs, a.a.O., S. 22 ff.
[4] R. Arnheim, a.a.O., S. 110.
[5] Daselbst, S. 111.
[6] Daselbst, S. 112 f.

*b) Der Film als letzte Konsequenz,
als Übersteigerung der naturalistischen Bühne*

Die Kennzeichen der naturalistischen Illusionsbühne, die wir zur Zeit der ersten filmischen Versuche mit dem „Kinematographen" vorfinden, sind: die absolute Trennung von Bühne und Publikum, das illusionistische Bühnenbild, der mit der Rolle einswerdende Schauspieler und der zur Identifikation angehaltene, in die Bühnenvorgänge entrückte Zuschauer.

Es ist nun ein bezeichnendes Zusammentreffen zweier Erfindungen, wenn 1896 zum ersten Male die Drehbühne von Karl Lautenschläger in München erprobt und 1895 in Frankreich die Kamera der Gebrüder Lumière fertiggestellt wird. Nicht, daß das Wirkungsausmaß der einen Erfindung (der Drehbühne) mit dem der anderen verglichen werden könnte. Dort handelt es sich um die Vervollkommnung einer schon bestehenden künstlerischen Technik (des Theaters), hier um die Geburt einer neuen Kunstform. Aber im Prinzip sind beide Neuerungen verwandt. Die Drehbühne erlaubt eine rasche Heranführung neuer szenischer Schauplätze: Die Verwandlungspausen sind auf ein Minimum an Zeit verkürzt, ein Bild folgt unmittelbar dem anderen, der Zuschauer bleibt unmittelbar „am" dramatischen Geschehen. Die Bühne ist der von Strindberg formulierten naturalistischen Forderung ein bedeutendes Stück nähergekommen: der Forderung, nie „das Publikum aus der Illusion zu lassen", damit sich der Zuschauer nicht „dem suggestiven Einfluß des Verfassermagnetiseurs entziehen kann"[7].

Die rasche Bildfolge aber, ermöglicht durch die Drehbühne, ist schließlich auch *ein* wesentliches Kennzeichen des Films (der die Möglichkeiten dieses Prinzips nun freilich in ganz anderem Maße auswerten kann). So tritt also der Film gerade in einem Entwicklungsstadium des Theaters auf, das seinerseits schon, als fortgeschrittene Illusionsbühne, gewisse Affinitäten zum Film aufweist. Auch thematisch bleiben zunächst die Beziehungen offenkundig. Die ersten bedeutenden Filme Chaplins, die den Kampf des kleinen Mannes mit der Tücke des Objekts zeigen, wenden nur das naturalistische Motiv von der Übermacht der Um- und Dingwelt ins Komisch-Groteske. Im übrigen schreibt noch 1922 René Clair, daß man bisher auf den Film ganz einfach die Doktrin des Théatre-libre (der französischen naturalistischen Bühne) angewandt habe[8].

Andererseits aber wird schon zu Beginn des 1. Weltkrieges der Film (vor allem in Hollywood, durch Griffith) zur eigenständigen Kunst[9], indem nun eine beweglich gewordene Kamera Detailbilder, Nah- und Großaufnahmen liefert. Bis dahin ist der Rahmen des Leinwandbildes noch dem Bühnenrahmen ähnlich, der eine vierte, wenn auch wegfallende „Wand" umfaßt, vor welcher der Zuschauer sitzt. Jetzt aber geht die Kamera, und damit das Auge des Zuschauers, unmittelbar ans Objekt heran. Der Zuschauer wandert mit der Kamera innerhalb der vier „Wände" umher. Er ist überall ganz nahe dabei: ungesehen, gleichsam getarnt. Die Illusion des Publikums ist kaum noch vollkommener zu denken. Der

---

[7] A. Strindberg, a.a.O., S. 317.
[8] R. Clair, Vom Stummfilm zum Tonfilm (Réflexion faite — Notes pour servir à l'histoire de l'art cinématographique de 1920 à 1950), übersetzt von E. Fehsenbecker, München 1952, S. 27.
[9] Vgl. B. Balázs, a.a.O., S. 24.

Zuschauer wird gezwungen, sich mit dem Filmhelden zu identifizieren, wenn etwa die Kamera das Objekt seiner (grausigen oder freudigen) Wahrnehmungen nahe und groß heranholt. Immer wieder werden ein Distanzierungsverlangen und jene Distanzierungsmöglichkeit des Zuschauers, die sich aus der Tatsache bloßer Abbildung des Menschen auf der Leinwand ergibt, überspielt und ausgeschaltet. Die Bilder wirken in Auswahl und Folge so intensiv, daß der Zuschauer immer wieder das Bewußtsein seiner selbst einbüßt. Der Film führt zu einem noch größeren Distanzverlust beim Zuschauer als die naturalistische Illusionsbühne.

c) Der Film als episch-dramatische Mischform

Ist der Film also gewissermaßen perfektionierte und übersteigerte naturalistische Bühne, so kann die Wendung gegen die Illusionsbühne — zunächst im ekstatischen Theater des Expressionismus, dann aber auch im wieder mehr „realistischen" Theater der Gegenwart — zugleich als Wendung gegen den illusionistischen Film begriffen werden. Aber andererseits ergeben sich doch deutliche Analogien des „epischen Theaters" zum Film, wenn man bedenkt, daß sich auch hier epische und dramatische Gattungsgesetzlichkeiten mischen[10]. Deshalb ist zunächst die Frage zu klären, was im Film als dramatisch, was als episch gewertet werden kann.

Dramatische Merkmale:

1. Die filmische Handlung, die filmischen Begebenheiten laufen als gegenwärtig ab[11]. (Gerade das Fehlen jeglicher Pausen steigert ja das Gegenwarts-Erlebnis.)

2. Der Film zeigt bildhaft, also sinnlich wahrnehmbar, die Figuren und die Umwelt des Geschehens, während der Epiker, der Romandichter, sie nur in der Sprache gibt und Lücken läßt, in die der Leser mit seiner Phantasie einspringen muß. Der Film befriedigt also ein visuelles und (seit Bestehen des Tonfilms) akustisches Bedürfnis des Zuschauers, wie das Drama als Szene.

3. Indem so der Film mit einer sinnlich wahrnehmbaren Wirklichkeit auf den Zuschauer eindringt, ihm seine „Gemütsfreiheit raubt", entzieht er ihm Möglichkeiten der Distanzierung.

Epische Merkmale:

1. Der Film gibt nicht gegenständliche Wirklichkeit, nicht leibhaftige Menschen, sondern nur Bilder davon. Er vermittelt nur Wirklichkeit.

2. Die Kamera gleicht dem Erzähler im Roman. Sie kann die Perspektive wechseln, ist nicht an die Totale eines szenischen Raums gebunden, kann zur Nahaufnahme und zum Detailbild übergehen. Sie dirigiert das Auge, die Aufmerksamkeit und das Interesse des Zuschauers auf bestimmte Punkte des szenischen Gesamtgeschehens[11a].

---

[10] Vgl. hierzu auch K. Hamburger, Die Logik der Dichtung (Abschnitt „Die filmische Fiktion"), S. 142: „Dramatik und Epik verschmelzen im Film zur Sonderform der episierten Dramatik und dramatisierten Epik."

[11] Freilich ist auch im Film zuweilen ein Erzähler zu hören. Da er aber nur akustisch wahrnehmbar wird, ist die distanzierende Wirkung seiner Rede begrenzt.

[11a] Vgl. hierzu auch D. Frey, a.a.O., S. 221.

3. Die Montage. Der Film ist nicht an die räumlich-zeitliche Kontinuität gebunden. Er kann eine zweite Handlungslinie mitten in eine Szene einblenden, er kann etwa bloße Erinnerungen einer Figur verselbständigen, also zeitliche Sprünge in die Vergangenheit unternehmen, er kann Visionen (Zukünftiges) oder bloße Fiktionen vergegenständlichen und zum sinnlichen Erlebnis werden lassen. Freilich sind immer auch auf dem Theater schon Visionen, Träume vergegenständlicht worden, aber der Film ist in ganz anderer Weise als die Bühne souverän, unabhängig von raumzeitlichen Bedingungen.

Der Anteil sowohl epischer wie dramatischer Elemente kann noch einmal verdeutlicht werden an zwei Unterscheidungsmerkmalen für das Epische und Dramatische: an der Selbständigkeit bzw. Funktionalität der Teile. Im sorgfältigen Aufzeigen des Details, im ständigen Wandern der Kamera, im Suchen und Festhalten der Einzelheiten kommt eine relative Selbständigkeit der Teile zum Ausdruck. Wir erfahren die eigenwertige Geschichte manches Einzelteils, die Kamera „beschreibt" ausführlich. Andererseits aber werden durch den Schnitt, durch die rasche Aufeinanderfolge aller Bilder und Szenen die Teile sofort wieder in den Zusammenhang des Ganzen gebracht, die Funktionalität der Teile wird sogleich wieder hergestellt.

d) Rückwirkung des Films auf das Theater

So stellt die ‚Dramaturgie' des Films (des Films als episch-dramatischer Mischform) eine Entsprechung zur offenen Dramaturgie des Theaters dar, die ja auch epische Elemente ins Drama einbaut. Dennoch bleibt die Illusionsfeindlichkeit der offenen Dramaturgie als Gegensatz zur Illusionistik der Filmdramaturgie auffallend[12].

Dieses paradoxe Verhältnis kann nur dialektisch erklärt werden.

Offenbar sucht das zeitgenössische, der offenen Dramaturgie verpflichtete Theater gerade jene dramatischen Wirkungsmerkmale zurückzudrängen, womit der Film die Illusionsbühne noch übertrifft: das Gegenwarts-Erlebnis, das sinnliche (visuell-akustische) Erlebnis, die Minderung der Distanz beim Zuschauer. Es dämmt sie ein, weil es die Suggestivwirkung und ein bloß rezeptives Verhalten des Zuschauers ausschalten will — aber auch, weil es nicht Aufgabe des Theaters sein kann, mit weit unzulänglicheren Mitteln dort zu konkurrieren, wo ihm der Film ohnehin überlegen ist.

Dagegen verrät die offene Dramaturgie eine Tendenz, gerade die epischen Elemente des Films in Form bühnenmäßiger Entsprechungen zu übernehmen und zu akzentuieren: nämlich das Prinzip bloßen Vermittelns, das Prinzip einer den Zuschauer dirigierenden Tätigkeit und das Prinzip der Montage, also der Freiheit gegenüber den Bedingungen der räumlichen und zeitlichen Kontinuität. Man könnte überspitzt sagen: Die offene Dramaturgie des Theaters spielt den Film gegen den Film aus.

Noch einmal sei betont, daß die Übernahme solcher Prinzipien nur möglich ist auf Grund eines neuen Sehens — neuer Erwartungen des Publikums, die der

---

[12] Die Übertragung von Mitteln des Films ins Theater wird auch von A. Wirth, a.a.O., S. 370 f. u. 374, erkannt. Er sieht aber nicht die unterschiedlichen Wirkungsfolgen.

Film auch in bezug auf das Theater geweckt hat. Dabei benutzt nun das Theater diese neuen Möglichkeiten zu gänzlich unfilmischen (ja filmfeindlichen) Wirkungen, indem es nämlich die bei der Filmvorführung verborgenen technischen Mittel des Films sozusagen ans Licht bringt.

Gehen wir ins einzelne und fragen wir zunächst, wie es sich mit dem Prinzip der Vermittlung bei der offenen Dramaturgie verhält. Wie die Kamera (die Photographie) die dargestellte Wirklichkeit nur vermittelt, so treten im Theater Erzähler, Ansager, Spielleiter, Sänger usw. auf, die das szenische Geschehen als ein nur vermitteltes charakterisieren. Damit wird jene — dem Filmpublikum weitgehend unbewußte — vermittelnde und technische Funktion (der Kamera) vom Theater in bestimmten Personen verleiblicht.

Gleiches gilt für das zweite epische Moment des Films, das dem Publikum kaum bewußt wird: das der dirigierenden Tätigkeit der Kamera. Wie im Film die schwenkende oder heranfahrende Kamera den Blick des Zuschauers auf bestimmte Punkte des szenischen Gesamtzusammenhangs lenkt bzw. verengt, so konzentrieren auf dem Theater Erzähler, Kommentare oder Publikumsansprachen die Aufmerksamkeit des Publikums auf bestimmte Sachverhalte, Figuren oder Situationen der Handlung. Der Spielleiter bei Wilder, der Ansager bei Claudel oder der Sänger bei Brecht rufen die Personen herbei (bringen sie „vor die Kamera", vor das Auge des Zuschauers) und lassen sie wieder abtreten. Das Theater macht den beim Film verhüllten Vorgang des Dirigierens sichtbar.

Am tiefsten in das Gefüge des Dramas, soweit es als „Organismus" verstanden wurde und wird, greift das dritte epische Prinzip: das der Montage. Obwohl in der epischen Dichtung, zumal im Roman, schon lange bekannt, findet es seine konsequente und extreme Anwendung erst in der Literatur des 20. Jh.s [13]. Sein Auftauchen im Drama und auf der Bühne ist ohne die „Mittlerdienste" des Films kaum zu denken.

Beispiele für „Montage", von Freiheit gegenüber den Bedingungen räumlich-zeitlicher Kontinuität, sind in Wilders „Kleiner Stadt" etwa die Einblendung der ersten Liebesszene am Hochzeitsmorgen oder die Sachverständigen-Berichte. In Claudels „Columbus" wird die Sterbeszene in der Herberge zu Valladolid an den Anfang vorgezogen, werden Diskussionen der „Nachwelt" über Columbus in die Handlung einmontiert. Bei Brecht unterbrechen Songs oder Publikumsansprachen die Kontinuität der Szene. Im „Guten Menschen von Sezuan" werden Szenen aus einem dreimonatigen Zeitraum der Vergangenheit in das 8. Bild eingeschaltet. Die auffallendste Analogie zum filmischen „Schnitt", zur Mon-

---

[13] Mit dem Problem der Montage im Expressionismus und Surrealismus hat sich 1938 — gegen E. Bloch polemisierend — G. Lukacs in seinem Aufsatz „Es geht um den Realismus" auseinandergesetzt (in: Essays über Realismus, Aufbau/Berlin 1948, S. 128—170). Lukacs verwirft die Montage, den Simultanismus und die montierten Kommentare als eine Zerstückelung der Wirklichkeit: weil sie wohl die Zerrissenheit der bürgerlichen Welt kommentieren, aber eine objektive Wirklichkeitswiderspiegelung aufgeben (vgl. S. 136 ff. u. 149 ff.).

Obwohl sich Lukacs auf den Roman bezieht, kann sein Aufsatz auch im Sinne einer Kritik an Brecht gelesen werden. Es ist bekannt, daß Brechts Dramatik bei der marxistischen Kritik oft dem Verdacht des „Formalismus" begegnet.

tage zeigen jene Beispiele im „Kaukasischen Kreidekreis", wo szenische Personen schweigend und wie erstarrt stehen, während — vom Sänger vorgetragen — etwas lediglich Gedachtes einmontiert wird.
Fassen wir zusammen. Durch die Übertragung bestimmter künstlerischer Gestaltungsprinzipien schlagen Publikumswirkungen des Films beim Theater in ihr Gegenteil um. Die bei der Filmvorführung verhüllten epischen Momente des bloßen Vermittelns, des Dirigierens und der Montage werden bei der Theateraufführung sinnfällig und dem Zuschauer bewußt gemacht. Während beim Film episch-technische Mittel den dramatischen Spannungselementen dienstbar sind, verdrängt das Theater dramatische Spannungswirkungen durch die Akzentuierung episch-technischer Mittel. Die offene Dramaturgie des Theaters, indem sie Formen des Films in Gestalt bühnenmäßiger Entsprechungen übernimmt und künstlerisch-technische Vorgänge als Werkprozesse enthüllt, überwindet spezifisch filmische Wirkungen [14].

Damit ist das dialektische Verhältnis beider Kunstformen offenkundig. Der Film, der sich vom Theater ablöst und zur eigenen Kunst wird, treibt die Gestaltungsprinzipien der vorgefundenen (naturalistischen Illusions-) Bühne heraus, übersteigert sie und wirkt im Sinne einer Reinigung (Befreiung) auf das Theater zurück.

2. SOZIOLOGISCHE FORMMOTIVE

Wiederholt wurde im Laufe der Untersuchung die Frage dringlich, wie weit bestimmte Formen des epischen Theaters in Korrelation stehen zur heutigen gesellschaftlichen Realität und zu heutigen Bewußtseinsstrukturen (wobei natürlich nicht kausale, sondern immer nur sinngesetzliche Zusammenhänge, innere strukturelle Verwandtschaften gemeint sein können). Daß diese Frage nicht auf eine begrenzte Situation, etwa Deutschlands, zu beziehen ist, ergibt sich schon aus der Analogie von Formen Brechts zu denen europäischer und amerikanischer Dramatik. Es geht hier also darum, Formen der Dramaturgie und Bühne literatur-, theater- und auch wissenssoziologisch aus Bedingungen zu *verstehen*, die allgemein Symptomwert für die Gegenwartsepoche besitzen.

---

[14] Die Unterscheidung ging von idealtypischen (was ja nicht heißt von „idealen") Sachverhalten aus. Natürlich führt der gute künstlerische Film ebensowenig wie Aufführungen auf der Illusionsbühne zu vollem Distanzverlust beim Zuschauer. Wenn er mit den Mitteln der Ironie, Komik oder Satire arbeitet, wird er annäherungsweise ähnliche Wirkungen wie ein „episches Theater" oder wie die Komödie von jeher erreichen. Aber wie der gleiche Stoff beim Film eine andere Gestaltung bedarf als auf dem Theater, so ist auch die Wirkung in beiden Fällen verschieden. Die idealtypische Gegenüberstellung zweier Kunstformen und ihrer Mittel meint hier auch idealtypische Wirkungen. Die Weiterentwicklung des Films (künstlerisch wertvolle Filme eingeschlossen) zum Farbfilm, zum Breitwandfilm usw. ist nur geeignet, die Unterschiede noch zu verschärfen.
Allerdings hat der Film als technisch reproduzierende Kunst auch außerordentliche Möglichkeiten der „Verfremdung". Man braucht nur an die grotesken Bildwirkungen zu denken, die bei der Wiedergabe menschlicher Bewegungen im Zeitraffertempo entstehen. Aber an diesem Punkt stellt sich auch die Frage, ob noch von einer künstlerischen Schöpfung oder lediglich von einem technischen Produkt zu sprechen ist.

a) Typen-Struktur der industriellen Gesellschaft

Die zeitgenössische Kritik an Brecht rekurriert zu einem wesentlichen Teil auf das Ideal eines frei sich entfaltenden Individuums. Die untragische, ja antitragische Grundhaltung des Dramas, die Absage an den psychologischen Charakterhelden, die Konzeption eines weithin funktionalisierten Menschen und der entpersönlichende, verfremdende Aufführungsstil haben Brecht den Vorwurf des Masken- und Marionettenhaften seiner Figuren eingetragen [15].

Zweifellos bedeutet Brechts Typisierung der Menschen auf ihr soziales Verhältnis zueinander eine „unrealistische" Form der Darstellung. Brecht selbst sieht keine wesentlich andere Möglichkeit einer künstlerischen Bewältigung der gesellschaftlichen Realität:

„Die Lage wird dadurch so kompliziert, daß weniger denn je eine einfache ‚Wiedergabe der Realität' etwas über die Realität aussagt. Eine Fotographie der Kruppwerke oder der AEG ergibt beinahe nichts über diese Institute. Die eigentliche Realität ist in die Funktionale gerutscht. Die Verdinglichung der menschlichen Beziehungen, also etwa die Fabrik, gibt die letzteren nicht mehr heraus. Es ist also tatsächlich ‚etwas aufzubauen', etwas ‚Künstliches', ‚Gestelltes'. Es ist also ebenso tatsächlich Kunst nötig." [16]

Brecht weist hier auf eine bedeutsame, für die Personalität des heutigen Menschen entscheidende gesellschaftliche Problematik hin. Denn so gewiß das 19. Jh. eine Erfüllung der wirtschaftlichen, wissenschaftlichen und künstlerischen Grundtendenzen der Neuzeit bringt, ebenso gewiß kommt hier — mit H. Plessner zu sprechen — „eine epochale Bewegung an ihr natürliches Ende" [17]. Einerseits vollendet sich das Bild eines expansiven und dynamischen Individuums unter den Bedingungen der machtvollen industriellen Evolution und des verabsolutierten liberalistischen Wirtschaftsprinzips. Andererseits aber erfolgt schon ein Rückschlag. „Ein Freiheitsverlust an den anonymen ökonomisch-industriellen Umbildungsprozeß, der alles mit sich reißt, ... drückt das persönliche Selbstgefühl." [18]

Das Drama hat diesen Umschlag zwar seismographisch notiert, etwa in der Gesellschaftsdramatik des Naturalismus, es hat auch — sozusagen bedauernd — eine Umwandlung in der Personalitätsstruktur aufgezeichnet, aber es bleibt noch im Gehäuse neuzeitlicher Persönlichkeitsvorstellungen, die einen entscheidenden Bruch mit traditionellen Formen verhindern. Im Bereich der Bühne wird diese rückwärtsgewandte Haltung noch mehr konkret. Hier wird die neuzeitliche Entwicklungsspur beharrlich weiterverfolgt, es herrscht der optimistische Drang zum endgültigen Vollzug der Emanzipation von Bühne und Darsteller.

Spätestens zu Beginn des 20. Jh.s zerbricht der Glaube an die Autonomie des Individuums, und die Materialschlachten des Weltkrieges lassen die relative Winzigkeit des Einzelmenschen zu einem allgemein erfahrenen Ereignis werden. Man sucht sich über die Konsequenzen jenes schon im 19. Jh. einsetzenden Umbruchs der Daseinsbedingungen klar und der plötzlich übermächtig heran-

---

[15] Vgl. etwa H. Lüthy. a.a.O., S. 120.
[16] Der Dreigroschenprozeß, a.a.O., S. 271.
[17] H. Plessner, Das Schicksal deutschen Geistes im Ausgang seiner bürgerlichen Epoche, Zürich und Leipzig 1935, S. 74.
[18] Daselbst, S. 75.

gedrängten Wirklichkeit Herr zu werden: leidvoll-ekstatisch im Expressionismus, nüchterner in der „Neuen Sachlichkeit". Das Bewußtsein von der Ohnmacht des Individuums operiert, um nicht nur im Negativen zu verharren, mit einem neuen Gesellschaftsethos oder mit neuen Heilserwartungen verschiedenster Art.

Brecht hat dem Experimentierhunger der Zeit, die inzwischen als „Die zwanziger Jahre" zum Begriff geworden ist, seinen Tribut gegeben und ist in Deutschland einer der wenigen „roaring twenties", die aus diesem turbulenten Jahrzehnt ohne wesentlichen „Widerruf" hervorgetreten sind. Er hat sich weltanschaulich für den historisch-dialektischen Materialismus entschieden[19]. Seine Lehrstücke „Die Maßnahme" und „Die Mutter" sind eindeutige Parteinahmen für den Kommunismus. Dann greift er in der Emigration allgemeingültigere Themen auf und bildet Dramaturgie und Spielweise seines epischen Theaters aus. Die Dramaturgie der Lehrstücke macht einer differenzierten, den Entdeckersinn des Publikums herausfordernden Dramaturgie Platz; Elemente der Komödie (besonders aus der vergessenen Tradition der Typenkomödie) werden ins Drama aufgenommen[20].

Sucht Brecht die Lösung der heutigen gesellschaftlichen Probleme auf sozialistischer Grundlage, so sieht er doch die Situation des Menschen (in ihrem gleichsam unerlösten Zustande) so, wie sie weitgehend auch von Nichtmarxisten erkannt wird. Nur so lassen sich die Gemeinsamkeiten im Dramaturgischen erklären, die Brecht trotz der Verschiedenartigkeit glaubens- oder weltanschauungsbedingter Lösungshinweise mit anderen Dramatikern verbinden.

Die zitierte, von Plessner 1935 entworfene Auffassung vom Ende der neuzeitlichen Epoche ist nach der Katastrophe des 2. Weltkrieges verstärkt und in breiterem Umfange ins Zeitbewußtsein gedrungen. So wird eine Kollektivstruktur selbst geistiger Vorgänge von K. Jaspers so gesehen: „Wir verstehen das Glück der Entdecker und Erfinder, wir sehen sie zugleich als Funktionäre in der Kette eines im Grunde anonymen Schöpfungsprozesses, in der ein Glied ins andere sich fügt und die Beteiligten nicht als Menschen, nicht in der Größe einer allumfassenden Seele wirken." Und: „Die Leistung des Einzelnen verschwindet in der Leistung der Gesamtheit."[21]

Auch im Lager der christlich-katholischen Philosophie sind die für den Abbau des neuzeitlichen Persönlichkeitsbegriffs entscheidenden Bedingungen erkannt worden. R. Guardini schreibt von der Technik: „Diese ist im Laufe des 19. Jh.s langsam heraufgewachsen, war aber lange Zeit von einer nicht-technischen Menschenart getragen. Es scheint, als ob der ihr zugeordnete Mensch erst in den

---

[19] Zu dem hiermit zusammenhängenden Wechsel der Sprachgebärde und Diktion Brechts vgl. F. Podszus, Das Ärgernis Brecht = Akzente, Heft 2/1954, S. 143—149.
[20] Zur Situation des Theaters (des Autors wie des Publikums) im 20. Jh. vgl. F. Dürrenmatt, Theaterprobleme, Zürich 1955. Dürrenmatt rechtfertigt das Vordringen der Komödie: „Die Tragödie überwindet die Distanz ... Die Komödie schafft Distanz" (S. 45 f.). „Die Tragödie, als die gestrengste Kunstgattung, setzt eine gestaltete Welt voraus. Die Komödie — sofern sie nicht Gesellschaftskomödie ist wie bei Molière — eine ungestaltete, im Werden, im Umsturz begriffene ... Welt ... wie die unsrige" (S. 45).
[21] K. Jaspers, Vom Ursprung und Ziel der Geschichte, 2. Aufl., München 1950, S. 128 u. 137.

letzten Jahrzehnten, endgültig im letzten Krieg, durchgebrochen sei." Er sieht auch das moderne Massendasein nicht nur negativ: „Andererseits ist ... die Masse ... keine Entwertungs- und Zerfallserscheinung, wie etwa der Pöbel des alten Roms, sondern eine menschlich-geschichtliche Grundform, die zu voller Entfaltung im Sein wie im Werk gelangen kann — vorausgesetzt allerdings, daß man dieser Entfaltung nicht den neuzeitlichen Maßstab zugrunde legt, sondern jenen, auf den ihr Wesen bezogen ist."[22]

So trifft Brecht, indem er die Verfangenheit der Personen in gesellschaftliche Mechanismen aufzeigt, tatsächlich wesentliche Merkmale eines Menschen, der vom industrialisierten Daseinsapparat in typische, genormte Lebens- und Verhaltensweisen gedrängt wird. Und die theatralische Verfremdung ist auch zu verstehen als ein Mittel, dem Zuschauer diese seine Situation auffällig und bewußt zu machen[23]. Brecht sucht das weithin uniformierte Dasein des heutigen Menschen, das dieser — bei aller Fragwürdigkeit des Vergleichs — mit dem mittelalterlichen Menschen gemeinsam hat, wenn man an die korporativen Strukturen des gesellschaftlichen Lebens im Mittelalter denkt[24], mit Spannung und Dynamik aufzufüllen. Die rationale (nicht suggestive) Aktivierung des Publikums stellt zugleich ein Überwinden seines Massencharakters dar. Brecht sucht bei aller Anerkennung des Kollektivs eine Verantwortlichkeit und Eigenwertigkeit des Einzelnen zu konstituieren.

b) Die Demokratisierung der Gesellschaft

Diese Verantwortlichkeit des Einzelmenschen — im doppelten Sinne: einer Zwangsläufigkeit (des Sich-verantworten-müssens) und einer Aufgabe (des Sich-verantwortlich-fühlens) — ist ein wichtiges Formmotiv bei Brecht. Die bevorzugte Form der Gerichtsszene läßt einerseits die Gebundenheit der Person (der dramatischen Figur) an die gesellschaftlichen Abläufe und überpersönlichen Daseinsregeln sichtbar werden: der Mensch steht immer im Gericht. Andererseits macht sie den richterlichen Anspruch einer kollektiven Apparatur zu einer öffentlichen Angelegenheit: jeder Zuschauer (d. h. Einzelmensch) wird in eine mitrichterliche Funktion eingesetzt. Die häufige Gericht-Struktur dramatischer Szenen war für das mittelalterlich-frühneuzeitliche Theater bezeichnend, sie wurde außer bei Brecht auch in wesentlichen Teilen des Claudelschen „Columbus" beobachtet. So scheint die Gerichtsszene überhaupt eine adäquate dramaturgische Form zu sein für das Theater solcher Epochen, in denen der Mensch vor allem als Schnittpunkt überpersönlicher Kräfte und Ansprüche verstanden wird.

---

[22] R. Guardini, Das Ende der Neuzeit, Basel 1950; zitiert nach 5. Aufl., Lizenzausgabe Würzburg, S. 65 u. 68.

[23] Vor allem, wenn sie sich grotesker Elemente bedient. Das „rein" Groteske freilich kommt nicht (oder nur selten) zustande, weil die Klassensatire vorherrscht und hinter der Gestaltung der Versuch einer „Sinngebung" steht. (Zu den Bedingungen des „rein" Grotesken siehe W. Kayser, a.a.O., z. B. S. 200.)

[24] K. Ziegler spricht in diesem Zusammenhang von einem „Umschlag in einen hochgradig integrierten Typus der Gesellschaft und Kultur", der „auch das Mittelalter beherrschend prägte". (Das dt. Drama der Neuzeit, a.a.O., S. 1295.)

Man muß aber auch dieses Formmotiv unter den besonderen Aspekt der industriellen Gesellschaft stellen. Dabei steht wohl die Herausbildung der offenen Dramaturgie in korrelativem Zusammenhang mit jenem Prozeß, den K. Mannheim „Fundamentaldemokratisierung der Gesellschaft" genannt hat [25]. Die Verabsolutierung und Abschließung der Bühne, die Autonomie der ästhetischen Sphäre, mußte im 20. Jh. als ein „aristokratisches" Wesensmerkmal der Kunst empfunden werden. So sind die Bestrebungen, der Degradierung des Publikums entgegenzuwirken, ebenso wie Forderungen nach einem Rang-losen Theaterbau vor allem zu verstehen aus Antrieben, die auf den Wandel von der „Minoritätendemokratie" (Elitedemokratie) zur „Massendemokratie" (K. Mannheim) der industriellen Gesellschaft antworten. Offene Dramaturgie und publikumgerichtete Spielweise sind Ausdruck einer „Demokratisierung" der Kunst.

In der Tat legt ja das Drama durch eine Relativierung und Entschlüsselung der Handlung vor dem Publikum sozusagen Rechenschaft über sich selbst ab: es rechtfertigt sein Dasein. Durch die Unterbrechung und Fortsetzbarkeit der Handlung schafft es dem Publikum Gelegenheit, selbst „zum Wort" zu kommen. In Wilders „Kleiner Stadt" manifestiert sich sogar die Mitbestimmung des Publikums in Anfragen, die aus dem Zuschauerraum an die Spieler und in die Handlung hinein gerichtet werden. Und Brechts Technik der Verfremdung, die Publikumbezogenheit der schauspielerischen Aktion, verrät eine Überschneidung der Bühne durch Belange der Gesellschaft (als der Summe der Zuschauer).

c) Das verbindlich gewordene Verhältnis des Menschen zur Geschichte

Um das Merkmal einer Distanzierung der Handlung aus bestimmten neuen Bewußtseinsstrukturen zu verstehen, muß ein weiterer Aspekt einbezogen werden: das Verhältnis des heutigen Menschen zur Geschichte. Sowohl in Brechts „Mutter Courage" und „Kaukasischem Kreidekreis" wie in Claudels „Columbus" und Wilders „Kleiner Stadt" werden ja Vorgänge dargestellt, die als vergangen, als „Geschichtliches" gedacht sind. Vorgänge, die eine geschlossene Dramaturgie als gegenwärtig vorzutragen pflegt, werden mittels der offenen Dramaturgie immer wieder auf ihren Vergangenheitscharakter festgelegt. Eine andere Einstellung zur Geschichte bekundet sich hier.

Plessner bezeichnet das Geschichtsverhältnis der Zeit um die Jahrhundertwende treffend als „Verlegenheitshistorismus" und schreibt: „Bis in die Anfänge des 20. Jh.s dauerte die Suche nach einer historischen Rechtfertigung des Lebens und demzufolge nach einem Stil in Kunst und Handwerk, als sich das historische Bewußtsein bereits weitgehend zersetzt hatte und von der romantischen Bedeutung des Vergangenen nur sein ästhetischer Reiz geblieben war." [26]

Angesichts der großen geschichtlichen Katastrophen des 20. Jh.s scheint allgemein eine Verwandlung des geschichtlichen Bewußtseins vor sich gegangen zu sein, eine Verwandlung in dem Sinne, daß Geschichte gerade nicht mehr als Rechtfertigung des Lebens oder gar als bloßer Bildungsgegenstand begriffen wird, sondern zur Erhellung existentieller Gegenwartsprobleme und -ansprüche

---

[25] Vgl. K. Mannheim, Mensch und Gesellschaft im Zeitalter des Umbaus, Leiden 1935.
[26] H. Plessner, Das Schicksal dt. Geist. i. Ausg. sein. bürgerlichen Epoche, S. 81.

beitragen soll. „Wieder wird die Geschichte aus einem Gebiet bloßen Wissens zu einer Frage des Lebens und Daseinsbewußtseins, aus einer Sache ästhetischer Bildung zum Ernst des Hörens und Antwortens", schreibt K. Jaspers[27] und betont dabei die für unsere Erkenntnis wesentliche Rolle soziologischer Analysen. (Zweifellos befördert die Soziologie eine Gegenwartsnähe der geschichtlichen Betrachtung.) Die Geschichte „ist nicht unverbindlich", heißt es bei Jaspers weiter. „Unser wahrer Umgang mit der Geschichte ist ein Ringen mit der Geschichte. Die Geschichte geht uns an ... Und was uns angeht, ist damit schon eine gegenwärtige Frage des Menschen. Die Geschichte wird um so gegenwärtiger, je weniger sie Gegenstand ästhetischen Genusses bleibt."[28]

Hier ergibt sich ein unmittelbarer Ansatzpunkt zum Verständnis jenes künstlerischen Phänomens einer Distanzierung der dramatischen Handlung. Eine Auseinandersetzung mit der Geschichte in jenem Bereich, wo die Begegnung mit ihr voraussetzungsmäßig auf ästhetischem Wege erfolgt: etwa auf dem Theater, kann nur verwirklicht werden, indem Geschichtliches einer vorwiegend einfühlenden Aufnahme immer wieder entzogen wird. Deshalb die ständigen Illusionsdurchbrechungen, deshalb die Entlarvung der szenischen als Wiederholung vergangener Vorgänge! Damit dem Zuschauer zugleich Vergangenheit *und* Gegenwart bewußt werden, damit Geschichtliches die Gegenwart zum Problem werden läßt, wird die Handlung distanziert und der Zuschauer mit ihr konfrontiert. Geradezu wie eine Begründung dieses dramaturgischen Prinzips mutet es an, wenn Jaspers sagt: „Das geschichtliche Bewußtsein steht in einer Polarität: Ich trete vor der Geschichte zurück, sehe sie als ein Gegenüber ... Oder ich werde der Gegenwärtigkeit im Ganzen inne, des Jetzt, das ist und worin ich bin, und in dessen Vertiefung mir die Geschichte zur Gegenwart wird, die ich selber bin."[29]

d) Der marxistisch-eschatologische Entwurf Brechts

Wenn nun abschließend auf das für Brecht eigentümliche Formmotiv eingegangen wird, so erheben sich dabei Fragen, die hier im Sinne wirklicher Fragen werden stehen bleiben müssen.

Die politische Komponente des Brechtschen Werkes kann nur verstanden werden aus jener Grundspannung unserer Zeit, von der beim Vergleich Claudel-Brecht gesprochen wurde. Andererseits ist die soziologische Konzeption des Brechtschen Theaters nicht zu denken ohne die wachsende Bedeutung, welche die Soziologie in den geistigen und wissenschaftlichen Auseinandersetzungen (und die Wissenschaft überhaupt für das gesamte Leben) dieses Jahrhunderts gewonnen hat. Dabei entspricht das betonte Entwurfgepräge, die z. T. totale Zukunftsoffenheit des Dramas jenem Entwurfcharakter der Soziologie, der ihr seit Saint-Simon mehr oder weniger eigen ist und sie als eine „Wissenschaft von der Zukunft" kennzeichnet. Hier hat in einer Deutung der Marxschen Lehre schon H. Plessner — ohne direkten Bezug auf Brecht — zugleich ein Formmotiv des epischen Theaters formuliert: „Für Marx ist das Ende nahe herbeigekommen.

---

[27] Vom Urspr. u. Ziel d. Gesch., a.a.O., S. 328.
[28] Daselbst, S. 331.
[29] Daselbst, S. 333.

Der letzte Akt des universalhistorischen Dramas hat begonnen, von dem wir zwar wissen, wie er geschrieben werden muß, der aber noch zu schreiben und zu spielen ist, und nicht nur von den Schauspielern, sondern ebenso von den Zuschauern." [30]

Das epische Theater Brechts ist also letztlich endgerichtet durch seine Einbettung in die marxistisch-sozialistische Eschatologie. Sein Ziel ist die Aufhebung der ökonomisch-sozialen Widersprüche der bürgerlichen Gesellschaft. Auf dieses Ziel hin sucht es die Wirklichkeit zu provozieren und zu verändern. Damit ist *das eigentliche* (nämlich zu provozierende) *Publikum Brechts ein Publikum in der bürgerlichen Gesellschaft* [31].

Wie verhält es sich aber mit der Funktion dieses Theaters in einer nicht mehr bürgerlichen Gesellschaft, in einer staatlichen Ordnung, wo sich die gesellschaftliche Problematik durch neue Voraussetzungen verlagert hat und wo sich das Theater weithin schon wieder als Apologet bestehender Verhältnisse etabliert? Keine Beschäftigung mit dem Brechtschen Werk kann übersehen, daß hier das Nebeneinander zweier verschiedener staatlich-gesellschaftlicher Systeme in der Welt erhebliche Inkongruenzen schafft. Schon in Deutschland ist die gesellschaftliche Wirklichkeit gar nicht mehr einheitlich zu bestimmen. Der vorliegende soziologische Entwurf des epischen Theaters kann sich aber nicht gut mit zwei verschieden strukturierten Realitäten decken. Hier zeigt sich, wie ein Theater, das „sich selber den reißendsten Strömungen in der Gesellschaft ausliefert" (Org. § 23), den Schwankungen oder Veränderungen solcher Strömungen in besonderer Weise unterworfen ist [32].

Die Stärke, mit der Brecht tatsächlich auf das Bewußtsein oder sogar gesellschaftliche Sein eingewirkt hat, ist nicht meßbar und sollte nicht Gegenstand dieser Untersuchung sein. Hier waren die Intentionen Brechts, aber auch jene Züge der Gestaltung zu ermitteln, über die Brecht in seiner Theorie keine Rechenschaft gibt. Er selbst hat gegen Ende immer klarer auch die Unterhaltungsfunktion seines Werkes betont. Man darf eine entscheidende gesellschaftsverändernde Wirkung wohl bezweifeln. Entscheidend verändert aber hat Brecht — das konnte diese Untersuchung belegen — das Drama und Theater.

[30] H. Plessner, Das Schicksal dt. Geist. i. Ausg. sein. bürgerlichen Epoche, S. 99.
[31] Hieraus erklärt sich wohl auch das reservierte Verhältnis des bedeutendsten marxistischen Literaturkritikers G. Lukacs zu Brecht. In seinem Aufsatz „Deutsche Literatur im Zeitalter des Imperialismus" (jetzt in: Skizze einer Geschichte der neueren deutschen Literatur, Aufbau/Berlin 1953, S. 91 ff.) handelt Lukacs nur sehr kurz über Brecht und kommt zu dem Schluß, daß Brechts Kritik der „magischen" und „kulinarischen" Kunst „am sozialen Gehalt vorbei" geht und „aus der gewünschten gesellschaftlichen Erneuerung der Literatur ein — freilich interessantes und geistreiches — Formexperiment" macht (S. 142). Obwohl dieser Satz auf den Brecht der „Weimarer Periode" gemünzt ist, scheint er doch bezeichnend zu sein für Lukacs' Beziehungslosigkeit zu dem Werk Brechts.
[32] Wenn die Dramatik des späten Brecht in Thematik und Gestaltung stärkere Züge von Allgemeingültigkeit angenommen hat, so ist sie dennoch im ganzen nur zu verstehen aus einer bestimmten geschichtlichen Wirklichkeit, wie sie auch mit ihrer ursprünglichen Intention sich konzentriert auf ein Publikum in einer historisch einzugrenzenden Situation. Zum jetzigen Zeitpunkt Prognosen über das Maß einer künftigen „Allgemeingültigkeit" zu stellen, hieße den Boden der Wissenschaftlichkeit verlassen.

VERZEICHNIS DER ZITIERTEN LITERATUR

Brecht, B., *Versuche*, Heft 1 bis 3, Berlin 1930/1931.
—, *Versuche*, Heft 9 bis 15, Berlin/Frankfurt (M.) 1949 ff.
—, *Stücke*, Band I bis X, Berlin/Frankfurt (M.) 1953 ff. (Bd. I u. II: *Erste Stücke;* Bd. III, IV u. V: *Stücke f. d. Theater am Schiffbauerdamm;* Bd. VI bis X: *Stücke aus dem Exil*).
—, *Bei Durchsicht meiner ersten Stücke*, in: Stücke, Bd. 1, Aufbau/Berlin (Ostausgabe) 1955, S. 5—15.
—, *Kann die heutige Welt durch Theater wiedergegeben werden?* Zum „Darmstädter Gespräch" = Sinn und Form, 7. Jg., Heft 2/1955, S. 306 f.
—, *Schriften zum Theater*, Berlin/Frankfurt (M.) 1957 (Bibliothek Suhrkamp, Bd. 41).

Alewyn, R., *Der Geist des Barocktheaters* = Weltliteratur, Festschr. f. Fr. Strich, Bern 1952, S. 16—38.
—, *Feste des Barock* = Neue Rundschau, Jg. 1955, S. 667—678; jetzt auch in: „Aus der Welt des Barock", Metzlersche Verlagsbuchhandlung, Stuttgart 1957, S. 101—111.
—, *Das weltliche Fest des Barock. Versuch einer Morphologie* = Festschr. f. K. Arnold, Köln/Opladen 1955, S. 1—22.
Arendt, Hannah, *Der Dichter Bertolt Brecht* = Neue Rundschau, 61. Jg., 1950, S. 53 bis 67.
Aristoteles, *Von der Dichtkunst*, in: Werke, eingel. u. übertragen v. O. Gigon, Bd. 2, Zürich 1950.
Arnheim, R., *Film als Kunst*, Berlin 1932.
Attinger, G., *L'esprit de la commedia dell'arte dans le théatre français*, Paris/Neuchatel 1950.
Balázs, B., *Der Film. Werden und Wesen einer neuen Kunst*, Wien 1949.
Beiss, A., *Das Drama als soziologisches Phänomen*, Braunschweig 1954 (Schr. d. Pädag. Hochsch. Braunschweig, Heft 4).
Benjamin, W., *Was ist das Epische Theater?* = Akzente, Heft 2/1954, S. 163—170 (jetzt auch in: Schriften, hrsg. v. Th. W. u. G. Adorno, 2 Bde., Frankfurt (M.) 1955, Bd. 2, S. 259—267).
Bentley, E., *Die Theaterkunst Brechts* = Sinn und Form, 2. Sonderheft Bertolt Brecht, Berlin (1957), S. 159—177.
Bernays, J., *Zwei Abhandlungen über die aristotelische Theorie des Drama*, Berlin 1880.
Böckmann, P., *Formgeschichte der deutschen Dichtung*, Bd. I, Hamburg 1949.
Bornemann, E., *Ein Epitaph für Bertolt Brecht* = Sinn und Form, 2. Sonderheft Bertolt Brecht, S. 142—158.
Brinkmann, H., *Anfänge des modernen Dramas in Deutschland. Versuch über die Beziehungen zwischen Drama und Bürgertum im 16. Jh.*, Jena 1933 (Jenaer Germanist. Forsch., Bd. 22).
Bunge, H.-J., *Der Streit um das Tal. Studie zu Bertolt Brechts Stück „Der kaukasische Kreidekreis"* = Theater der Zeit, 11. Jg., 1956, Beilage zu Heft 11, Nr. 2, S. 18—29.
Catholy, E., *Karl Philipp Moritz. Ein Beitrag zur „Theatromanie" der Goethezeit* = Euphorion, Bd. 45, Heft 1/1950, S. 100—123.

Chiarini, P., *Lessing und Brecht. Einiges über die Beziehungen von Epik und Dramatik* = Sinn und Form, 2. Sonderheft Bertolt Brecht, S. 188—203.
Clair, R., *Vom Stummfilm zum Tonfilm (Réflexion faite — Notes pour servir à l'histoire de l'art cinématographique de 1920 à 1950)*, übers. v. E. Fehsenbecker, München 1952.
Claudel P., Ges. Werke, Bd. III — Dramen II. Teil —, Heidelberg/Einsiedeln/Zürich/Köln 1958.
Dietrich, Margret, *Episches Theater?* = Maske und Kothurn, Vierteljahrsschr. f. Theaterwiss., 2. Jg., 1956, S. 97—124 u. 301—334.
Dirks, W., *Bert Brecht, die Demokraten und die Christen* = Frankfurter Hefte, 8. Jg., 1953, Heft 1, S. 65—67.
Duchartre, P.-L., *La commedia dell'arte et ses enfants*, Paris 1955.
Dürrenmatt, F., *Theaterprobleme*, Zürich 1955.
Emrich, W., *Zur Ästhetik der modernen Dichtung* = Akzente, Heft 4/1954, S. 371—387.
Feuchtwanger, L., *Bertolt Brecht* = Sinn und Form, 2. Sonderheft Bertolt Brecht, S. 103—108.
Flashar, H., *Die medizinischen Grundlagen der Wirkung der Dichtung in der Poetik* = Hermes, Ztschr. f. klass. Philolog., 84 (1956), S. 12—48.
Fleischmann, B., *Max Reinhardt. Die Wiedererweckung des Barocktheaters*, Wien 1948.
Flemming, W., *Geschichte des Jesuitentheaters in den Landen deutscher Zunge*, Berlin 1923 (Schr. d. Gesellsch. f. Theatergesch., Bd. 32).
Frey, D., *Zuschauer und Bühne. Eine Untersuchung über das Realitätsproblem des Schauspiels*, in: Kunstwissenschaftl. Grundfragen. Prolegomena zu einer Kunstphilosophie, Wien 1946, S. 151—223.
Frisch, M., *Brecht als Klassiker* = Weltwoche, Zürich, 1. 7. 1955.
Gassner, J., *The theatre in our Times*, New York 1955[2] (Abschnitt: *Drama and detachment; a view of Brecht's style of theatre*, S. 82—96).
Goethe, *Weimarer Ausgabe*, 1887—1919.
Goethe-Schiller, *Briefwechsel*, s. Schiller.
Grimm, R., *Bertolt Brecht. Die Struktur seines Werkes* = Erlanger Beitr. zur Sprach- u. Kunstwissensch., Bd. V, Nürnberg 1959 (3. Aufl. 1962).
Grözinger, W., *Bert Brecht zwischen Ost und West* = Hochland, XLIII, 1, Oktober 1950, S. 80—86.
Guardini, R., *Das Ende der Neuzeit*, Basel 1950 (zit. nach 5. Aufl., Lizenzausg. Würzburg o. J.).
Haas, W., *Bert Brecht* (Reihe „Köpfe des XX. Jahrhunderts", Colloquium-Verlag), Berlin 1958.
Hamburger, Käte, *Zum Strukturproblem der epischen und dramatischen Dichtung* = DVj., Jg. 25, 1951, S. 1—26.
—, *Das epische Präteritum* = DVj., Jg. 27, 1953, S. 329—357.
—, *Die Logik der Dichtung*, Stuttgart (1957).
Hartl, E., *Das Drama des Mittelalters*, in: Deutsche Philologie im Aufriß (hrsg. v. W. Stammler), Berlin/Bielefeld/München, 13. Liefer., S. 903—948.
Heselhaus, C., *Calderon und Hofmannsthal. Sinn und Form des theologischen Dramas* = Archiv f. d. Studium d. neueren Sprachen, 106. Jg., 191. Bd., 1955, S. 3—30.
Hieber, H., *Theater in Moskau* = Die Weltbühne, 1927, 1. Halbjahr, S. 869—872.
Hunt, J. A., *Bert Brecht's „Dreigroschenoper" and Villons „Testament"* = Monatshefte (Madison, Wisconsin/USA), XLIX, 5, 1957, S. 273—278.
Ihering. H., *Berliner Dramaturgie*, Berlin 1948.
—, *Die zwanziger Jahre*, Berlin 1948.
—, *Der Volksdramatiker* = Sinn und Form, Sonderheft Bertolt Brecht, 1949, S. 5—10.
—, *Erwin Geschonneck*, in: Theaterarbeit, Dresden 1952, S. 219—221.

Iros, E., *Wesen und Dramaturgie des Films*, neue, bearbeitete Ausg., Zürich (1957).
Jaspers, K., *Vom Ursprung und Ziel der Geschichte*, München 1950².
Jens, W., *Protokoll über Brecht. Ein Nekrolog* = Merkur, Dt. Ztschr. f. europäisch. Denken, 10. Jg., 1956, S. 943—965.
—, *Statt einer Literaturgeschichte*, Pfullingen 1957 (Abschnitt: Poesie und Doktrin. Bertolt Brecht, S. 159 ff.).
Kaim, Lore, *Bert Brecht. Entwicklung und Bedeutung eines revolutionären Dichters* = Deutschunterricht (Ost), Ztschr. f. Erzieh.- u. Bildungsaufgaben d. Deutschunterr., 2. Jg., 6. Heft, 1949, S. 5—20.
Kayser, W., *Das sprachliche Kunstwerk*, Bern 1951².
—, *Das Groteske. Seine Gestaltung in Malerei und Dichtung*, Oldenburg 1957.
—, *Die Vortragsreise*. Studien zur Literatur, Bern 1958.
Keller, A. v., *Fastnachtspiele aus dem 15. Jahrhundert* = Biblioth. d. Lit. Vereins in Stuttgart, Bd. 28—30 u. 46. Stuttgart 1853 u. 1858.
Klotz, V., *Bertolt Brecht. Versuch über das Werk*, Darmstadt 1957 (2. Aufl. Bad Homburg 1961).
Königshof, K., *Über den Einfluß des Epischen in der Dramatik* = Sinn und Form, 7. Jg., Heft 4, 1955, S. 578—591.
Kommerell, M., *Lessing und Aristoteles*, Frankfurt (M.) 1957².
Kopetzki, E., *Das dramatische Werk Bertolt Brechts nach seiner Theorie vom epischen Theater*, Diss. (Masch.), Wien 1949.
Kupke, P., *Piscator und sein politisches Theater* = Theater der Zeit, Jg. 1957, Beilage zu Heft 11, S. 9—28.
Lenz, J. M. R., *Ges. Schriften*, 4 Bde., ed. E. Lewy, Berlin 1901.
Lessing, *Lessings Briefwechsel mit Mendelssohn und Nicolai über das Trauerspiel. Nebst verwandten Schriften Nicolais und Mendelssohns*, hrsg. u. erl. v. R. Petsch, Leipzig 1910 (Philosoph. Biblioth., Bd. 121).
—, *Hamburgische Dramaturgie*, in: Sämtl. Schr., ed. K. Lachmann, 3. Aufl. bes. d. F. Muncker, 9. u. 10. Bd., Stuttgart 1893 f.
Lüthy, H., *Vom armen Bert Brecht* = Der Monat, 4. Jg., Heft 44, Mai 1952, S. 115 bis 144.
Lukacs, G., *Deutsche Literatur im Zeitalter des Imperialismus*; jetzt in: Skizze einer Geschichte d. neueren dt. Literatur, Aufbau/Berlin 1953, S. 91 ff.
—, *Es geht um den Realismus*, in: Essays über Realismus, Aufbau/Berlin 1948, S. 128 bis 170.
Mann, O., *Dramatische Stile*, in: Deutsche Literatur im 20. Jh., 23 Darstellungen, hrsg. v. H. Friedmann u. O. Mann, Heidelberg 1954, S. 353—380.
—, *B. B. — Maß oder Mythos? Ein kritischer Beitrag über die Schaustücke Bertolt Brechts*, Heidelberg 1958.
Mannheim, K., *Mensch und Gesellschaft im Zeitalter des Umbaus*, Leiden 1935.
Martini, F., *Soziale Thematik und Formwandlungen des Dramas* = Der Deutschunterricht (West), Heft 5/1953, S. 73—100.
Mayer, H., *Die plebejische Tradition* = Sinn und Form, Sonderheft Bertolt Brecht, 1949, S. 42—51.
—, *Anmerkungen zu einer Szene*, in: Theaterarbeit, Dresden 1952, S. 249—253.
Melchinger, S., *Theater der Gegenwart*, Frankfurt (M.)/Hamburg 1956 (Fischer-Bücherei, Bd. 118), (3. Aufl. 1960).
Mennemeier, F. N., *Brecht: Mutter Courage und ihre Kinder*, in: Das deutsche Drama vom Barock bis zur Gegenwart. Interpretationen, hrsg. von B. von Wiese, 2 Bde., Düsseldorf 1958. Bd. II, S. 383—400.
Michels, V., *Studien über die ältesten deutschen Fastnachtspiele*, Straßburg 1896.

Michelsen, P., *Bertolt Brechts Atheismus* = Eckart, Jan./März 1957, S. 48—56; Nachtrag April/Juni 1957, S. 188.
Müller, J., *Das Jesuitendrama in den Ländern deutscher Zunge vom Anfang (1555) bis zum Hochbarock (1665)*, 2 Bde. (in 1), Augsburg 1930.
Olles, H., *Von der Anstrengung der Satire* = Akzente, Heft 2/1954, S. 154—163.
Pandolfi, V., *La commedia dell'arte. Storia e testo*, Firenze 1957—1961, 6 Bde.
Perger, A., *Grundlagen der Dramaturgie*, Graz/Köln 1952.
Petsch, R., *Wesen und Formen des Dramas. Allgemeine Dramaturgie*, Halle 1945.
Piscator, E., *Das politische Theater*, Berlin 1929.
—, *Brief an die Weltbühne* = Die Weltbühne, 1928, 1. Halbjahr, S. 385 f.
Plessner, H., *Lachen und Weinen*, Bern 1950².
—, *Das Schicksal deutschen Geistes im Ausgang seiner bürgerlichen Epoche*, Zürich/Leipzig 1935 (2. Aufl., Stuttgart 1959: Die verspätete Nation).
—, *Zwischen Philosophie und Gesellschaft*, Bern 1953 (Zur Anthropologie des Schauspielers, S. 180—192; Abwandlungen des Ideologiegedankens, S. 218—240).
Podszus, F., *Das Ärgernis Brecht* = Akzente, Heft 2/1954, S. 143—149.
Polgar, A., *Piscator-Bühne* = Die Weltbühne, 1931, 1. Halbjahr, S. 144—146.
Rohrmoser, G., *Brecht: Das Leben des Galilei*, in: Das deutsche Drama vom Barock bis zur Gegenwart. Interpretationen, hrsg. von B. von Wiese, 2 Bde., Düsseldorf 1958, Bd. II, S. 401—414.
Rühle, J., *Das gefesselte Theater*, Köln/Berlin 1957 (Abschnitt: *Brecht und die Dialektik des epischen Theaters*, S. 195 ff.).
Schadewaldt, W., *Furcht und Mitleid? Zu Lessings Deutung des aristotelischen Tragödiensatzes* = Hermes, Ztschr. f. klass. Philolog., 83 (1955), S. 129—181 (ein Abriß davon in DVj. 30, 1956, S. 137—140).
Schiller-Goethe, *Briefwechsel*, eingel. v. F. Muncker (1892), 4 Bde., Stuttgart o. J.
Schiller-Theater, Berlin, Programmheft Nr. 40, 1954/55.
Schöne, A., *Bertolt Brecht: Theatertheorie und dramatische Dichtung* — Euphorion, Bd. 52/1958, S. 272—296.
Schulz, K., *Das „politische Theater" Erwin Piscators*, Diss. (Masch.), Göttingen 1956.
Schumacher, E., *Die dramatischen Versuche Bertolt Brechts 1918—1933*, Rütten & Loening, Berlin 1955.
Simmel, G., *Fragmente und Aufsätze*, München 1923 (Zur Philosophie des Schauspielers, S. 229—265).
Staiger, E., *Grundbegriffe der Poetik*, 2. erw. Aufl., Zürich 1951.
Stanislawski, K. S., *Mein Leben in der Kunst*, übers. v. K. Roose, Berlin 1951.
Stepun, F., *Theater und Film*, München 1953.
Strindberg, A., *Elf Einakter*, deutsch v. E. Schering, München/Leipzig 1917 (Abhandlung zu „Fräulein Julie", S. 307 ff.).
Süskind, W. E., *Bert Brecht*, in: Die großen Deutschen. Deutsche Biographie, hrsg. v. H. Heimpel, Th. Heuss, B. Reifenberg, Bd. V, 1957, S. 510—518.
Szondi, P., *Theorie des modernen Dramas*, Frankfurt (M.) 1956 (Abschnitt: Episches Theater, S. 98—103).
Theaterarbeit, hrsg. vom „Berliner Ensemble" (Leitung Helene Weigel), Dresden 1952.
Thieme, K., *Des Teufels Gebetbuch? Eine Auseinandersetzung mit dem Werke Bertolt Brechts* = Hochland, XXIX, 5, Februar 1932, S. 397—413.
Tintelnot, H., *Barocktheater und barocke Kunst. Die Entwicklungsgeschichte der Fest- und Theater-Dekoration in ihrem Verhältnis zur barocken Kunst*, Berlin 1939.
Tolksdorf, Cäcilie, *John Gays „Beggar's Opera" und Bert Brechts „Dreigroschenoper"*, Rheinberg/Rhld. 1934 (Diss., Bonn 1932).
Voigt, J., *Das Spiel im Spiel. Versuch einer Formbestimmung an Beispielen aus dem deutschen, engl. u. spanischen Drama*, Diss. (Masch.), Göttingen 1954.
Wagemann, E., *Die Personalität im deutschen Drama des 16. Jahrhunderts*, Diss. (Masch.), Göttingen 1952.

Walzel, O., *Gehalt und Gestalt im Kunstwerk des Dichters*, Berlin 1923.
Wehrli, M., *Allgemeine Literaturwissenschaft*, Bern 1951.
Wekwerth, M., *Auffinden einer ästhetischen Kategorie* = Sinn und Form, 2. Sonderheft Bertolt Brecht, S. 260—268.
Weltbühne, Die, Berlin 1928, 1. Halbjahr, S. 387 f. (Antwort an Piscator).
Wilder, Th., *Unsere kleine Stadt (Our town). Schauspiel*, übers. v. H. Sahl, Frankfurt (M.) 1953.
Wirth, A., *Über die stereometrische Struktur der Brechtschen Stücke* = Sinn und Form, 2. Sonderheft Bertolt Brecht, S. 346—387.
Ziegler, K., *Thesen:* in: Symphilosophein, München 1952 (Bericht über den Dritten Deutschen Kongreß für Philosophie, Bremen 1950), S. 130—137.
—, *Georg Kaiser und das moderne Drama*, in: Hebbel-Jahrbuch 1952, Heide i. Holst., S. 44—68.
—, *Das Drama des Expressionismus* = Der Deutschunterricht (West), Heft 5/1953, S. 57—72.
—, *Das deutsche Drama der Neuzeit*, in: Deutsche Philologie im Aufriß (hrsg. v. W. Stammler), Berlin/Bielefeld/München, 13.—15. Liefer., S. 949—1298.
Zwerenz, G., *Aristotelische und Brechtsche Dramatik. Versuch einer ästhetischen Wertung*, Rudolstadt 1956 (Schriftenreihe „Wir diskutieren", hrsg. v. F. Zschesch, Heft 5).
Eine ausführliche, die Jahre bis 1956 umfassende Bibliographie zu den Veröffentlichungen von und über Brecht, von W. Nubel, findet sich in: Sinn und Form, 2. Sonderheft Bertolt Brecht, S. 479—623).

Aus drucktechnischen Gründen kann die zwischen der 1. und 2. Auflage erschienene wissenschaftliche Literatur nur hier angefügt, nicht aber im Text berücksichtigt werden.

Chiarini, P., *Bertolt Brecht*, Bari 1959.
Esslin, M., *Brecht, a choice of evils. A critical study of the man, his work and his opinions*, London 1959.
Geißler, R., *Versuch über Brechts „Kaukasischen Kreidekreis"* (Klassische Elemente in seinem Drama) = Wirkendes Wort, 9. Jg., 1959, S. 93—99.
Grimm, R., *Ideologische Tragödie und Tragödie der Ideologie. Versuch über ein Lehrstück von Brecht* = Ztschr. f. deutsche Philologie, Bd. 78, 1959, S. 394—424.
Ihering, H., *Bertolt Brecht und das Theater* = Rembrandt-Reihe, Bd. 13, Berlin (1959).
Kesting, Marianne, *Das epische Theater. Zur Struktur des modernen Dramas* = Urbanbücher, Bd. 36, Stuttgart 1959.
—, *Bertolt Brecht* = Rowohlts Monographien (Band 37), Hamburg 1959.
Laboulle, Louise J., *A note on Bertolt Brecht's adaption of Marlowe's "Edward II"* = The Modern Language Review, LIV, 2, S. 214—220.
Martini, F., *Das Drama der Gegenwart*, in: Deutsche Literatur in unserer Zeit (Hrsg. W. Kayser) = Kleine Vandenhoeck-Reihe 73/74, Göttingen 1959, S. 80—104.
Müller, Joach., *Dramatisches und episches Theater: Zur ästhetischen Theorie und zum Bühnenwerk Bertolt Brechts* = Wiss. Ztschr. d. Fr. Schiller-Univers. Jena, Gesellsch. u. sprachwiss. Reihe, VIII, S. 365—382.
Rülicke, Käthe, *Die heilige Johanna der Schlachthöfe. Notizen zum Bau der Fabel* = Sinn und Form, 11. Jg., 1959, S. 429—444.
Willet, J., *The Theatre of Bertolt Brecht. A study from eight aspects*, London 1959.

Literatur zum Drama und Theater Brechts seit 1960

Das Ärgernis Brecht, hrsg. von Jäggi und Oesch (Theater unserer Zeit, Bd. I), Basel/Stuttgart (1961).
Melchinger, S., *Brechts Weg zu Brecht*, S. 11—29.
Frank, R., *Brecht von Anfang*, S. 31—44.
Grimm, R., *Vom Novum Organum zum Kleinen Organon. Gedanken zur Verfremdung*, S. 45—70.
Franzen, E., *Dichtung und Politik im Werk Brechts*, S. 71—77.
Mann, O., *Bert Brechts Marxismus und seine marxistische Dramatik*, S. 79—102.
Grimm, R., *Zwischen Tragik und Ideologie*, S. 103—125.
Böckmann, P., *Provokation und Dialektik in der Dramatik Bert Brechts* = Sonderdr. der Kölner Universitätsreden, Heft 26.
Crumbach, F. H., *Die Struktur des epischen Theaters. Dramaturgie der Kontraste* = Schriftenreihe der Pädag. Hochsch. Braunschweig 8, Braunschweig 1960.
Debiel, geb. Bartunek, Gisela, *Das Prinzip der Verfremdung in der Sprachgestaltung Bertolt Brechts. Untersuchungen zum Sprachstil seiner epischen Dramen*, Diss. Bonn 1960.
Dietrich, Margret, *Das moderne Drama. Strömungen, Gestalten, Motive* = Kröners Taschenausg., Bd. 220, Stuttgart (1961).
Dort, B., *Lecture de Brecht*, Paris 1960.
Esslin, M., *Brecht. The Man and his Work*, Garden City 1960 (amerikanische Fassung des englischen Buches von 1959).
—, *Brecht. Das Paradox des politischen Dichters*, Frankfurt a. M./Bonn 1962 (veränderte deutsche Fassung desselben Buches).
Geißler, R. (Hrsg.), *Zur Interpretation des modernen Dramas. Brecht-Dürrenmatt-Frisch*, Frankfurt a. M. (1960).
—, *Brechts dramatische Intention — politisches Dogma oder politisches Forum?* = Wirkendes Wort, 11. Jg., 1961, S. 209—218.
Gray, R., *Brecht*, Edinburgh/London 1961.
Grimm, R., *Brecht, Ionesco und das moderne Drama* = German Life and Letters, Vol. XIII, 1960, S. 220—225.
—, *Zwei Brecht-Miszellen* = Germ.-Rom. Monatsschr., N.F., Bd. X, 1960, S. 448—453.
—, *Bertolt Brecht* = Samml. Metzler, Abt. Literaturgesch., Stuttgart 1961 (2. Aufl. 1963).
—, *Bertolt Brecht und die Weltliteratur*, Nürnberg 1961.
—, *Verfremdung. Wesen und Ursprung eines Begriffs* = Revue de Littérature comparée, Jg. XXXV, 1961, S. 207—236.
Hafen, H., *Bertolt Brecht „Leben des Galilei"* = Der Deutschunterricht, Jg. 13, Heft 4, Stuttgart 1961, S. 71—92.
Hill, C., *Bertolt Brecht* = Universitas, Jg. XV, 1960, S. 1275—1288.
Hinck, W., *Bertolt Brecht*, in: Deutsche Literatur im 20. Jahrhundert, hrsg. v. H. Friedmann u. O. Mann, 4. Aufl., Heidelberg 1961, Bd. II, S. 323—344 und 346 f.
Holthusen, H. E., *Dramaturgie der Verfremdung. Eine Studie zur Dramentechnik Bertolt Brechts* = Merkur, Dt. Ztschr. f. europäisch. Denken, 15. Jg., 1961, S. 520—542.
Hultberg, H., *Die ästhetischen Anschauungen Bertolt Brechts* (Deutsche Übersetz. von H. M. Junghans), Kopenhagen 1962.
Jacobsen, H. H., *Bert Brecht in Dänemark 1933—1939* = Orbis litterarum, T. XV, 1960, S. 247—249.
Kaufmann, H., *Drama der Revolution und des Individualismus. Brechts Drama „Trommeln in der Nacht"* = Weimarer Beiträge, Bd. VII, 1961, S. 316—331.
Krolop, K., *Bertolt Brecht und Karl Kraus* = Philologica Pragensia, IV, 1961, 2, S. 95—112.

Lazarowicz, K., *Herstellung einer praktikablen Wahrheit. Zu Brechts „Die Ausnahme und die Regel"*, in: Literaturwiss. Jahrbuch. Im Auftr. der Görres-Gesellsch. N.F., I. Bd., 1960, S. 237—258.
Mayer, H., *Bertolt Brecht und die Tradition*, Pfullingen 1961.
Mittenzwei, W., *Der Beitrag Bertolt Brechts zur sozialistischen Dramatik (1930—1938)*, Diss. (Masch.) Berlin, Instit. f. Gesellschaftswiss., 1960.
Reichert, H. W., *Hauptmann's Frau Wolff and Brecht's Mutter Courage* = The German Quarterly, Vol. XXXIV, 1961, S. 439—448.
Schumacher, E., *Brechts „Galilei": Form und Einfühlung* = Sinn und Form, 12. Jg., 1960, S. 510—530.
Siebert, H.-J., *„Mutter Courage und ihre Kinder" — ein Werk epischer Dramatik*, in: Acta Universitatis Szegediensis, Sectio Scientiarum Philologiae Germanicae, 1961, Szeged 1961, S. 15—28.
Ziegler, Kl., *Das moderne Drama als Spiegel unserer Zeit* = Der Deutschunterricht, Jg. 13, Heft 4, Stuttgart 1961, S. 5—24.

Wichtigste Literatur seit 1962

Anders, G., *Bert Brecht. Gespräche und Erinnerungen*, Zürich (1962) = Die kleinen Bücher der Arche.
Brecht. A collection of critical essays. Edited by Peter Demetz, Englewood Cliffs, N. J. (1962).
Desuché, J., *Bertolt Brecht*, Paris 1963.
Gaede, F. W., *Figur und Wirklichkeit im Drama Bertolt Brechts. Mit einer Untersuchung allegorischer Phänomene*, Diss., Freiburg i. B. 1963.
Glumova-Glucharëva, E. I., *Dramaturgija Bertol'ta Brechta* [Bertolt Brechts Dramaturgie, russ.], Moskva 1962.
Goldhahn, J., *Das Parabelstück Bertolt Brechts als Beitrag zum Kampf gegen den deutschen Faschismus, dargestellt an den Stücken „Die Rundköpfe und die Spitzköpfe" und „Der aufhaltsame Aufstieg des Arturo Ui"*, Rudolstadt (1961 [recte 1962]) = Wir diskutieren, Heft 7.
Grimm, R., *Die ästhetischen Anschauungen Bertolt Brechts. Notizen zu dem Buch von Helge Hultberg* = Ztschr. f. dt. Philologie, Bd. 84, 1965, Sonderheft, S. 90—111.
Hecht, W., *Brechts Weg zum epischen Theater. Beitrag zur Entwicklung des epischen Theaters 1918 bis 1933*, Henschelverl., Berlin 1962.
Hennenberg, F., *Dessau — Brecht. Musikalische Arbeiten* (Hrsg. von der Deutschen Akademie der Künste), Henschelverl., Berlin 1963.
Högel, M., *Bertolt Brecht. Ein Porträt* (Sonderdruck der „Lebensbilder aus dem Bayerischen Schwaben", Bd. 8, München 1961), Augsburg 1962.
Holthusen, H. E., *Versuch über Brecht*, in: H. E. Holthusen, Kritisches Verstehen. Neue Aufsätze zur Literatur, München (1961), S. 7—137.
Kaufmann, H., *Bertolt Brecht. Geschichtsdrama und Parabelstück*, Rütten & Loening, Berlin (1962) = Germanistische Studien.
McLean, S. K., *Aspects of the ‚Bänkelsang' in the work of Bertolt Brecht*, Diss., University of Michigan, Ann Arbor (Mich.) 1963.
Mittenzwei, W., *Bertolt Brecht. Von der „Maßnahme" zu „Leben des Galilei"*, Aufbau-Verl., Berlin 1962.
Münsterer, H. O., *Bert Brecht. Erinnerungen aus den Jahren 1917—22*, Zürich (1963).
Petersen, Kl.-D., *Bertolt Brecht — Bibliographien*, in: Arbeitskreis Bertolt Brecht. Nachrichtenbriefe (Düsseldorf). Ab 1963.

Rasch, W., *Bertolt Brechts marxistischer Lehrer. Aufgrund eines ungedruckten Briefwechsels zwischen Brecht und Karl Korsch* = Merkur, Dt. Ztschr. f. europäisch. Denken, 17. Jg., 1963, Heft 10, S. 988—1003.

Schärer, B., *Bertolt Brechts Theater. Sprache und Bühne*, Zürich 1964.

Schrimpf, H. J., *Lessing und Brecht. Von der Aufklärung auf dem Theater* = Opuscula aus Wissenschaft und Dichtung 19 (Pfullingen 1965).

Sternberg, F., *Der Dichter und die Ratio. Erinnerungen an Bertolt Brecht* = Schriften zur Literatur, Bd. 2, Göttingen (1963).

Weideli, W., *Bertolt Brecht* = Classiques du XXe siècle, 40, Paris (1961).

von Wiese, B., *Der Dramatiker Bertolt Brecht. Politische Ideologie und dichterische Wirklichkeit*, in: B. von Wiese, Zwischen Utopie und Wirklichkeit. Studien zur dt. Literatur, Düsseldorf 1963, S. 254–275.

Willet, J., *Das Theater Bert Brechts* (Aus dem Engl. von Ernst Schumacher) = Rowohlt Paperbacks 32, Reinbeck bei Hamburg 1964.

Witzmann, P., *Antike Tradition im Werk Bertolt Brechts* = Lebendiges Altertum, Bd. 15, Akademie-Verl., Berlin (1964).

Zimmermann, W., *Brechts „Leben des Galilei". Interpretation und didaktische Analyse* = Beihefte zum „Wirkenden Wort", 12 (Düsseldorf 1965).

Nachwort zur 4. Auflage

Angesichts der immer stärker anschwellenden Brecht-Literatur kann Vollständigkeit in den bibliographischen Ergänzungen auch nicht im entferntesten angestrebt werden. Es sei auf die Bibliographien von Kl.-D. Petersen in den Nachrichtenbriefen des „Arbeitskreises Bertolt Brecht" verwiesen.

Ein Überblick über die wichtigsten Neuerscheinungen muß sich auf das Nötigste und — von wenigen Ausnahmen abgesehen — auf selbständige Veröffentlichungen beschränken. Immer dringlicher wird ein die Gesamtliteratur umfassender Forschungsbericht.

Seit 1962 haben die Darstellungen zur Biographie Brechts von M. Högel, H. O. Münsterer, G. Anders und F. Sternberg unsere Kenntnis von der Persönlichkeit und Entwicklung des Dichters, zumal in der frühen und der Emigrationszeit, erheblich vertieft. (Nachzutragen wäre in diesem Zusammenhang: Arnolt Bronnen, Tage mit Bertolt Brecht, Berlin 1960.) Als Ergänzung zu E. Schumachers Buch ist W. Hechts Studie über „Brechts Weg zum epischen Theater" wertvoll. Aus der übrigen marxistischen Forschungsliteratur heben sich die Untersuchungen von W. Mittenzwei und H. Kaufmann heraus, auch wenn ihre Polemik gegen die westdeutsche Literaturwissenschaft längst Gewohntes wiederholt. Mittenzwei gelingt vor allem in der Analyse des „Galilei" eine differenzierte Deutung auf Grund des sorgfältigen Vergleichs der verschiedenen Fassungen und mit Hilfe der Aufzeichnungen des Dichters. Kaufmann kommt zu seiner typologischen Unterscheidung von Geschichtsdrama und Parabelstück über die Analyse von Brechts „Die Tage der Commune". Er bemerkt im Geschichtsdrama eine Neigung zum Tragischen, im Parabelstück eine Annäherung an die Komödie. Dort seien die Volksmassen als Subjekt, hier als Objekt der geschichtlichen Aktion gesehen. Gegen die allzu schematischen Vorstellungen von Brechts Marxismus wendet sich der wichtige Aufsatz von W. Rasch, der dem Einfluß des „Häretikers" Korsch auf Brechts Aneignung marxistischer Gedanken nachgeht. Bisher unterschätzte Gemeinsamkeiten — Übereinstimmungen aus dem Geist der Aufklärung — zwischen Lessing und Brecht weist H. J. Schrimpf nach. Eine erste bedeutendere musikwissenschaftliche Untersuchung zum Theater Brechts, von F. Hennenberg, verdient die Aufmerksamkeit auch des Literarhistorikers. Ergänzungen und Korrekturen zu Hultbergs Buch über die ästhetischen Anschauungen Brechts bietet die ausführliche Rezension von R. Grimm. Die zunehmende Bedeutung des Brechtschen Werks im Deutschunterricht berücksichtigt W. Zimmermanns didaktische Analyse des „Galilei".

Wie bei den bisherigen Neuauflagen muß der Verfasser auch diesmal auf die gründliche Auseinandersetzung mit der Sekundärliteratur verzichten.

DATE DUE

GAYLORD   PRINTED IN U.S.A.